中国工程院院士
是国家设立的工程科学技术方面的最高学术称号,为终身荣誉。

中国工程院院士传记

莫伯治传

匠心独运流韵长

李华咏 慷 庄梅先生 著

中国建材工业出版社
人民出版社

图书在版编目（CIP）数据

莫伯治传：匠心独运流韵长/李华，咏慷，南梅先生著. --北京：中国建材工业出版社，2022.12（2023.10重印）
（中国工程院院士传记）
ISBN 978-7-5160-3617-4

Ⅰ.①莫… Ⅱ.①李… ②咏… ③南… Ⅲ.①莫伯治—传记 Ⅳ.①K826.16

中国版本图书馆CIP数据核字（2022）第239036号

莫伯治传——匠心独运流韵长
Mo Bozhi Zhuan ——Jiangxin Duyun Liuyunchang
李 华 咏 慷 南梅先生 著

出版发行：中国建材工业出版社
地　　址：北京市海淀区三里河路11号
邮　　编：100831
经　　销：全国各地新华书店
印　　刷：北京印刷集团有限责任公司
开　　本：710mm×1000mm　1/16
印　　张：24.25
字　　数：315千字
版　　次：2022年12月第1版
印　　次：2023年10月第2次
定　　价：180.00元

本社网址：www.jccbs.com，微信公众号：zgjcgycbs
请选用正版图书，采购、销售盗版图书属违法行为
版权专有，盗版必究。本社法律顾问：北京天驰君泰律师事务所，张杰律师
举报信箱：zhangjie@tiantailaw.com　举报电话：（010）57811389
本书如有印装质量问题，由我社市场营销部负责调换，联系电话：（010）57811387

中国工程院院士传记丛书

编撰出版工作领导小组
顾　　问：宋　健　徐匡迪　周　济
组　　长：李晓红
副组长：钟志华　蒋茂凝　邓秀新　辛广伟
成　　员：陈建峰　梁晓捷　徐　进　唐海英
　　　　　丁养兵　李冬梅

编辑和审稿委员会
主　　任：钟志华　蒋茂凝　邓秀新
副主任：陈鹏鸣　徐　进
成　　员：葛能全　唐海英　吴晓东　黎青山
　　　　　赵　千　常军乾　侯　春

编辑出版办公室
主　　任：赵　千
成　　员：侯　春　徐　晖　龙明灵　张　健
　　　　　方鹤婷　姬　学　高　祥　何朝辉
　　　　　宗玉生　张　松　王小文　张秉瑜
　　　　　丁　宁　聂淑琴

总　序

20世纪是中华民族千载难逢的伟大时代。千百万先烈前贤用鲜血和生命争得了百年三变、民族复兴，推翻了帝制，肇始了共和，击败了外侮，建立了新中国，独立于世界，赢得了尊严，不再受辱。改革开放，经济腾飞，科教兴国，生产力大发展，告别了饥寒，实现了小康。工业化雷鸣电掣，现代化指日可待。巨潮洪流，不容阻抑。

忆百年前之清末，从慈禧太后到满朝文武开始感到科学技术的重要，办"洋务"，派留学，改教育。但时机瞬逝，清廷被辛亥革命推翻。五四运动，民情激昂，吁求"德、赛"升堂，民主治国，科教兴邦。接踵而来的，是18年内战、14年抗日和4年解放战争。恃科学救国的青年学子，负笈留学或寒窗苦读，多数未遇机会，辜负了碧血丹心。

1928年6月9日，蔡元培主持建立了中国近代第一个国立综合性科研机构——中央研究院，设理化实业研究所、地质研究所、社会科学研究所和观象台四个研究机构，标志着国家建制科研机构的诞生。20年后，1948年3月26日遴选出81位院士（理工53位、人文28位），几乎都是20世纪初留学海外、卓有成就的科学家。

中国科技事业的大发展是在新中国成立以后。1949年11月1日成立了中国科学院，郭沫若任院长。1950—1960年有2500多名留学海外的科学家、工程师回到祖国，成为大规模发展中国科技事业的第一批领导骨干。国家按计划向苏联、东欧各国派遣1.8万名各类科技人员留学,全都按期回国,成为建立科研和现代工业的骨干力量。高等学校从新中国成立初期的200所增加到600多所,年招生增至28万人。到21世纪初,高等学校2263所,年招生600多万人,科技人力总资源量超过5000万人,具有大学本科以上学历科技人才达1600万人,已接近最发达国家水平。

新中国成立60多年来,从一穷二白成长为科技大国。年产钢铁从1949年的15万吨增加到2011年的粗钢6.8亿吨、钢材8.8亿吨,几乎是8个最发达国家(G8)总年产量的2倍。20世纪50年代钢铁超英赶美的梦想终于成真。水泥年产20亿吨,超过全世界其他国家总产量。中国已是粮、棉、肉、蛋、水产、化肥等第一生产大国,保障了13亿多人口的食品和穿衣安全。制造业、土木、水利、电力、交通、运输、电子通讯、超级计算机等领域正迅速逼近世界前沿。"两弹一星"、高峡平湖、南水北调、高公高铁、航空航天等伟大工程的成功实施,无可争议地表明了中国科技事业的进步。

党的十一届三中全会以后,实行改革开放,全国工作转向以经济建设为中心。加速实现工业化是当务之急。大规模社会性基础建设,大科学工程、国防工程等是工业化社会的命脉,是数十年、上百年才能完成的任务。中国科学院张光斗、王大珩、师昌绪、张维、侯祥麟、罗沛霖等学部委员(院士)认为,为了顺利完成中华民族这项历史性任务,必须提高工程科学的地位,加速培养更多的工程科技人才。中国科学院原设的技术科学部已不能满足工程科学发展的时代需要。他们于1992年致书党中央、国务院,建议建立"中国工程科学技术院",选举那些在工程科学中做出重大的、创造性成就和贡献、热爱祖国、学风正派的科学家和工程师为院士,授予终身荣誉,赋予科研和建设任务,请他们指导学科发展,培养人才,对国家重大工程科学问题提出咨询建议。中央接受了他们的建议,于1993年决定建立中国工程院,聘请30名中国科学院院士和遴选 66 名院士共 96 名为中国工程院首批院士。于 1994 年 6 月 3 日，召开了中国工程院成立大会，选举朱光亚院士为首任院长。中国工程院成立后，全体院士紧密团结全国工程科技界共同奋斗，在各条战线上都发挥了重要作用，做出了新的贡献。

中国的现代科技事业比欧美落后了 200 年。虽然在 20 世纪有了巨大进步，但与发达国家相比，还有较大差距。祖国的工业化、现代化建设，任重道远，还需要有数代人的持续奋斗才能完成。况且，世界在进步，科学无止境，社会无终态。欲把中国建设成科技强国，屹立于世界，必须持续培养造就数代以千万计的优秀科学家和工程师，服膺接力，担当使命，开拓创新，更立新功。

中国工程院决定组织出版"中国工程院院士传记"丛书，以记录他们对祖国和社会的丰功伟绩，传承他们治学为人的高尚品德、开拓创新的科学精神。他们是科技战线的功臣，民族振兴的脊梁。我们相信，这套传记的出版，能为史书增添新章，成为史乘中宝贵的科学财富，俾后人传承前贤筚路蓝缕的创业勇气、魄力和为国家、人民舍身奋斗的奉献精神。这就是中国前进的路。

宋健

2012 年 6 月

目 录

第一章 生长在岭南 …………………………………………（001）
  一、有个水乡叫麻涌 ………………………………………（003）
  二、家族显赫的书香门第 …………………………………（008）
  三、躲进堂兄"五十万卷楼"破万卷 ……………………（012）
  四、父亲去世，受资助去广州求学 ………………………（019）
  五、科学救国，选读中山大学土木工程系 ………………（024）
  六、与张万久教授结为终生的挚友 ………………………（028）
  七、参加抗日活动 …………………………………………（032）

第二章 立下学好本领将来建设新中国的誓言 ………………（039）
  一、与夏昌世教授结下亦师亦友的终生友谊 ……………（041）
  二、抗战期间在云贵川修公路、机场、桥梁 ……………（046）
  三、滕代远部长的召唤与向建筑设计与创作转型 ………（055）

第三章 让生命呈现出另一种璀璨 ……………………………（067）
  一、积极开展岭南庭园的调查研究 ………………………（069）
  二、立志着力打造生态清洁建筑精美的岭南模式 ………（078）
  三、南国红豆春来发 ………………………………………（080）
  四、设计北园酒家别开生面 ………………………………（084）
  五、梁思成等的赞誉和鼓励 ………………………………（095）
  六、让作品本身说话 ………………………………………（109）
  七、莫伯治生前好友引领欣赏泮溪酒家 …………………（115）
  八、关注水环境的作用 ……………………………………（127）

九、白云山庄旅舍等呈现出另一种格调 …………………（133）
　　十、建筑大师关注民生 …………………………………（141）
第四章　现代主义与岭南建筑的有机结合 ………………（149）
　　一、广州宾馆满足了参加中国出口商品交易会的外宾住宿
　　　　之用 ……………………………………………………（152）
　　二、白云宾馆等又一次首先打破全国建筑界万马齐喑的
　　　　沉寂局面 ………………………………………………（154）
　　三、白天鹅宾馆使现代主义高层建筑和岭南庭园美景再次
　　　　完美结合 ………………………………………………（161）
　　四、心中的"故乡水"主题景观 …………………………（167）
　　五、将民族气派岭南风格推而广之 ………………………（180）
　　六、不因盛名而颐指，不唯权重而低眉 …………………（181）
第五章　对新的表现主义的探索与尝试 ……………………（183）
　　一、注意学习新知识和国内外各方面好的经验 …………（187）
　　二、从古代文明中撷取建筑灵感 …………………………（196）
　　三、探寻古今建筑成果的继承与创新 ……………………（204）
　　四、年逾古稀时迎来创作的又一个高峰 …………………（212）
　　五、多项成果载入英国出版的《建筑史》 ………………（222）
　　六、构思独特的岭南画派纪念馆 …………………………（224）
　　七、相当高的获奖率与实至名归的院士 …………………（229）
　　八、一直关注、指导着可园博物馆的建设 ………………（236）
　　九、兼收并蓄 ………………………………………………（243）
　　十、通过设计广州地铁控制中心，探索、演绎和表达建筑
　　　　内涵 ……………………………………………………（249）
　　十一、巧妙利用地形，使初看很洋的馆舍具有中华民族
　　　　　品格 …………………………………………………（252）
　　十二、红线女艺术中心是他建筑艺术上的一次重大变法 …（256）

十三、设计广州的"文化地标"和精神殿堂……………………（265）
十四、小项目仍然体现出建筑艺术创作的多样性和创新的可能性…………………………………………………………（277）
十五、更上一层楼与"岭南建筑之光"………………………（282）

第六章 老骥伏枥，志在千里…………………………………（291）
　一、不断创新的历程还没有结束……………………………（293）
　二、建筑学界的楷模…………………………………………（297）
　三、和谐恩爱的家庭生活……………………………………（307）
　四、带着思乡之情离世………………………………………（317）
　五、悠长的回响——《莫伯治与岭南建筑艺术》开展……（347）
　六、岭南建筑之光永不消失…………………………………（350）

附录一 莫伯治大事年表………………………………………（360）
附录二 莫伯治岭南建筑设计的主要成果……………………（364）
跋………………………………………………………………（367）

第一章
生长在岭南

莫伯治在回忆人生经历时曾经想，如果把自己的一生当做一部戏剧，大幕应该从哪儿开启呢？他的思绪不能不回到几十年前，回到家乡东莞的那个水乡。

童年时的家乡田园生活，令他一生难忘。从某种意义上说，在那里发生的事情，决定了莫伯治的命运。

他在《莫伯治文集》[①] 的自序《建筑创作的实践与思维》一文的开篇谈到：

我的童年及少年时代在珠江三角洲的农村度过，……12岁之前，生活在珠江口农村中，与广州市郊只一江之隔。这里水网纵横，蕉基鱼塘，田畴聚落，星罗棋布，一派水乡自然景色。在这种天然田园风光和淳朴人情关系环境潜移默化的熏陶下，形成了一种乡土田园审美习惯。这是一种直觉的原始感性认识……

---

① 先后于2003年4月由广东科技出版社初版，2012年7月由中国建筑工业出版社再版。

一、有个水乡叫麻涌

莫伯治的家乡叫麻涌,全名为广东省东莞市麻涌镇。

这里最不缺的是水,而一个地方有水,就会充满灵气。

这里曾是一片汪洋。后来珠江的支流西江、北江和东江,像三条水龙分别从远方奔来,汹涌的波浪天光留痕。由于江水挟带的泥沙被南海浪潮顶托,流速减缓,江水载运着巨量泥沙不断沉积,四时不息,日积月累。不知何年何月,滔滔江水的一个转弯折旋,使之与海相融,便突出了一块滩涂、沙洲。新沙新地,层垒叠加而成。其上有芦苇荒草,有野生贝类等小动物,围圩垦拓后,便是可以耕种的土地,所谓沧海桑田是也。总之,这里的土地都是从水里长出来的。三角洲越来越大,渐渐有周边贫苦的农民在上面建围立村,有两岸田畴的晨起暮落,有流变生息的屐旅迹痕……

水是生命之源,养育了土地上的人;水又是动力之源,轻托舟楫漂流四方,让当地文明与世界其他文明社会建立起联系。一个地方如果没有河流,就等于失去了血脉和灵魂。珠江,就连接着岭南的过去、现在与未来。年复一年,是岁月的流踪,也是时光的纽带,绾系了一代代人的血脉情缘。滔滔江流上那一只只小船、一座座历经岁月洗礼的桥梁,都仿佛是连接生命的经纬。

由于沿江临海,这里的空气清爽干净,水很清,清得能看见江底漂动的水草,能看见游来游去的虾子和小鱼;江水流域的竹林格外绿,绿得无比新鲜和娇嫩,好像沾在竹枝上的露珠也被染成了绿色的翡翠。

后来,随着江水不停改道,村镇也不停腾挪——一时在江左岸，一时在江右岸。直到某一场改朝换代的战争结束，人们花了大量心思把乡镇扩大完毕，各种江河终于被包容其间，大小支流怡然穿城而过，从此江水与村镇才最终和睦相处。

东江不像珠江那么宽，却同样舒展。它南入海湾，北望南岳，东通莞城，扭着腰流经麻涌十几个村落，一道沙洲将水流一分为二，使其形成大大小小、纵横交错、桥梁密布的多条河涌。远望去这片沙洲沿江绵延数千米，上面稻田纵横，蕉林叠翠，蔗林摇曳，荔枝林丰盈，桥街相连，河埠、廊坊一体……如水中仙岛，简直就是一块上苍给人类的特别造化。

长期以来，麻涌以其沉默、朴实，以其典型的"小桥、流水、人家"特色生活在东江和数条河涌之间，面对不远处珠江西岸的繁杂与喧哗，如夜泊的渔船，扎根的榕树，一直安静而自在。它的面积全国地图上根本寻不见；在广东省地图上也只有淡淡一点；即便在东莞地图上，也只是像只弯曲的蚂蚁在爬。她长期以一种静谧的方式存在着，仿佛一颗绿色的宝石，等待着被人发现。

麻涌的一条条老街像被人随意丢弃的麻绳，弯弯曲曲又错落有致地卧在河边。石板铺就的路面，穿皮鞋的脚踏踩在上面，响起一阵阵清脆悦耳的声音。这些老街都不算宽，只丈把有余，却蜿蜒半里，每块石条都需几十个青壮年合力方能抬得动。房屋俱显古风，布局紧凑，普遍低矮密集，门窗狭窄，大门多正对前一户的后墙。因河涌里的水常会涨漫堤岸，民居普遍造门阶以挡水……显然很适合于集村落之力对抗肆虐的风暴。街旁民居连着民居，店铺挨着店铺。逢集过节，巷两边大大小小高高低低的板门争先恐后地打开，街道上便人群拥挤，远远望去整条街仿佛一条扭动的蛇。

麻涌人和许多广东人一样，不少是由中原富庶发达之地而来。宋代大词人辛弃疾在其词作"郁孤台下清江水，中间多少行人泪"的深长感叹，就是无数移民的心绪写照。当初，那些因战乱而逃离中原的人历经千辛万苦辗转到岭南，感叹终于找到了安身之地。他们一路风餐露宿，筚路蓝缕，在远离战祸的水边居住下来，耕田种稻，熬波煮盐，建房屋、修祠堂，在竭力延续家族血脉和香火的同时，也保存了古老的中原文化。

在漫长的岁月里，江边的曲折小路，不仅成为人们劳作时行走的通道，也逐渐成了许多人的心灵驿路。它们虽细小得若有若无，却极具韧性地把周边多个村镇连在一起，既是经济状况的标志，也是人们欲望的反映。小路在岁月中无声地延续，不仅延续着古老的生活方式，也延续着一种朴素的人生态度。

麻涌就是一代代中原人或其他富庶发达之地的人在漫长的时间里，和当地人一起用一块块石头、一把把泥土，还有无数的辛苦、共同的心愿营造而成的。

这个被江水、河涌环抱的小镇始终保持着宁静、质朴。泱泱漾漾的河水从一家家门前窗下流过，可谓出门见水，举步登舟。整个村庄笼罩在水雾与绿荫之中，水的滋润能使人没有饥渴之虞，江流的奔涌能使人具备一副博大情怀。

由于先人爱梅，也由于他们多经梅关古道迁徙而来，为使后人怀念祖先根源，此地初名"古梅乡"，原属广州府宝安县所辖。7世纪中叶，大唐王朝以境内盛产可以为席的莞草而命名，改宝安县从大朗村东移县治于涌，即后世之莞城城内，并改县名为东莞。"古梅乡"于明初划归东莞县中堂区管辖。由于此地四周河网密布，同时岸边耕地又以产麻为主，又改名为"麻涌乡"。面积91平方公里，下辖东太、大步、漳澎、华阳、新基、大盛、川槎、麻一、麻二、麻三、麻四、南洲、鸥涌等十几个村，土地资源丰富，有35公里长的海岸线。

由于有了河涌，小镇才多了几分柔情和水意，也多了些历史的沧桑感。村头宅后就有不少曲里拐弯的活水，闪耀着粼粼的浮光。无数人家枕河而眠。风和日丽的天气里，水面上时而会浮现一个漩，或者"扑通"一声溅起一团水花，水波一圈圈地漾开，那是鱼儿发出的动静。盈盈一水间，每天不知有多少船只在中间穿梭如织，人来货往，熙熙攘攘，热闹非常。河涌犹如水乡少女颈上的一条美丽的项链，熠熠发光。一座座弯弯的石拱桥，古朴、宁静，则像一位位慈祥的老公公。鳞次栉比的百年老屋沿着河涌延伸开来，那临水而筑的斑驳的石板路两旁，香蕉树、荔枝树、龙眼树排列整齐，郁郁葱葱。到过东南沿海的人会感到它颇像苏州和绍兴的古镇……

中国历史上的"五胡之乱""安史之乱"和"靖康之乱"，一次次造成中原富庶发达地区的剧烈动荡，迫使大量人口一次次痛苦南迁。

传说元末明初，有位由北而南逃难来的美女，乳名妹头，隐居海边江畔，靠躬耕捕鱼为生。战争告一段落，朱元璋做了皇帝，派人四面察访战时失散的亲人，几经波折才在一简陋的茅棚中找到妹头，并接到京城。她这才晓得堂兄坐了龙廷，与朱元璋相对而泣。宦官和妃嫔们教她宫廷礼节，妹头却久久难以适应，闹了不少笑话。

一天，朱皇帝又来探望，妹头跪道："我实在受不了这儿的繁文缛节啦！还是放我回东莞吧，我舍不得那里的红酥米、锦鳞鱼（红酥米是广东沿海耐旱耐涝的稻谷品种；锦鳞鱼是当地能适应咸水的银白色鲜鱼）……"

朱元璋要她起来。妹头求皇兄应允，否则便长跪不起。

朱元璋拗不过她，长叹："既如此，朕答应便是，且送皇妹一些东西作纪念，派人护送你回……"

妹头转泣为喜，谢过皇兄，择日启程。朝廷送的金银财宝，她均未要，只选择最轻的一箱物件留作纪念。

路上水陆并进。船进广东，妹头心情兴奋，不禁打开那箱东西，想看看究竟是何宝物。

箱子被抬出开启，她不由得惊讶——整箱装的均是竹签！妹头百思不得其解：皇兄为何送我这些？它有何用？

想来想去，她觉得这箱竹签百无一用，不如就此丢掉，于是全部倒入海中，任其漂散。

妹头万万想不到的是：这些竹签都是战争年代的军事调令，和平时期虽用不着了，但还有很大效力，不论大小官吏见到都要服从，竹签流到哪里，哪里便是她的属地。

无巧不成书，因此地是水网地带，很多人喜欢养鸭。一位鸭民赶鸭群下水，鸭子见漂来许多竹签，有红有绿，十分好看，便叼上岸来。那鸭民不识字，心想竹签上写的东西肯定有用，便将其顺手散插到泥土中。

妹头回到家乡，当地官员向她道喜：你拥有良田万亩……

只是后来因时世变化，其子孙未能保住她的产业而渐渐易主他人。

麻涌镇不仅有优越的自然条件，而且风物清嘉，人文荟萃，已形成岭南文化的一个中心。

盈盈的水乡、葱茏的香蕉林。这里的香蕉肉甜嫩滑，皮薄光亮，其种植史从元代就开始了。民谣唱得形象：

> 麻涌香蕉大又多，
> 蕾蕾像个大猪箩；
> 待到秋来蕉子熟，
> 香气飘过五条河。

由于近代不少居民下南洋创业，特别是太平天国失败后，大量太平军流亡海外。因而它也成为一个著名的侨乡。一到过年，流落南洋的男女老少便从栖身之地涌向麻涌。家乡的小镇自然能接纳百川，包容百样人生。游子们颠簸于波涛激流间的漂泊人生，在这里得以系锚解缆、晒网补帆，获得小小的歇息。他们中许多人在年前越发忙碌，脊背如弓汗水如注，大大小小的货包都要在他们肩头品尝人生的艰辛，再送达小镇居民手中。家乡浩大的清旷、雅静的温馨，给了他们浓厚的家园之感。水清如镜波浪不兴，尽心尽意抚慰着人心。

小镇百姓性情温和，老老实实种着自己的地，有船的人家闲时也到河里捕鱼捞虾，日子过得平缓单调，感觉在这儿过上一百年就像过了一天似的。人人都说麻涌人像明澈的东江水、奔流的珠江水一样温情、坦诚、仗义、淳厚而透明，与他们打交道心中无须设防。

俯视麻涌

夏日的傍晚，街坊们都喜欢沏一壶功夫茶，摇一柄芭蕉扇，坐在大树下或凉棚里纳凉，一阵微风掠过，屋角的铃声叮叮咚咚地传来，怡然自得，惬意万分。

二、家族显赫的书香门第

广东地处岭南，距中原腹地辽远，易于守持某些自身的文化特点。大姓之外，也有一些独特的姓氏，外地极少见，唯独广东有，像莫、区、邝、麦、欧、云、香、冼、容姓等。在此，姓氏的籍贯色彩便相当鲜明，以至于一说起这些姓来，就知道是广东的。

1914年3月2日，在毗邻广州的东莞麻涌乡麻一村向北坊的一户姓莫的普通人家，一个男婴呱呱坠地。他，就是莫伯治。

当时，或许没有人能想到，这个男婴后来会成为杰出的建筑师。

《麻涌镇志》

这一年整个世界极不太平。此时第一次世界大战刚爆发。这场爆发于欧洲的世界大战对中国而言充满了太多危险。因为中华民国刚成立，国家实力十分虚弱，如果贸然去参加一场战争，就意味着是一场灾难。所以，第一次世界大战爆发后不久，中国就立即宣布以中立的立场应对这场战事。

即便如此，列强仍然因为中国的贫弱，从来没有放弃从各方面侵略中国。这种种消息激起许多中国人的不满。要求自强不息的声音越来越高。

总而言之，1914年对中国而言是一个屈辱的年份。但同时或许也正是这份屈辱促使睡狮更早地醒来。

莞英才录》等。2003年4月14日因病逝世，享年76岁。

莫伯治（1914—2003） 麻涌镇向北人。中学时就读于广州南海中学。1936年毕业于广州中山大学工程院土木建筑系，是当代中国建筑界一位引人注目和受人尊重的建筑家。早年参加过修筑公路等土木工程。新中国成立后专注于建筑设计。

1958年，莫伯治设计的广州北园酒家建成。那一年梁思成到广州，有人问他最喜欢广州的哪一座建筑，梁思成毫不迟疑地答说"北园酒家"。莫伯治接着推出广州泮溪酒家、白云山山庄旅舍、双溪别墅和广州宾馆等作品。其作品的特点是：适合岭南气候条件，空间通透、体型轻快、色彩淡雅与绿化浑然一体，与当时中国大部分地区仿学"苏联"的建筑形成鲜明的对照，引起建筑学界的注意，由他设计的建筑被人们称为"岭南新建筑"。

1973年，广州中国出口商品交易会会馆建成，一系列配套建筑物也相继完工，其板式建筑、带形窗、玻璃幕墙、花格墙、不对称的高低错落的布局、没有附加的简洁的体型等，又一次引起全国建筑界的注视。人们纷纷南下取经，并以此为"窗口"，打探境外建筑和动向。这一时期莫伯治的作品也很突出，特别是广州矿泉别墅和白云宾馆。白云宾馆高33层，被认为是开风气之先的中国现代高层建筑。

在新时期，莫伯治更是佳作迭出，突出的有广州白天鹅宾馆、广州西汉南越王墓博物馆、广州岭南画派纪念馆、广州红线女艺术中心及广州艺术博物院。他的作品获奖率相当高。1993年，在中国建筑学会成立40周年之际，宣布对1953年至1988年间全国62项建筑设计授予"优秀建筑创作奖"。对1988—1992年间全国8项建筑设计授予"建筑创作奖"。这两个奖项中莫伯治的作品占7项（其中白天鹅宾馆是莫伯治与佘畯南合作主持设计的），占总数70个获奖作品的十分之一。莫伯治是这次颁奖活动中获奖项最多的建筑师。他和他的作品被人们称为"岭南建筑之光"。1995年莫伯治被选为中国工程院院士，2001年他获得第一届梁思成建筑奖。

莫伯治曾任广州市规划局总工程师、中国建筑学会理事、《建筑学报》编辑委员会委员、华南理工大学建筑设计研究院总建筑师、广州市人民代表大会常务委员会副主任等职务。2003年9月30日在广州逝世，享年90岁。

祝如亮（1925—2004） 男，大步村人，1944年参加中国共产党。1949年至1959年在东莞县先后任大步乡党支部书记，东莞县水乡区区委副书记，广东土改团揭阳县凤要区土改分队长。东莞县十四区区委书记、东莞县组织部副部长、县委常委、县监察委员会副书记、县委办公室主任、麻涌公社党委第一书记。1959年至1962年先后任佛山专员公署民政科科长，佛山地委农村部科长；增城县腊布公社、增江公社任党委第一书记、农村部部长、县委常委；1962年至1972年先后任佛山专员公署干部学校党委副书记、佛山地区生产组副组长、佛山地区科技局副局长；1972年至1977年任中共开平县委副书记。1978年至1983年任佛山地区经济作物管理局副局长；1979年至1983年先后任佛山地区粮食局局长；1983年至1986年先后任江门市粮食局局长、江门市委委员、佛山市粮食局党委书记（1986年享受地厅级待遇）；1986年3月离休。2004年去世。

莫氏家族世代书香，在麻涌可谓一个大家族。

一个人童年的生活与经历，特别是他所接受的教育，对造就人的一生之特殊性有不可替代的作用。莫伯治出生的家庭算是旧时代乡村比较富裕的阶层，因此他从小具有进学校读书的机会；同时，他和其兄长们都具有对旧社会的一定批判性思想，由此都参加过一些进步活动。

在莫伯治的童年记忆里，父母时常力所能及地帮助乡亲们，曾经为家乡铺桥、修路、建祠堂出力，并对他说过"当自己陷入困境的时候，总会希望得到他人的帮助，这样换位思考一下，帮助他人就是帮助自己。"

所以，从小在他人需要帮助时，莫伯治总会主动帮忙，这是父母教给他的重要一课：常怀感恩心，助人即助己，这也是他在后来的人生路上始终牢记的家族精神。

莫伯治的亲友多是文化名人，堂兄莫伯伊、莫伯骥均是民国时期广东知名人物。莫伯伊（1877—1936）曾任广东谘议局议员、广州报社主笔，不少社团慕其名而聘之为顾问，兼职甚多。莫伯骥（1878—1958）是中国著名藏书家，号称"五十万卷藏书楼主"，其藏书之富、版本之精，为当时羊城诸书楼之冠。他曾任广东督府参议，并曾一度主编《羊城报》，继而应若干大学之请，担任文史系讲师。

后人对莫伯治、莫伯伊、莫伯骥推崇备至，多有称之为"莫氏三英杰"者。

莫伯治在家中排行最小，自幼上进心强，聪颖好学，性情坚韧而执着。年长他30多岁的堂兄所拥有的著名的私人图书馆——"五十万卷楼"是莫伯治最喜欢的地方之一。在那里，他可以读到诸子百家、唐诗宋词等等众多典籍。周边围着很多文人雅士，随时可以请教。日积月累，莫伯治受到传统文化的深深浸染。此等"家学渊源"，使得莫伯治对中国传统文化得心应手。这样的家境、这样的天赋、这样的志向，绝大多数读书人难以望其项背。

珠江三角洲，水网交织，田畴村落星罗棋布。生于斯，长于斯，岭南文化的独特气质深深植入莫伯治的灵魂深处。据他回忆，在12岁之前，他生活在珠江口的农村中，在天然的田园风光和淳朴的人情关系潜移默化的熏陶下，形成了一种乡土田园审美习惯。他形容这是"一种直觉的原始感性认识"。[①]

有鱼米之乡美誉的岭南水乡，生活应该是没有问题的。然而，在那昏庸统治下的岁月却是心酸的，吃了上顿没下顿成了许多百姓的生活常态。

莫伯治在东江边和大大小小密布的河涌旁长大，许多想象都与江河有关，感到那水声是一种母亲的声音。

他喜欢这河涌交错的小镇，更喜欢小镇的水。乡民亦耕亦渔，离不开大小船只，即或走亲访友，也以舟代步，闲暇还会下河塘摸些鱼虾、螃蟹、河蚌，因此没有不玩水的，多有深谙水性的高手，许多年仅几岁的孩子也已是"浪里白条"。

在风和日丽的日子，莫伯治和小伙伴们就会赤脚来到沙滩，踩在松软如毯的沙土上，手中拿着小铲、小桶、竹篮，一会儿就精心"建造"起一座座房子、大坝、宅院……

三、躲进堂兄"五十万卷楼"破万卷

那时小学里学习的内容相当丰富，国文、算术、常识、自然、历史、地理、珠算、手工、美术、体操。作业就在上课时完成，放学回家就是玩儿。莫伯治读小学时期就能够给亲人写信，且循规蹈

---

① 见《莫伯治文集》（先后于2003年4月由广东科技出版社初版，2012年7月由中国建筑工业出版社再版）的自序《建筑创作的实践与思维》一文之开篇。

矩:"××大人膝下敬禀者"开头,"××叩上"结尾。珠算加减乘除口诀背得滚瓜烂熟,算盘打得飞快……

莫伯治最喜爱的课程是国文、历史、数学。历史使他们认识了几位东莞名人——何真、罗亨信、袁崇焕、林则徐……

这几位都是东莞传统民间故事中的"明星",也是文人笔端闪亮登场的常客。在课堂上,听老师讲到家乡的英雄,莫伯治眼里都会一下子闪出了光芒——直觉这些人和自己一样有着爱国爱乡的满腔热血。

元朝末年,岭南群雄并起。东莞茶山人何真统辖了岭南大部分地区,有人鼓动他效法赵佗,割据称王。然而何真对自己的德行有大海般深邃的持守,义归大明,使百姓避免了更大战争的浩劫,成为流芳千古的一代战将和贤臣。

罗亨信的后半生正值明朝边患频繁。被元末农民起义驱逐出境的蒙古各部被瓦剌统一,常掠劫财物、屠杀边民。他被派往西部戍边,挫败了进犯的骑兵。明英宗宠信受敌贿赂的宦官王振,忌言边事,1449年秋瓦剌犯境时仓促率兵应战,在土木堡被俘。官兵纷纷弃城逃散,只有罗亨信誓与边城共存亡。瓦剌挟持明英宗到城下叫门,昏庸怕死的英宗听任摆布,竟传命开城。如遵命军民将尽遭杀戮,京城最后的屏障就被拔除;如抗命则犯"欺君"之罪。紧要关头罗亨信宁置身家性命于不顾,断然选择了后者。他于1457年在故乡东莞病故,陪葬品仅石印一方、墨饼一块及少许钱币、陶瓶等物。

离麻涌不远的石碣镇是爱国军事家袁崇焕的故乡。他曾当过朝廷高官并屡建功勋,只因魏忠贤居功自揽,遭诬蔑无功受辱,不得不乞休归乡。崇祯继位,袁崇焕再度被起用,任兵部尚书督师蓟辽,惩贪官以定军心,催粮饷以鼓士气,斩奸佞以严军纪。在他扼守山海关期间,曾乘暇出关,单枪匹马,虎胆探辽,摸清了辽河两岸的地形、气候、历史、风土、人情、习俗、城堡、兵塞等情况,并在返回后以一个军人的非凡胆识与才智声称:"只要给我兵、马、钱、谷，我一个人可以守护辽东！"1626年袁崇焕计定坚守宁远，固成锦州，使用家乡人仿制的"红夷大炮"击溃后金13万雄兵，置努尔哈赤死于战阵。次年又巧妙地以高城、坚石、弓箭、巨炮等武器对付金兵的马队，在宁锦大捷中击败皇太极的疯狂，收复前朝失地，威慑后金，声隆朝野，被崇祯封赏为"擎天一柱"。皇太极利用崇祯猜忌多疑的弱点，策划"反间计"借刀斩袁。1630年农历八月十六日袁崇焕以"谋叛欺君罪"被磔刑于菜市口，并惹得不明真相的市民用铜钱切其肉，再用牙噬咬。他的头颅被砍下悬竿示众，挂在城头听凭风吹雨淋……

当时的岭南，开风气之先，是国内废除科举、提倡新学呼声最高的地方。于是，莫伯治得以曾和学校的老师及同学们一起多次到袁崇焕的故乡石碣镇水南村，久久默对英雄故里那残破的颓垣，恭恭敬敬地向这位大明冤魂鞠躬致哀。

老师对同学们说："这些传说广为流传，经久不衰。它的存在，既是一段古人征战搏杀的历史，也是一种宁死不屈、死而不倒的精神象征！"

莫伯治深为自己是袁崇焕的乡人而自豪。他还深受岳飞、文天祥、史可法、林则徐等民族英雄的影响。

莫伯治最爱听有爱国心的老师们讲课。

他们讲到：广东是孙中山的故乡、辛亥革命的策源地。广州既是18世纪世界排行第四的国际大都市，也是近代几次革命的发祥地，有巨大的包容性，对各界人等宽容、博大，容纳了社会的各个层面，全国各地人来这里或求学，或为官，或找乐，无论新派、旧派，都可找到一席之地……20世纪二三十年代，时光一天天飞过，使岭南和整个中国一样，都处于动荡、混乱的多事之秋，经年累月上演着成者王败者寇的活剧……

第一次世界大战期间，欧洲列强无暇东顾，日本趁机加强对中国的侵略，严重损害了中国的主权。中国人民的反日情绪日渐增长。1919年巴黎和会上中国外交的失败引发了伟大的"五四运动"。1919年5月4日发生在北京的一场以青年学生为主,广大群众、市民、工商人士等阶层共同参与的,通过示威游行、请愿、罢工、暴力对抗政府等多种形式进行的爱国运动,是中国人民彻底的反对帝国主义、封建主义的爱国运动,又称"五四风雷"。

从1918年11月的"公理战胜强权"庆典,到次年1月的巴黎会议,短短两个月时间,当时的中国充分诠释了"自古弱国无外交"的定律,所谓的"公理战胜强权"不过是一个美丽的童话。面对这样屈辱的局面,从5月4日开始,北京的学生纷纷罢课,组织演讲、宣传,随后天津、上海、广州、南京、杭州、武汉、济南的学生、工人也给予支持。

五四运动直接影响了中国共产党的诞生和发展,中国共产党党史一般将其定义为"反帝反封建的爱国运动",并以此运动作为旧民主主义革命和新民主主义革命的分水岭。

1922年5月,在广州举行第一次全国劳动大会和共青团"一大",一个名叫周康的革命者在莞城把鞋厂工人组织起来,成立了东莞革履工团。6月16日陈炯明叛变,东莞遂被叛军统治。12月莞城织席工人举行罢工。

1923年3月陈炯明被滇系军阀逐出广州,孙中山由沪返穗组成大元帅府,开始改组国民党。6月,中国共产党在广州举行"三大",决定建立国共合作的统一战线……

1924年1月,国民党一大在孙中山主持下召开,确定联俄、联共、扶助农工;10月,孙中山依靠黄埔校军镇压英国买办陈廉伯率领的商团叛乱;11月,孙中山发表《北上宣言》……

1925年1月,广东革命政府出师东征。2月3日,蒋介石、周恩来抵虎门,5日,抵莞城,并登上万江桥畔明朝万历二十五年建的金鳌洲塔。6日,周恩来出席东莞商务分会举行的"欢迎东征军大会"并发表演说,当晚又在市民联欢大会上演说。同月东征军沿茶山、横沥、常平、樟木头向深圳推进，沿途得到东莞人民的支援。10月，国民革命军第二次东征，叶剑英率部进驻东莞县城……

总之，广东像一个舞台，供时代英雄编演史诗。

老师们讲述的这一声声风、一声声雨，无不强烈地持续震撼着莫伯治的心灵，满脑子装的是国家民族前途。有时候，他郁闷的心像开了一扇天窗，想迎接周围的一切，感到周围的一切都是自己的，便油然升起一种生活的自信，觉得自己一定能干成点什么。

莫伯治在家中排行最小。在有成与无成之间的苦苦思忖，弄得他茶饭不香。

有时，他索性一头钻进年长30多岁的堂兄莫伯骥所拥有的图书馆——"五十万卷楼"。

如果说书籍是人类进步的阶梯，那么建筑毋庸置疑是文化演进的载体和固化体现。一个时代的文化一定会通过其有关建筑在历史长河中留下永久的记忆。东莞麻涌人莫伯骥所拥有的图书馆——"五十万卷楼"正是这样的一座建筑。

推开"五十万卷楼"古朴的木门，袅袅书香便萦绕于幽深的楼宇间。

读书需要缘分。当莫伯治翻看一本本泛黄的书，甚至为一本好书拂去封面上的灰尘时，心里都会荡漾起喜悦之情。

读书是莫伯治被家里人从小培养出来的习惯。他先辈中虽然有几位曾经为官，但大多数基本上都是读书、教书、藏书和著书立说的饱学之士。这种精神代代相传，赓续着莫氏家族世代书香的传统。堂兄莫伯骥这间有名的私人藏书楼，使莫伯治自幼可以读到我国诸多文化典籍，国学底子很扎实，成为他日后转入建筑创作的文化基础。

和书打交道的人都知道，书像人一样，有生命。书的生命历程中也有故事，这些故事会因为书有了新主人、新读者而继续。

村民深感镜如救村之德。镜如平生洁束身自爱，平易近人；事母至孝。1945年母病逝，他居家守孝三年，然后赴港依次子若湛为生。又五年，病逝于香港，享寿75岁。

萧忠明（1929—1950） 麻三村人。1947年参加游击队；1949年9月参加解放军；1950年12月在朝鲜长丰郡临津江战斗中牺牲。牺牲前是志愿军39军25师3442营六连副班长。

莫惠卿 女，麻一村人，出生年月不详。1950年9月9日于沈阳在战斗中牺牲。

莫伯骥（1877—1958） 字天一，麻涌向北坊人，著名藏书家。莫生于清光绪三年（1877年），幼年入县学，后毕业于广州公立医校。他自幼好学，博览群书，是清代末科广东府诸生之案首。为人治学严谨，文才出众，著书立说，名噪南粤。自负有状元之才。民初，莫荣新督粤时，曾任督府参议，并曾一度主编《羊城报》，继而应勤勤大学之请，担任文史系讲师。

伯骥存心济世。恰逢当年西医、西药新兴，毅然不惜耗资，在穗创办"仁寿西药房"，规模颇大。因善于用人，经营得法，销路畅广，药房历数十年之变幻而不衰，为当时同行中之佼佼者。当代中外驰名之西药巨头莫露梧，就是他当年提拔任用的代理人。伯骥力主长子莫培樾出洋学医。回国后，在广州西关自设一间"莫培樾西医诊所"，治病救人，卓有成效。诊所收费价廉，家乡兄弟到其诊所医病，给于诸多方便；对贫苦者，赠医赠药，连留医病床也不收费。抗战期间，迁往澳门，继续行医济世，治病救人。

伯骥一生酷爱藏书，曾在穗自建一座藏书楼，藏书最多时达50多万卷，自称"五十万卷藏书楼主"。其藏书之富，版本之精，为当时羊城诸书楼之冠。他搜购古籍不惜重金，药房盈利多被作购书之用。一次，孔氏岳雪楼所抄文澜阁四库全书逾千册散出，莫以万金于天津赎回。大江南北书商偶有所发现，必以信函告，因而能在20年间搜购50万卷珍贵典籍。1937年，他的《五十万卷书楼书目初编》20卷书成，目载书500种，为卷2万余，均为宋刻、元刻、明刻、清刻等珍藏本。他更注重收集粤人遗著，许多藏书是研究广东历史的珍贵文献。

1937年，日机轰炸广州，他举家避居香港。经过整理的1400多箱书均遭浩劫，随身带走的书不过四箱，其著述原稿50种未付印亦尽遭劫难。失去之书有部分在广州附近平洲作废纸出售，其子辗转托人收回数十箱。1940年，莫续成《五十万卷藏书楼群书跋文》，包括经三卷、史三卷、子二卷、集七卷。书凡400，较初稿少约百种。

莫藏书是以汉学家及近世学古者的观点来定其性质，这一见解博得当时名学者的称誉。叶恭焯、容肇祖谓其《五十万卷藏书楼群书跋文》有五述三长。五述者，述人物的小传；述著书缘起、书林掌故；述文字及历史史迹考证；述诸子百家的专门学问；述书文佚篇、佚句，新奇隽永之文及传奇志怪等。三长者，一长为博证，事必考证，语必求因；二长为校对，校传本之误一字之得，冰释理顺；三长为明通，说古而不泥于古理，有独见必求通今。其《跋文》对图书馆工作有一定指导

《麻涌镇志》

在这里，莫伯治读到《诸子百家》《唐诗》《宋词》《元曲》《三国演义》《水浒传》《红楼梦》等众多典籍，受到传统文化的深

深浸染。

莫伯治还通过各种渠道，读到邹韬奋等编辑的《抗战》《救亡》《呐喊》《世界知识》等许多种进步期刊，读到鲁迅的《呐喊》《彷徨》，郭沫若的《女神》，茅盾的《子夜》，巴金的《家》，老舍的《骆驼祥子》，曹禺的《雷雨》《日出》，以及高尔基的《母亲》，法捷耶夫的《毁灭》，绥拉菲莫维支的《铁流》等进步文学名著，碰上了自己感觉值得细细揣摩和品鉴的书籍，便会翻来覆去地反复阅读，有爱不释手之感。

总而言之，每次莫伯治的眼睛接触到那一个个方块形的端端正正排列在纸上的汉字，就感到它们活泛起来，像久违的老朋友一样跳进他的脑子里，并铭刻进他的心里。

莫伯治经常拿出笔，像找宝贝似的，在那些他以为有道理，或是能够让自己感慨一番的句子下面画一条线。它们使莫伯治因阅读滋生了别样的欢乐，也滋生了一生的理想，甚至有时禁不住热泪盈眶、血脉偾张。他感到读书学习的好处之多是无法用语言所能表达完全的。唯有勤读多读，置身于书中的人，方能体验其中的乐趣和奥妙。

莫伯治想：知识就是力量。在自学过程中，不可能人人都能得到指导老师，那么，最好的老师就是书籍。读书有这样多的好处，而书籍眼下又可随时随地看到，自己这种年龄，记忆力旺盛，分析判断能力也已达到一定程度，且无家室之累，正是集中精力学习知识的黄金时代，千万不要白白地浪费掉。中国有句古话："少壮不努力，老大徒伤悲"。待到自己在曲折的人生中悟出应该多学本事的道理，想学的时候，由于年龄的增长，记忆力衰退，还有家庭的重负，精力集中不起来，那时想学也学不好了。与其那时悔恨终生，倒不如现在就努力学习。多读书，可以开阔视野，增长见识，启迪智慧，有所成就；多读书，可以丰富自己的知识宝库，进一步懂得生活，可以提高自己的文采和对艺术的欣赏能力，可以变"下里巴人"为"阳春白雪",从而使自己的生活更加丰富多彩,充满情趣。那么,就努力读书吧,学习吧,向一切伟大的人学习,同正直的人们融为一体。这样,自然就会充实起来,成为受人欢迎和尊敬的人,成为对社会有用的一员。

莫伯治在博览群籍的基础上形成了有自己特色的读书方法。一是泛览,博采众家,取其所长;二是硬看,对较难懂的必读书,硬着头皮读下去,直到读懂钻透为止;三是专精。以"泛览"为基础,然后选择自己喜爱的一门或几门,深入地研究下去。

麻涌的隆冬季节也是颇为寒冷的,脚冻得难受。莫伯治在书楼里为了抵御寒冷,起初不时地站起来跺脚。后来觉得这样浪费时间,听说了一种好方法,便仿效着削了一根圆滑的木棍,放在脚板底下,一边读书,一边来回地用脚搓木棍,搓暖和了脚,便又能专心致志地读书了。他还仿效某些科学家的读书方法,每拿起一本书,不是一上来就从头至尾地闷头去读,而是对着书名和目录闭目沉思,先猜想一下书中会写些什么。经过一段时间的思考再打开书。如果书的具体内容与自己的猜想相仿,就不再一个字一个字地读了;如果与猜想的不同,他就认真地去读。这样不仅节省了读书时间,而且提高了读书的效率,锻炼了自己的思维能力和想象能力。

四、父亲去世,受资助去广州求学

莫伯治十多岁时,因父亲不幸去世,家庭经济状况陡然窘迫了许多。

当他向家族里的长辈们提出想到省城广州求学的愿望时,长辈们看了莫伯治一下，说："好的！"就这简洁的两个字的回答，在当时该算很不容易的，这决定了他的一生。

由于生计实在艰难，莫伯治在当地慈善机构明伦堂的资助下，才得以离开东莞前往广州念书，考进南海中学。

乡村是民族文化的"根"，是中华民族精神血脉之所在，城市则是现代科技文明和商业精神发端的土壤。

入学时，莫伯治的随身行李是一只小箱子，箱子里装的都是他从家里带来的书籍。那些年，莫伯治继续慢慢地咀嚼着箱子里的"营养"。

南海中学创办于1904年。这一年，南海士坤在原西湖书院的基础上创立简易师范科馆，当时的地址位于广州西湖路360号。1907年，西湖书院和南海师范科馆合并为南海中学堂，地址在原西湖书院。朱世畴出任校监（即校长）。1910年，学校搬迁至广州光复中路高第坊芦荻东报资寺（正门），西华路460号（原第十一中学校址）为学校的后门。1912年，学校正式命名为"南海中学"。

1922年，南海县政府希望将南海中学改为师范学校并迁入佛山，但遭到学校师生反对，学校才得以保留。后来南海中学成立校董会，筹资办学经费。1927年国民政府教育部督学视察考核验收，评价南海中学是全国最优的9所中学之一。它秉承"任重致远"的校训，以弘毅弘志、求真求实的精神，在羊城树立出校园雅、校风良、管理严、质量好的良好声誉，曾有"楼外书声连北极，域中文采耀南天"之誉。它以"培养有责任感的人"为目标，以厚德博雅、尚勤尚严的教风，培养出学生乐学善思、至诚至理的学风。

《广州市南海中学》

南海中学的校歌中唱道：

> 雄哉百粤，峙南方珠水汤汤
> 猗欤南海百粤光，衣冠气独昌
> 风节文章，亘古振遐荒
> 归然我校继芬芳，菁莪教泽长
> 文教恢张，我武惟扬
> 爱乡爱国众勿忘，奋发共图强
> 猗欤南海百粤光，衣冠气独昌

南海中学的校训"任重致远"始于创校之初，取意于曾子的名言"士不可以不弘毅，任重而道远"及诸葛亮的名言"非淡泊无以明志，非宁静无以致远"。训词喻意南中人应有强烈的历史使命感和社会责任感，不断追求道德、学问，有胸怀广阔、意志刚强的品质和决心成为国家栋梁之才的理想。

南海中学不仅教学抓得紧，成绩斐然，而且品德教育、体育、文娱活动等也卓有成效。

莫伯治来自乡下，带着一腔的憧憬到省城读书。他在这里完成了人生梦想的许多"第一次"尝试：第一次在校刊上发表文章，第一次接触社会上的其他大、中师生……正是这些第一次尝试，给了他勇气与鼓励，让他在之后的生活中勇于尝试，勇于探索，开拓崭新的领域，体验不同的人生。

从南海中学初中毕业后，莫伯治以优异的成绩考入广州市第一中学。这所中学创办于 1928 年 8 月 1 日。创办初期，曾经在一德路石室前租用"天字楼"13 间店铺为校舍，招生 5 个班，高中文、理各 1 个班，初中 3 个班。1929 年，迁至越秀山麓"学海堂书院"旧址。

1931 年秋，市"商专"高二、高三年级并入市第一中学高中部，改招普通班，停办文、理科班。1932 年，全校已有 20 个班。1936 年，市立一、三中合并为市第一中学男校，以市二中为女校。1936 年，市第一中学建立了中国共产党地下党支部。

莫伯治在广州南海中学初中和市立一中高中读书期间，都寄住在堂兄莫伯骥家中。他家的五十万卷藏书楼，对莫伯治思想和文学修养的形成影响颇深。

高中阶段是最具想象力、创造力，充满了对未知的广阔世界的好奇心的人生阶段。这样的想象力、思维的广阔、独特与批判性，是一个独立自主的、自由创造的人所必需的思维品质和精神素质。值得庆幸的是，这种品质和素质使莫伯治在第一中学得到了很好的开发和培育，从而影响了他一生的成长和发展。

莫伯治在南海中学和第一中学的学习生活使他不仅打下扎实的知识基础，而且学会了做人，而社团活动和社会工作则锻炼了他写作、组织、与人合作的能力，培养了敢想、敢干、敢创新的精神。这些对他以后的工作和发展都很有好处。他认为有很多东西不是从课堂上就能学到的。在学校,既要读有字之书,又要读无字之书;既要读书,又要实践,在干中学,增长才干。

莫伯治在广州市立一中时的学生照

莫伯治上中学时与同学们的合影

莫伯治后来很怀念南海中学和广州市立第一中学的那段难忘岁月。

五、科学救国，选读中山大学土木工程系

莫伯治在广州市立第一中学高中毕业时，"科学救国"的口号鼓舞着众多热血青年的心。

他当时受这一口号影响，高中即选读理科，随后考入国立中山大学工学院土木系（即为现在的华南理工大学建筑学院）。

那年，炎热而紧张的夏天，莫伯治按捺不住心头的焦虑，每天都要跑到街上去等邮递员，终于等来了中山大学的录取通知书。可以想象，他是多么兴奋多么高兴。亲属们也与他一同高兴。

从某种意义上说，那天在东莞麻涌发生的事情，决定了莫伯治一生的命运。换句话说，他的命运早在那个秋天他考上国立中山大学工学院土木系就被悄悄决定了，此后任何事情都无法更改……

当时与莫伯治同时前往广州上学的还有一位麻涌的青年陈一虹，他原本是东太村的人，因为从小父母双亡，在麻一村的外婆家长大，这年也考取了广州市的一家医学专科学校。由于同乡的这层关系，他俩时常做伴，往返于穗莞两地。

那时广州、东莞间没有铁路、公路，一般只能乘船。他们顺着石梯坎，一步步下到江边，直到再也无法往前走（再走就是江水了），然后蹲下，以手试水，清凉顿时打指尖传遍全身。指尖仅微微感到水流的扰动，细小浪花在指后作扇形散开，很好看。乘船要整整一夜。家乡的故事也总是在这时候聊起。两人从不争得面红耳

赤，总是像江水慢慢地流着。

他们正值年轻，指点江山、针砭时弊是少不了的。莫伯治比陈一虹年长几岁，显然已老练许多，所以凡遇上事，都由他拿主意。让陈一虹难忘的是，莫伯治文质彬彬，说话热情周到。给人的感觉像是一个大哥哥。每次来回夜渡珠江的时候，莫伯治对陈一虹等小青年都要讲许多国内外形势和世界观、人生观之类的大事。

广州是一座萦绕着优秀近代历史建筑之美的都市。不少大、中学校的校园里都屹立着各美其美的优秀近代历史建筑。徜徉其中，书声琅琅间扑面而来的是文化之醇、学风之郁……

国立中山大学简称"中大"，由孙中山先生创办，是中国南方科学研究、文化学术与人才培养的重地。

国立中山大学牌坊

1835年11月，美国公理会传教士伯驾（Peter Parker）在广州十三行开设眼科医局，并于1859年改称"博济医局"。

1866年，博济医局搬迁并正式命名为"博济医院"。

1879年，博济医学堂改名为博济医院附设南华学堂。1886年孙中山以"逸仙"之名进南华学堂学医，并从事革命活动。

1904年改称南华医学校，1930年改称岭南大学医学院，1936

年又称孙逸仙博士纪念医学院,并合并了私立夏葛医学院。

1908年春,由郑豪等人创立的广东光华医学堂成立。该校分别于1912年、1928年、1929年更名为私立广东光华医学专门学校、广东光华医科大学、私立广东光华医学院和公立广东光华医学院。

1909年春,广东公医学堂成立。1915年易名为广东公立医科专门学校,1924年改称广东公立医科大学。

1924年2月邹鲁接管广东农业专门学校、广东法科大学两校之后,即于当月24日召集三校学生在广东高等师范学校礼堂举行大会,会上宣布筹建国立广东大学,并报告了筹备经过和进展计划等。3月3日,广东大学召开首次筹备会议,着重讨论并通过了国立广东大学筹备处组织大纲。为保证筹备工作的开展和国立广东大学的顺利开办,孙中山亲自筹措资金。1924年6月9日,孙中山任命邹鲁为国立广东大学首任校长。

1924年6月21日,广东大学举行校长就职和学生毕业典礼,孙中山委托总参议胡汉民代表大元帅在会上宣读了训词:"学海汪洋,毓仁作圣,大学毕业,此其发轫。植基既固,建业立名,登峰造极,有志竟成。为社会福,为邦家光,勖哉诸君,努力自强。"

国立广东大学定于1924年9月15日正式上课。当时,学校并没有举行开学典礼与成立典礼。后又经校务会议复议,将开学典礼及成立典礼日定于1924年11月11日,也就成为国立广东大学的校庆日。

1924年11月,孙中山为这所大学的首次开学典礼手书成立训词:博学、审问、慎思、明辨、笃行。

1925年,"广东公立医科大学""广东公立工业专门学校"并入。

1925年3月12日,孙中山逝世后,廖仲恺提议将广东大学更名为中山大学,10月获国民政府批准,同年增设医科。其后,广东公立医科大学、国立广东法科学院、广东省立勷勤大学工学院先后并入。

1926年7月17日正式更名为"国立中山大学",成为广东最高学府。

1926年8月17日,国民政府下令改校名为国立中山大学。国立广东大学改名后,国内出现多所以"中山"为名的大学,如武汉、杭州、南京、上海、兰州、西安等地。1928年2月间,以蔡元培先生为院长的大学院有鉴于此,决定除保留广州的国立中山大学以资纪念外,其余中山大学均改为所在地方名。

1927年8月,更名为"国立第一中山大学"。

1928年3月,复名为"国立中山大学"。

1931年,改文、法、理、农、医科为学院。先设立土木工程、机械工程、电机工程、化学工程四系,校址暂定于文明路,第二年迁往石牌新校址(即华南理工大学和华南农业大学校址内)。

莫伯治开始所学的并不是建筑设计,但大学期间他无论在课堂上还是在课余时间,都像海绵一样贪婪地吸收着来自各方面的营养,在知识的浪尖上起伏……

有人说,青春时代读过的书是最美好、最难忘的,因为那时候情感丰富、感受敏锐,对生活和人生充满了幻想,充满了信心,所以最容易受那些好书的影响,留下动人的回忆。

课余时间,莫伯治常同二三好友一道漫步广州街头,欣赏艺术大师的建筑杰作……饱受我国传统文化的熏陶。

他特别爱读著名建筑历史学家梁思成的文章,爱读中国传统建筑经典图书《营造学社汇刊》,这些都使他扩大了审美和思考的视野。

1935年,国立中山大学设立研究院,开始招收研究生,成为当时全国仅有的三所之一(是中国第一批成立"研究院"的三所高等院校之一)。在这里,莫伯治受到了严谨而系统的高等教育。他下决心把建筑学作为自己发展的方向。

在国立中山大学寒窗苦读时期，除了学校规定的课业与活动之外，莫伯治将最多的时间都留给了图书馆。图书馆的阅览室很宽敞，书架上摆放着一套套典籍，堪称皇皇大观。他常常坐在这个阅览室里看书。原本属于他乡的环境，对莫伯治来说就有了一种特别的亲切与温暖之感。他系统学习了建筑学方面的基础知识，为一生的建筑学生涯奠定了坚实的学术基础。这是影响他一生的重要阶段，国立中山大学也在他心中留下了刻骨铭心的印象。

国立广东大学钟楼

六、与张万久教授结为终生的挚友

1936年莫伯治从国立中山大学毕业。在这里求学和社会活动的经历，对他的思想水平和专业能力都有重要意义。他不仅打下了坚实的建筑学基础，养成了严谨求实的学风，而且坚定了把工程设计作为终身事业的决心，一辈子不放弃、不抛弃、不动摇。

大学期间莫伯治遇到一位十分要好的同学、也是他后来的大舅父张万久。

张万久祖籍苏州，1914年出生于广州一个职员家庭，幼年和少年时期在私塾接受启蒙教育，自小跟着当法官的叔公长大，并在大革命时期就读于广东省立中学，随后又考入中山大学预科学习。

他1932年入国立中山大学工学院土木系，1936年毕业，随后到当时的平汉铁路局工务处任实习员，1937年回国立中山大学工学院土木系任助教。次年，刚刚24岁的张万久就担任了国立中山大学工学院土木系的主任。

鲁迅曾言："人生得一知己足矣，斯世当以同怀视之。"人生中总会与一些美好的东西遇合。因此说，人生得一知己，死而无憾。这就是说，你真正的好处，有人欣赏，你遇到一个真正能够欣赏你的人，这种人生的遇合很难得。

莫伯治与张万久生活环境相近，价值观相似，彼此之间具有同质性，因此走得近，联系多。如果一个人善良而且清正，你就愈发愿意与之亲近。显然这样的人做朋友最好不过。他们两人志同道合，肝胆相照，书写真性情，缔结真友谊，结为终生的挚友。两人经常在一起谈人生，切磋建筑学知识。莫伯治对母校国立中山大学工学院土木系的高度认同与强烈依恋的原因当然是非常复杂与多样的，然而有一点恐怕是其中非常重要的因素，这就是那里有一些张万久这样的优秀学长，是他们引领自己执着于学习建筑学的天地。

在此期间，莫伯治第一次得到了一位同年龄段女性的关心。她叫张玉双，是张万久的妹妹。张万久得知莫伯治还没有女朋友，便把妹妹介绍给他。

在一次外出归来的路上，张玉双叫住了莫伯治。她平静开朗的脸上透着聪慧，有一种与众不同的气质。那天张玉双跟莫伯治并没有说太多话，只是希望他在建筑事业上不要有任何动摇，命运有一头是在当事人自己手里，也就是由你本人的思想性格决定。

张玉双说着说着，竟小声背诵起一位伟人的话："如果我们选择了最能为人类幸福而劳动的职业，那么，重担就不能把我们压倒，因为这是为人类而献身。那时，我们所感到的就不是可怜的、有限的、自私的乐趣，我们的幸福将属于千百万人。我们的事业是默默的，但她将永恒地存在，并发挥作用。面对我们的骨灰，高尚的人们将洒下热泪。"

莫伯治感到张玉双说这些话时目光明亮,一望见底,像一面镜子照见了自己隐秘的内心。他的"另一个世界"敞开了。仿佛命运在暗中让他一步步来到张玉双身边,而张玉双就在这里等着他。

莫伯治一时有些惊讶,这个看上去只是自己妹妹的女生,竟有这样的洞察力,并且对人的命运有这种富有哲理的看法。大概是知识分子家庭出身的原因,张玉双跟她哥哥张万久一样,身上有一股浓郁的书卷气,同样都喜欢读书。莫伯治读过的书,她也都读过,说起来头头是道,这让莫伯治从心眼儿里高兴。

艰辛的人生,自有其重量和温情。这乱世中的爱情不似一首诗,更像是一本现实主义小说——它无关乎太多的风花雪月,更多的是与世界真刀真枪的碰撞与磨炼。

男女双方机缘巧合,经过一段时间的交往,终于在1943年成为一家人。人生大事件,彼此同休戚。成年人的世界没有容易的事,但有家就有了避风的港湾。是家,将他们彼此连接,是亲情让他们彼此牵绊,夫妻两人患难与共,温暖彼此,一生幸福美满。

莫伯治和妻子张玉双

1938年,莫伯治与张万久虽然暂时天各一方,但始终没断了联系。①

---

① 1938年,张万久考取庚子赔款留学英国,进入伦敦帝国学院研究院做研究生。后因第二次世界大战爆发,在英国无法学习,遂转赴美国伊利诺伊大学研究铁路工程,1941年获美国伊利诺伊大学工学博士学位,旋即回国任当时在广东坪石的国立中山大学土木系教授,讲授应用力学和材料力学等课程;1942年转往重庆中央大学任土木系教授;1943年重返国立中山大学任土木系主任,并讲授桥梁设计及钢房建筑;1944年因日军侵犯粤汉路,复返重庆任复旦大学土木系教授,兼任当时的中央设计局专门委员,协助草拟战后铁路计划。1945年日本投降后,他任上海京(宁)沪铁路局工务处副处长兼设计室主任。1947年12月至1949年10月任广东实业公司料务部经理。1950年7月,张万久由储钟瑞教授介绍到唐山工学院(西南交通大学前身)任教,先后讲授桥梁工程和基础工程;1952年任桥梁工程教研室(含土力学及基础工程,并代管隧道工程)主任。1954年秋,桥梁工程教研室与钢木结构、钢筋混凝土结构两教研室有关桥梁设计部分合并成立桥梁教研室,张万久任桥梁教研室主任。1956年又任桥梁及隧道系代主任。1960—1961年,张万久到河北省社会主义教育学院学习。1963年,学校正式任命他为桥隧系主任。主编《桥梁建造及修复》、主译《铁路桥梁》等。张万久学识渊博,博览群书,即使在车船旅途亦手不释卷。其博士学位论文属铁道工程方面,但在各大学执教中却担任应用力学、材料力学、结构理论、桥梁设计及钢房设计等课程,都表现出很深的造诣并取得了有价值的成果。早在20世纪50年代末期,他就向年轻教师言简意赅地指出:今后将是电子计算机时代;预应力混凝土应用于大跨薄腹桥梁后,抗剪强度会是突出的问题;六跨拱桥的设计及计算必须考虑大变形的影响和风振问题等。张万久治学严谨,对一个新问题不充分掌握资料和弄清原理,从不盲从,也不匆忙落笔。他认为高等院校教师应进行科学研究才能提高师资质量和教学水平;也认为科学知识无国界,不仅要学苏联,也要从欧美各国的研究成果中吸取合理的东西以为我用。如他20世纪50年代初即带领青年教师用O. 摩列托(Moretto)、A. P. 克拉克(Clark)、K. G. 莫地(Moody)、E. M. 斯和耶(Zwoyer)和当时苏联M. C. 波里山斯基(боришанский)等人的抗剪强度公式对几种文献所载322根试验梁进行了浩繁的计算,借以检查它们的精确性和适用范围并确定今后的试验研究方案,使科研选题立足于世界水平的高起点,具有前瞻性,这在当时是难得的。张万久十分重视对年轻教师的培养,经常讲自己治学的经验,鼓励年轻教师成才、成家。他任桥隧系代主任期间,向院领导提出要选择学有基础又肯钻研的年轻教师作在职研究生培养。20世纪50年代中期,他身体力行,率先成为首批研究生导师。其培养出来的在职和脱产研究生后来均是有关单位的技术主力和骨干。他还在每个科研项目和教材编写中都要选择青年教师作骨干,指导其进行研究,十分信任地放手让他们工作,并明确指出要锻炼他们的研究能力和研究方法,以俾将来独当一面。在张万久教授循循善诱的教导下,培养出一大批人才。张万久有强烈的民族自豪感。1954年他提出:即使没有苏联专家的协助,也要用我们自己的力量开出毕业设计这一教学环节。于是指派教授带领和指导几个年轻教师试做毕业设计——五四河桥设计,并于1955年5月经过高规格的正式答辩(答辩委员会主席是茅以升,评阅人是铁道部技术鉴定委员会副主任庆承道,委员有清华大学教授张维和苏联专家萨多维奇等),成绩优秀。取得经验后即在1956年为全体桥梁专业本科生首次成功地开出了毕业设计这一最后教学环节。为使教育和生产劳动相结合,张万久亲自带领学生作认识实习、生产实习和毕业前实习,生活上同学生打成一片,从不搞特殊化。武汉长江大桥修建期间,他曾多次带领年轻教师利用寒暑假前往参观。在实习期间还给工地介绍国外先进施工技术,帮助施工单位分析总结经验,写出了《柯谢列夫钢梁快速铆合法在汉水铁路桥的应用》等文章。张万久热爱祖国、热爱社会主义。新中国成立后即从澳门回到内地。他个人生活严谨,为人正派,心胸坦荡,热情开朗,个性爽直刚烈,不避讳自己工作中的缺点和错误,能接受真诚的批评和劝告。青年人乐于和他交往,深感他是一位善解人意、待人诚恳、乐于助人的良师益友,是对年轻教师和学生要求严格又真诚关心其前途和成长的正直长者。

七、参加抗日活动

大学时期，莫伯治见多识广，口才好，对许多问题都有自己的见解。

他和麻涌镇的田心、丁农、陈一虹等爱国青年都关心国家大事，言谈话语里都是抗战的炮火、民族的危机、救国救民的道路……有时更免不了抨击时弊，痛骂国民政府里的一些高官对侵略者妥协退让、乃至投降卖国。

1937年7月7日凌晨，日军华北驻屯军司令官田代皖一郎一手导演了"卢沟桥事变"……他们在飞机、重炮的配合下，对北平四周的国民革命军第29军阵地发动总攻。守军两千余人及投军抗日的爱国学生浴血奋战，副军长佟麟阁和师长赵登禹英勇殉国。紧接着，日军又侵占了北平、天津。华北日军得手，刺激了华东日军，更助长了东京军部贪婪的欲望。就在日军入侵北平的第3天，上海日本海军便有意制造了"虹桥事件"……

密切关注着国家命运的莫伯治更向往"外面"的世界了。图书馆成了他们一天都不能不去的地方，感觉到自己已经同东北同胞一样变成了亡国奴，心情十分痛苦郁闷。

国难当头，1937年初秋，广州很多学生疏散回乡搞抗日救亡工作。莫伯治和其他几名麻涌籍的进步青年田心、丁农、陈一虹、莫荫荷、莫玉等也纷纷停学、停工，接踵回乡。

乡里第二高级小学校长萧庆廖和回乡学生莫逢湾率先组织起东莞县民众抗敌后援会第六区分会麻涌工作团。

这个工作团是先进青年自发性的群众组织，莫伯治跟莫逢湾一起参加了中国共产党组织的一些抗日救亡活动,并在工作团内外负实际责任。

他们人人都要学会做宣传、刷标语、绘壁画、出墙报,再腼腆的人也得在水边的凉棚里发表演讲,在扮演抗日民主的小戏剧中扮演角色、编写活报剧的剧本……还自发组织了"新苗读书会",凑钱买了《大众哲学》《新哲学大纲》《西行漫记》等,采用通信的方式组织阅读。

麻涌的抗日救亡运动在莫逢湾、莫伯治的主导下,很快获得学校师生的支持和广大民众的拥护,由秘密到公开,由公开到合法化。工作团很快发展到一百多人。

1938年秋,日军南侵,在广东大鹏湾登陆,麻涌抗日救亡工作团以抗日青年义勇队为主,动员民众,组织一支"麻涌抗日联防自卫队",提出"卫国保家乡,人人有责""有枪出枪,有力出力"等口号。

麻涌抗日纪念墙和雕塑

时间如白驹过隙,莫伯治、田心、丁农、陈一虹、莫荫荷、莫玉等爱国青年又有半个月没回老家了。

深秋的一天，他们终于有了回家的机会。

一些乡亲告诉莫伯治他们：最近镇内常出现一些日军派出的化装侦探；前些天更有一队日军扛着膏药旗进到麻涌，抢、杀、吃村民来不及牵走的猪、牛；将因行动困难、躲藏在田边禾秆堆里的老人当靶子射击……鬼子还对一些村民施"抛刑"——不由分说，把人抓住，装进大麻袋里扎上口，然后由4个身强力壮的鬼子每人抓一个角儿开始悠荡，他们管这叫"坐飞机"。当悠到一丈多高，借着惯性，4人一声喊叫，猛然将麻袋向空中抛去。当麻袋摔落到街石上，频听惨叫声，里面的人不是头破血流，就是四肢骨折。鬼子在袁氏祠堂内绑住两个男人强行灌水。片刻间受害者肚大如箩，痛得死去活来。他们还把一些乡亲驱赶进建于明朝的雕楼，放火烟熏……

看到这些的乡亲无不在心里骂："简直是一群野兽！……"

不久，麻涌的几个村时常发生鬼子被杀的无头案，把敌酋气得哇哇叫。

麻涌镇的党史陈列室

战争逼到了家门！莫伯治、田心、丁农、陈一虹、莫荫荷、莫玉心头都很沉重。

抗战全面爆发后，全国大批青年学生带着虔诚的信念、革命的激情纷纷投身到抗日行列。加之进步作家和记者斯诺、史沫特莱、范长江等有关陕北和延安生动感人的报道，很快，"革命圣地延安"的光辉名字就不胫而走，名扬中外。

1938年夏广州失陷前夕，莫逢湾接到广州市委外县工委地下党领导林锵云同志的通知——因急需充实以吴勤为司令员的"广游二支队"的干部队伍，要他奉党组织命令，转移到位于中山县的珠江纵队第二支队武装抗日。

临别前，麻涌抗日救亡工作团经过改选，莫伯治接任团长。那是在大树下一个预先召开的小型会议上，他被大家提名为团长候选人，这显然是顺理成章的。大家都认为莫伯治为人真诚，成绩优秀，在各项活动中都积极投入。

曾经在延安时期担任过任弼时同志机要秘书的丁农2002年著文回忆：

> 在故乡，我和陈一虹（曾在中央军委办公厅工作，现已离休）、莫荫荷（曾在总参工作，现已离休）等七八个志同道合的青年学生组织了一个"新苗"读书会，大家凑钱买了几本哲学、社会科学书籍，……采用通信的方式组织阅读。短短半年多，我变成另一个人，从过去庸庸碌碌的生活，转变成关心国家民族命运、思想激进的青年。……恰在这个时候，麻涌抗日救亡工作团来了一位新领导人莫伯治（化名莫京）。他是麻涌人，广州中山大学毕业生。在团里，他经常给我们讲国际国内形势和辩证唯物主义，提高了我们的政治思想认识……我们参加革命较早的几个老同志，都认为莫伯治就是当年指导我们参加革命的启蒙老师。[①]

当时，莫伯治既重视军训，也注重思想政治工作，提出"没有革命的理论，就没有革命的行动""改造思想，确立革命人生观"

[①] 见暨南大学出版社2004年9月出版的《岭南建筑艺术之光》一书第146页。

等口号,组成学习小组,开展学习时事政治、经济、哲学。

1938年六七月间,莫伯治介绍的田心、丁农、陈一虹、莫荫荷、莫玉等从《救亡日报》等刊物上看到延安陕北公学、抗日军政大学招生的广告,也看到一些文章和图片。他们十分向往民主、自由的陕北。

准备工作中亟待解决的问题有两个:一个是去陕北的关系,另一个是筹路费。

田心、丁农、陈一虹、莫荫荷、莫玉从莫伯治那里打听到十八集团军广州办事处已从广州德政北路7号2楼迁到东山百子路十号,于是当时就请莫伯治以工作团名义写了介绍信。

他们积极报名投考,并提出学习后立即上抗日前线的要求。

几天后,他们得知自己被顺利录取。接着兴奋地填了一张表,写明志愿。

那些天,他们天天都在议论北上延安。但因有人的亲属说了一些延安的坏话,死活不放他们走。结果几位女子决定这批先不去了,待田心、丁农、陈一虹等先去看看究竟再说。

经组织批准,田心、丁农、陈一虹都被分配到陕北公学。此乃麻涌第一批经莫伯治推荐、联系,北上延安之青年。

图为2015年1月28日,本书作者咏慷(中)、李华(左2)、南梅先生(左1)与田心之子田小邕(右1)、莫荫荷之子邓丹枫(右2)在东莞市麻涌镇座谈。

十八集团军广州办事处随即写了介绍信,把这几个年轻人介绍给十八集团军西安办事处的负责人伍云甫。

在广州送别田心、丁农、陈一虹,莫伯治也立下了"学好本领将来建设新中国"的誓言。

长期以来,莫伯治一直觉得自己比较温顺淡然,禀性不刚,无意于做一个冲锋陷阵的战斗员、指挥员,希望为国家继续从事工程建筑工作。合适,成为首选。为自己选择合适的职业,是一种智慧。做自己喜欢的事,对自己的人生负责,这种选择倒也符合实际。

莫伯治说到做到。当时,日寇在中国烧杀抢掠,无恶不作,苦难深重的祖国支离破碎、城毁人亡,莫伯治奔走在西南云贵高原、四川等地,参加抢修道路桥梁、修建铁路和机场……这些为莫伯治后来转向建筑创作奠定了工程实践方面的准备和基础。

第二章
立下学好本领 将来建设 新中国的誓言

莫伯治在《莫伯治文集》的自序《建筑创作的实践与思维》一文中谈到：

> 我……受当时科学救国口号影响，高中时即选读理科，随后升入中山大学工学院土木建筑系。从农村进入城市，逐步增强了现代理性思维的分量，并培养了对客观世界进行观察、探索和思维的习惯。这种观察、探索和思维有助于思想和行业的除旧布新。……大学期间的课程广泛而多样，不仅学习了土木工程方面的建筑结构、土木结构、公路、铁路、桥梁等课程，而且学习了建筑构图原理、建筑制图、建筑设计和城市规划等课程，还在课余关注并学习了新的建筑结构，如美国当时刚刚兴起的钢结构以及当时的《中国营造学社汇刊》，学习了梁思成先生已经取得的中国古代建筑的研究成果。这些都增加了知识的积累，扩大了审美和思考的视野，也是新中国成立后获得机会转入建筑设计的有利条件。在学生时代，比我年岁高很多的堂兄拥有一座藏书丰富的图书馆，有名的'五十万卷楼'，使我有可能对我国诸多文化典籍进行广泛的涉猎，这也成为我转入建筑创作的文化基础。……我1936年大学毕业后，首先从事道路土木工程方面的工作。

一、与夏昌世教授结下亦师亦友的终生友谊

莫伯治大学毕业时与同学们的合影

注：莫伯治（后排左二）毕业于广州中山大学工学院土木建筑工程系，获学士学位。

　　莫伯治是一名有着一腔热血的爱国青年，同时又一直以来很珍惜自己所学的建筑专业，把它当成崇高的事业和神圣的理想，对专业有着执著的追求，笃信宋代大诗人黄庭坚说的"读书欲精不欲博，用心欲专不欲杂。"

　　在大学里，莫伯治经常听老师们说，建筑学是技术与艺术完美结合的专业，它的研究对象主要是人们生活所需要的工程、建筑、景观等，要学习、研究如何设计兼具审美艺术性与功能实用性的建筑空间，规划和改善生活环境。他分析自己的各方面基础、性格特

点和文化素养，认为更适合当一个建设者，因此企望自己能在专业上不断追求，设计出较多厚重、大气、社会历史感强、艺术水准高的作品为人生的目标。上专业课的时候，莫伯治觉得听老师们的课是一种艺术享受。

确定目标决定一个人的未来。其今天所要做的事，明天将得到成果。他经历了外侮频繁、丧权辱国的国情，深感国家富强、民族振兴，必须依靠科学技术，因此才毅然矢志理工，以实现科学救国的理想。此时，他只有二十多岁。

中国古代的许多建筑大师，如鲁班等，都是莫伯治崇敬的人物。

因此，莫伯治立下了"继续学好本领，将来建设新中国"的誓言。他觉得，建筑师很重要的就是"格局"和"眼光"，再加上"胸襟"和"气象"。设计好一座建筑物能够看出一个建筑师的本领，看出其道德、见识、思想资源、处理问题的能力。这是基本功。在确立人一生所要献身的事业时，我行我素一点没什么不好。不一定要那么在意别人的看法。在意别人怎么说，自己就不敢想了，而且在意得久了，光阴就会有了重量。一来，会过得沉重，二来，容易压得自己没了主见，没了方向。人生的路，总得要自己去闯一闯。一个人，要有赢人生的能力；人生的路，总得要自己去闯一闯。他认为印度大文豪泰戈尔说得好：我不能选择那最好的，是那最好的选择了我。

莫伯治大学毕业后在宁汉铁路局工作了一段时间。在此期间，他认识了夏昌世教授，在那个风雨如晦的时代，结下亦师亦友的终生友谊。人生初相见，历久成莫逆。

夏昌世1903年5月出生在广东新会一个华侨工程师家庭，年轻时曾赴德国学习，1928年从德国卡尔斯普厄工业大学建筑专业毕业并考取工程师资格。他1932年在德国蒂宾根大学艺术史研究院获博士学位。1932回国后曾在南京国民政府任铁道部、交通部工程师。

夏昌世的为人极具个性，看上去比实际年龄更沉稳、成熟。他表面高傲、洋气，名士派头十足，可一旦接触，就觉得十分平易，完全没有架子。工作时可与各行各业人员合作，交朋友不分贵贱。他与医生是好朋友，与木工师傅喝茶。工作时极为认真，治学严谨，辅导学生时，对学生的论文修改，从错别字到标点符号都反复推敲，直到满意为止。有很高的古文学修养，博学多才，待人处事极具灵活性。工作中十分投入，不少施工图亲自绘制。

夏昌世教授

　　夏昌世成名很早，创作活动积极，思维有超前性，其设计作品很多都是精品，在岭南建筑界有口皆碑，在岭南现代建筑创作史上意义深远。

　　他信奉现代主义建筑哲学，对岭南庭园建筑、园林建筑情有独钟，具有高超的设计水平、优良的求实精神以及在建筑上重视节约的作风，对年轻一代建筑人才给予深刻的影响。

　　夏昌世作为岭南现代建筑的开创人，具有明确的学术思想和建筑观。早年留学德国时，他受现代建筑的影响与教学训练，学识丰富，设计技巧高超。从广州的创作开始，他就在寻找一个适合南方地域的建筑体系。他的创作思想主要是：将德国建筑的理性、精巧及实用与中国园林的自然、灵活、讲求意境及岭南地域的气候特点、建筑材料结合起来，其设计作品体现了一种开朗、朴实、兼容和富时代性的特色。他的创作特点是：实用、理性、经济，造型结合地形灵活变化。强调以人为本，强调因地制宜，强调建筑设计的适应性。他最早注意到岭南地域建筑要遮阳、隔热，平面设计要解决穿堂风的问题，并运用多种构件材料来加以处理，把现代建筑物理方面的研究应用到新建筑上。夏昌世将自己的探索与国外先进的建筑理论用于教学中，强调建筑师的综合素质：要求学生从书本上学，大量阅读；向生活学习，了解各行各业；向社会学习，重视实践。经常在茶楼中教学生体验生活，学习生活。要求学生下厨房、去理发馆，看菜市场怎么布置，怎么用。教育学生要有适应能力：一是对环境、气候条件的适应，二是对业主、经济条件的适应。建筑师不能光自己想方案，甲方没钱怎么办。只要甲方要求合理，该做的都可以做。建筑设计要符合环境要求，符合社会要求，符合甲方要求。夏昌世的教育对学生影响很大，形成了鲜明的特点：强调基本功，强调与实践结合，适应性强，动手能力强。

夏昌世是研究岭南建筑理论的先行者。他把德国的严谨、精致、讲究实效、有机、实在与中国园林自由、灵活的特点相结合，形成自己独特的风格，著作有《园林述要》等。

莫伯治感到夏昌世是自己在建筑设计学业那个书架上的一本书。在夏昌世的住宅兼工作室里，两位年轻人谈得最多的是建筑设计理念。他发现此人只在细节处运用最简单的元素便营造出了令人舒适的氛围。莫伯治很多年前就注意到夏昌世的作品，将其一直在行囊里存着，经常翻看。

抗日战争时期，中国的许多学校都发生了一些变化。

如1938年初，由于日军入侵广州，不少学校不得不向附近的农村疏散。

1938年，中山大学设立了师范学院。中山大学理工学院则增设了建筑工程系。

抗战14年，不少人都知道内迁云南昆明的西南联大，但很少有人知道广东的国立中山大学同样在1938年10月日军攻占广州前被迫迁校：一迁云南澄江，二迁粤北坪石，三迁广东仁化、梅县、连县等地，背井离乡整整7年。

由于正值抗战时期,战火纷飞,学校又屡经迁徙,中山大学每逢搬迁伊始,都可谓困难重重,但学校还是克服各种艰难险阻,不断壮大。至1942年,中山大学的学生总数由初迁云南澄江时的1736人激增到4197人;在粤北坪石办学4年多,培养和毕业学子近两万人。

尽管时局动荡、办学分散,中山大学仍然汇集了一批著名教授,专注于教学、治学,诸如经济学家王亚南、农学家丁颖、历史学家朱谦之、人类学家杨成志、医学家梁伯强、昆虫学家蒲蛰龙等。学校还举行过马思聪、黄友棣等名家小提琴演奏音乐会。陈寅恪教授冒着战火前往坪石,为中山大学研究院文科研究所的师生们讲论《魏晋南北朝史研究》中的《五胡问题》。在那段民族和个人遭受磨难的岁月,中山大学的师生在流离中仍然坚守着学术理想。

1944年秋,日军为打通粤汉线,向粤北进攻,坪石告急。在中山大学面临第三次大搬迁的前夕,中国共产党的地下组织抽调了200多名中山大学的学生,参加了曾生领导的东江纵队,分批奔赴抗日前线。

1945年1月中旬,进犯粤北的日军包围坪石之时,中山大学仓促通告紧急疏迁。

这一次疏迁竟是如此惨烈,中山大学不得不分流成三部分:往东走仁化、梅县等地,往西走连县。而在迁离坪石时,一些教授、教师、学生在途中不幸遭日寇杀害。国难家恨更加激发了中大师生爱国救亡的激情,课坚持上,讲座继续举行,各种抗日救亡活动也从未停止,一直到抗战胜利。

中山大学几度迁徙,分合相继,但始终不变的是孙中山为其首次开学典礼手书的校训精神:博学、审问、慎思、明辨、笃行。

二、抗战期间在云贵川修公路、机场、桥梁

莫伯治在《莫伯治文集》[①] 的自序中谈到：

从土木工程转向建筑创作——大学毕业不久，国难当头，为抗击日本侵略者，参加了道路桥梁的抢修工程，还参加了公路、铁路和机场的修建，从施工实践中扩大了知识，积累了经验，为其后转向建筑创作做了工程实践方面的准备，也培养了重视功能、重视经济、重视实践的思维习惯和思维方式，并使自己的实践与思维活动能随客观事物的发展而有所发展，有所创新。

怀揣着这样朦胧而美好的梦想，莫伯治走在敌后的山地上。一路上他没有碰到战争，但战争一刻未停地在四周进行。他看到很多民工在运粮，用独轮车，用驴子，用扁担，用船……运粮成了当务之急。不用问也知道形势吃紧了。

那些年，莫伯治幸运地当上一名工程师。生活的小船暂时可以平稳地行驶一段了。他主要奔走在西南云贵高原、四川等地，参加抢修道路桥梁、修建铁路和机场，从施工实践中扩大了知识，积累了经验，为其后转向建筑创作做了工程实践方面的准备。

莫伯治曾经对张万久、夏昌世等挚友们说："抗战的发展有大量工程要有人做，我们不妨在实践中为抗日战争贡献一些力量。"

这说明他的关注点在于"抗战沧桑"，对于个人生命过程中的

[①] 先后于 2003 年 4 月由广东科技出版社初版，2012 年 7 月由中国建筑工业出版社再版。

所遇所感、痛苦忧乐、艰辛顿挫，已具删繁就简的眼界和沧海浮云的达观。

这不仅是一个青年知识分子在国难年代的个人记录，或许也能反映出当时相当一部分知识分子在革命大时代中的共同心路历程。

不可否认，绝大多数爱国知识分子的命运总是与整个国家、社会的命运息息相关的。

1938年10月12日，日寇在广东惠州大亚湾登陆。

10月21日，日寇侵占广州后长驱直入，很快攻陷佛山，企图继续侵占广西，打通华南与越南之间的交通运输线，威胁战时西南大后方。

日本侵略者在中国大片国土上烧杀抢掠，无恶不作。苦难深重的祖国支离破碎、城毁人亡。

当时，国民党政府策动了规模巨大的工业内迁，北平、上海、天津、南京等地的高等院校也纷纷西迁往西南、西北。

莫伯治踏上征途，一路上不断听到有年轻人唱《西南联大校歌》：

> 万里长征，辞却了五朝宫阙。暂驻足衡山湘水，又成离别。绝徼移栽桢干质，九州遍洒黎元血。尽笳吹，弦诵在山城，情弥切。
>
> 千秋耻，终当雪，中兴业，须人杰。便一成三户，壮怀难折。多难殷忧新国运，动心忍性希前哲。待驱除仇寇复神京，还燕碣。

这首由联大中文系教授罗庸作词，张清常作曲的歌曲，当年唱起来颇为悲壮苍劲。

许多地方甚至连中学生也加入到了流亡的大潮。他们在战火烽烟中千里迁徙，背井离乡，生活困厄，食不果腹，还要跑警报、躲轰炸，但筚路蓝缕，读书报国，从未因狼烟四起、形势严酷而减少一丝一毫的爱国热情和民族担当。

在这种情况下，西南大后方的地位迅速上升。

西南大后方在抗日战争时期为国民党正面战场的抗战提供了大量必备的武器弹药；为国家保存了一批近代工业的精华，为中国持久抗战奠定了经济基础；保存了高等教育的基本力量和科技精华，为抗战培养了大批人才。

当然，西南大后方得以保存，在国际上也留下了一个贪腐成风、勾心斗角、偏安一隅的民国政府和一支残破不全、逢战必败的"国军"；保留了一个战后可以收回中国大部分主权，参与瓜分国际势力范围，参与大国俱乐部（联合国）法理意义上的中国政府。

莫伯治去的云南、贵州、四川等地，要乘一段火车，再换长途汽车。

一路上车、下车，都常常有人搜身检查。他的心情未免伤感而紧张。

大后方的贫困状况也不是莫伯治能够想象得到的。这是他第一次目睹大山深处的极度贫困、山区人民的乐观坚忍以及真实社会的复杂性。

体能上的痛苦他毕竟有心理准备，年轻的躯体也还能够承受这样的磨难。他是为了不当亡国奴、为了神圣的抗战而来的，这一切都可以不算什么。然而，后方的混乱和公职人员的腐败及素质低下，却给了莫伯治沉重的打击，让他觉得有些郁闷。

莫伯治时而暗想：如果是到延安共产党管理的"特区"，会经历怎样的命运？当然不可预卜，但自己的回忆肯定会是另外一个版本。

瘦弱而毫无军纪的"国军"，虽完全出乎莫伯治的意外，但一个知识青年的理智和宽容却让他只把这些事看作"在火热的心中吹进一丝凉意，在晴朗的天空中投下一片阴影"，他实在太向往未来，太充满希望了，以至于连这一丝阴影也很快淡化了。

莫伯治和一些同事们（绝大多数是男女知识青年和回国参加抗

战的华侨青年，文化水平参差不齐，有大学生、留学生，也有高、初中毕业生。）在漫漫南行途中一次次地自问并互问："这就是神圣的抗战么？""这就是抗战的政府么？""这就是我们苦苦寻求的'中国'吗？"

他们跟着国民党政府抗战的热情，在南行的长途中慢慢地消磨。

这样的经历，对于他们的人生态度，对于他们在历史紧要关头的选择，对于他们一生的行为处事，都将产生深刻的影响。而且，有过类似经历的青年人有很多。

从莫伯治的这段经历中，可以读出这样的信息：

抗日战争时期，从沦陷区流亡到国统区的青年学生为数众多，国共两党争夺青年的现象在抗战初期就存在。莫伯治南行途中，时而能遇到一些同学、朋友，对于一个交往圈子并不大的大学工科毕业生而言，路上熟人众多给他以深刻印象。

南行途中，虽有国民党政府机构安抚流亡，但人员素质低下，基层与上层同时腐败，莫伯治等工程技术人员所依靠的主要不是国民党政府部门，而是昔日的同学老师以及他们的亲友，还有偶遇的乡亲，充分展示了传统社会人际关系的特性。

那段时间，莫伯治为了抗击日本侵略者，参加了道路、桥梁等抢修工程，还参加了公路、铁路和机场的修建，在施工实践中增加了知识，积累了经验，为他日后转向民用建筑设计做了理论、实践方面的准备，也培养了重视实用功能、重视经济核算的思维习惯与思维方式，并使自己的实践与思维活动能随客观事物的发展而有所发展，有所创新。

有相当一段时间，华北、华东、华中、华南有大片国土相继沦陷，通往西南大后方的水陆交通线许多被日军切断，重庆作为战时大后方主要基地的作用至为突出。但重庆地处西南边陲，交通不便。当时不少地方没有铁路，长江干线仅川江一段可以通航，只有依赖公路联络西北、西南各省，沟通国际运输线以适应战时的繁重运输。因此，重庆成了大后方公路交通的中心。

蒋介石认为中国那一点点空军、海军根本不够日军打的，假如开战，东部沿海可能很快就会沦陷。而日军侵华的方向，不是从东就是从北，因此，大西南一定是最后的根据地，具体来说，大西南就是云、贵、川三省。但当时云南被龙云占据，贵州被王家烈占据，四川被刘湘等占据，中央一直无法控制，这也是蒋介石的一块心病。

其实从1934年底，红军长征进入贵州，后来又进入云南和四川，蒋介石就曾经借追剿红军的名义，得以染指西南三省。后来，他凭各种手段，陆续摆平了贵州的王家烈，拉拢了云南的龙云，并将势力渗透到了刘湘等控制的四川。

早在1936年6月，蒋介石就曾经对英国经济学家李滋罗斯说过："当战争来临时，我会在沿海地区做强烈的抵抗，然后逐步向内陆撤退，继续抵抗。最后，我们将在西部某省，比如四川，维持一个自由中国，以待英美参战。"因为手握四川，抗战所需的人力物力财力就有了保障；守住云南，就可以从滇缅公路源源不断地获得援助；贵州是四川和云南的屏障，也必须死守。

抗日战争爆发后，沿海港口及铁路交通线均陆续沦陷，国民党政府迁移到大西南。为了取得国际援助，除修筑滇缅公路，还由中央政府主持修筑东起昆明，西经安宁、禄丰、广通、楚雄、姚安、祥云、弥渡、南涧、云县、耿马等县，直达中缅边界术达的滇缅铁路。

早在1937年抗战爆发前，国民党交通部次长曾养甫就意识到，如果沿海口岸不保，中国将失去外援，陷入危险境地。必须尽早铺设一条从西南向外与国际联系的通道。

卢沟桥事变爆发后，日军迅速占领了我国东南沿海的广大地区，阻断了国际援华物资向中国内地输送的生命线。

由于抗日战争日益危急，一些公路的修建终于提到了国民政府的日程。当时中国的几位著名的公路和桥梁专家都参与了建设。

据中山大学的冯樱在《天道酬勤——记校友莫伯治院士》中介绍：

20世纪中国所有的风风雨雨，莫伯治几乎都经历过了。

抗日战争年代，他曾参与修筑桂林、南宁、泸州三地的机场及多处公路桥梁。当时政局混乱，生活困难，薪水常被拖欠，有时甚至3个月都吃不上肉。但他认定掌握技术才能长久地在社会立足，全心专注于工作之中，抛开了不少烦恼。这为他日后事业的发展打下了很好的基础。……建筑设计是一项贯通理、工、文、史、艺术的创造性劳动，长年勤奋的学习造就了莫伯治的才华。①

据莫伯治的学生、华南理工大学建筑学院院长倪阳介绍，莫伯治曾经对他回忆过，那时遇到美国人投资建机场，想找了解情况、懂技术的中国人承建。莫伯治与夏昌世一块儿参与了这项工程。常常是夏昌世承建机场的指挥塔等，莫伯治承建食堂等设施。

莫伯治穿山越岭，迤逦前行，只见道路蜿蜒，一路穷山恶水，雨雾迷蒙。尽管才十月，但在"落雨当过冬"的云贵山区，已经有了几分寒意。车行几十公里的山路，再步行过曲折的山间小道，他们的头顶已被罩上一层薄薄的银白雨雾。

一些正在干活儿的民工得知莫伯治是来参加施工的，十分高兴，打开话匣子聊道："一看你就是个读书人。你能来参加筑路，为抗战出力，就是好样的！"

---

① 见暨南大学出版社2004年9月出版的《岭南建筑艺术之光》一书第92页。

莫伯治跟着民工们向着大山深处前进。有时路不通，材料运不进去，他就和民工们一起手抬肩扛。

那段日子，几十万民工从四面八方汇聚到一起，为了赶筑一段公路，数不清的人献出了生命。多少年来，中华民族苦难深重，而在苦难中最可悲的是底层穷人。此刻苦难中的穷人为了抗日救国，在挣扎和拼搏中日夜努力前行。如果概括一下，这就是朴素的爱国主义和艰苦奋斗精神。

大西南山重水复，跬步皆山，加之急流险滩，舟楫难行，自古被人视为"蛮夷之邦，天末之地"。一些公路经过的蛮荒地区，许多是三国时期诸葛亮七擒孟获的征战之地，瘴疠横行，蚊虫叮咬，致使许多筑路人员得了疟疾和肠胃病，而云南本地民工又十有八九抽鸦片。他们难免体弱不支，加上生活供应困难，施工效率极低。

莫伯治常常回忆起大西南的那段艰苦生活，说："那时候真是十月不知肉味。"

他们虽然吃的是粗粮，睡的是地铺，早晚只能捧着河水洗脸，就餐时只能蹲在地上吃饭，却觉得浑身充满活力。莫伯治感到自己所做的哪怕是十分琐碎微小的工作，但那也是在具体地用自己的手去推动抗日事业的车轮。他知道自己是很普通很渺小的一员，但心中同样无比充实，每一天都没有白活，每寸光阴都有神圣的价值，所做的这一切既真诚又真切。

尽管大西南地理位置相对偏远，民风民俗也与岭南有很大不同，但为了更好地完成各项工程，莫伯治不断对各地的地形地貌认真考察，对风土民情虚心了解，对各种问题深入思考。

当然，莫伯治在参与这些工程的过程中曾经不时遇到过打压。实践使他体会到，人之一生，完全不看别人眼色也很难做到，但自己可以把别人那种冷冷的、淡淡的、不屑一顾的眼色当作激励，咬紧牙关，自立自强，这样就可以少看甚至不看那种让人不舒服的眼色了。

值得一提的是，那些来自穷困山区的各族同胞，缺衣少食，忍饥耐寒，然而深明大义，勇当筑路先锋。他们在极其艰难的环境下，以简单的工具开山架桥筑路，做出了巨大牺牲。

令人愤怒的是，筑路期间，官僚贪污腐化，克扣粮饷，工头肆意欺压民夫，加上匪患猖獗，致使工程时停时续。

1938年10月，抗日战争进入相持阶段。国民党政府为建立西南大后方的防务体系，决定兴建一些野战机场。

修建机场的民工是来自黔东南地区的各族民众，他们衣衫褴褛，生计艰难。然而为了民族的存亡，他们披荆斩棘，没日没夜地辛勤劳作。莫伯治有相当一段时间就是跟他们一起在修建机场的工地上操劳。

这些机场建设期间，热火朝天的建设景象十分感人：在民工拉大石夯压副跑道的号子声中，中美战机从修建好的正跑道腾空而起，飞赴歼击日机的战场。

黄平旧州机场五万民工施工的场景

战时大西南交通基础设施建设是时代之需要，亦是大西南人民抗御外侮心血之所在。大西南人民坚忍不拔、战天斗地的精神和同仇敌忾、永不言败的爱国情怀，可歌可泣，令人难忘。这段历史是大西南人民引以为傲的记忆，将永载史册！一年又一年的风餐露宿，莫伯治的足迹遍布大西南的山山水水。

总之，这段时间，他一直在云、贵、川抢修道路、桥梁、机场。

他虽然曾经遭嫉妒、受排挤，甚至失业，使"技术救国"的思想受到过沉重打击，但他用自己的知识和才能报效祖国的志向始终不变，希望学以致用，能在抗日战争中有所作为。

故乡种植着游子的根，乡情成为每个远走他乡的游子心里最温暖的情愫。莫伯治虽长期生活、工作在大西南，却一直牵挂和关注着家乡。他有读报的习惯，只要报上有关于广东的消息，他一定一字不落地读完。

莫伯治在每次接到工程设计的活儿后，总是感到无比激奋，愿为祖国和人民多做些事，在设备、技术、原料、技术人员和熟练技工都十分缺乏的情况下，既重视借鉴国外的先进技术，又不崇洋媚外，从国内实际出发，发扬自信、自主、自强精神，发挥主观能动作用，克服重重困难，夜以继日地实地考察，翻阅中外技术资料，精心设计出既节约原料，又符合实战需要的工程。那些日子里，他常常在昏黄的灯光下，以膝为桌，起草设计方案，忙到深夜才休息。

那个时期，民工中文盲很多，为了提高他们的素质，促进生产，莫伯治经常接近进步人士和工人群众，不遗余力地言传身教。在看到或听到战备施工的成就时，他常常激动不已。

莫伯治经常讲：中国人是十分聪明的，只要大家齐心协力去做，很多事都会成功的。

可以说，文化熏陶、乡土环境以及抗日救国的经历是莫伯治的三个重要基础，而这也许是现在尤其是在大城市长大的年轻人所缺乏的东西。文化上没有根，只能跟着潮流跑，对于大自然没有密切的接触和自己的领悟，没有切实的实践经验，没有经国济世的胸怀，无论如何也难以成为伟大的建筑师。

三、滕代远部长的召唤与向建筑设计与创作转型

据莫伯治的学生、华南理工大学建筑学院院长倪阳介绍，莫老曾经在闲谈时感慨万分地说过：知识分子在旧中国谋生也实在不易。那时候，我要承担养家的责任，故而也有一些现代人选择职业与投资的思想意识。为了一家老小的生计，我在解放前就曾经跟夏昌世一起辗转到香港，尝试做过纺织、房地产等各类生意，虽然干得很累，整天忙个不停，但都没有搞出什么大名堂。

本书作者咏慷（左3）、李华（左1）、南梅先生（左4）在广州某宾馆采访莫伯治的学生、华南理工大学建筑学院院长倪阳（左2）。

时间如白驹过隙，几年的岁月转瞬即逝，转眼间莫伯治在香港等地搞建筑设计已经几个年头了。

不久,那场震惊中外的渡江战役,不但一下子改变了中国的命运,也一下子改变了莫伯治的命运。当历史的步伐跨进1949年,随着人民解放军攻克南京,中国南方的大片国土也相继获得解放。

广州解放了,广东解放了。

莫伯治的心情是极其欢欣的,当然又未免有些遗憾。他遗憾自己没有成为这铁与火的大军里的一员。他原本是可能成为这支"铁与火的大军"里的一员的。历史曾经给过他时间和机会。只有历史粗线条地记下历史本身。

当然,毕竟一个全新的世界已经降临。就像一个当时在中国文坛上影响很大的诗人胡风在诗中写的那样"时间开始了!"

的确,新中国的成立使每个中国人都有机会重新开始,不管他以前有没有丧失过机会,一切都来得及弥补。

面对家乡的新生和即将到来的共和国,在开国大典前后,众多的知识分子包括建筑师站在了人生的十字路口:要么融入新时代,为年轻的共和国尽力;要么放下手中的笔和工具而谋其他。尽管他们此刻或在岭南之地,或已移居外埠。面对新时代的召唤,这些建筑师们在做着人生选择。

时间悄然来到1953年。这一年对莫伯治来说是一个重要年份。先前他原本已经与友人相约,共同赴澳洲发展。但就在这时候,他接到二舅张同久的急信。

张同久是1938年奔赴延安的老革命,新中国成立后担任了广东省卫生厅厅长。

张同久在急信中转达了新中国第一任铁道部部长滕代远将军的邀请,称这位老领导了解到他的情况,很器重他,希望他能尽快回来为建设新中国尽力。

滕代远?莫伯治早就熟知这个响当当的名字,晓得他是与彭德怀、黄公略齐名的平江起义领导人,1924年就参加了中国共产党,红军时期就作为彭德怀元帅的"搭档"担任了红三军团的政委,

1937年就担任过中央军委参谋长，1942年还担任过八路军参谋长并参与中共中央北方局的工作。他既是中国工农红军的早期创始人，又是中国人民解放军的领导者之一，还是新中国人民铁路事业的奠基人。

对滕代远部长的盛情相邀，莫伯治未敢怠慢，一种浓厚的爱国主义情愫让他立即选择了回乡发展。

滕代远部长

莫伯治立即与友人再度相约：共同返回故乡。

1953年的一日清晨，闹钟响了，莫伯治揉揉眼睛，动作敏捷地从床上坐起。这一天对他来说是有重大意义的一天。

当莫伯治从香港回到广东，又见到了家乡的土地，仿佛见到亲人一般，感觉那么亲切。这是自己出生的土地呀！他从小就熟悉这片土地。生命之初，最先感受到的是它的温润，最先闻到的是它特有的气息。莫伯治明显地意识到，自己和这片土地之间的关系是一种有着血缘的亲密和连接，而这种亲密和连接，是从自己一出生就确立了起来。离开故土这段时间，年龄渐长，莫伯治更加意识到这片土地和自己这种血缘般的连接，意识到它亲人般的支撑和慰藉。

怀着浓浓的期许，有一天，莫伯治走进了广州市人民政府一家机构的大门。那是一个新成立的部门，急缺干部和工程技术人员。

莫伯治毕竟有过参加革命的履历，没有受到任何冷漠或歧视。他接触到的都是热情的信任和鼓励。

在广州市的一间会议室内，有关领导和莫伯治及其友人进行了亲切的交谈。有关领导见面的第一句话是：你们回来了，好啊！这

"回来"二字，着实令莫伯治感到温暖、感动。他择取要者向领导汇报了自己的有关情况。领导还询问了莫伯治亲属的情况以及对工作安排的想法。

那位领导热情的笑脸让莫伯治深信，这一切都绝非敷衍，而是一种认真的承诺。他笃信不疑，就像对这个新生的人民共和国那样，一切都令人信赖、热爱。

他是有经历的人，心里清楚领导为何如此重视建筑师。作为其中的一员，莫伯治感受被器重的骄傲与自豪。所到之处蓬勃向上的景象使他无比激动。莫伯治有着高度的社会责任感，也有着谦虚低调的品格，常暗自思忖：我只是一个经过风浪、不敢忘记时代要求和自己责任的建筑设计人员而已。

莫伯治感到那时什么都是美好的，太阳那么好，天蓝得渗出水来，同事们都那么年轻，生活正待翻开新的一页。

落叶归根，是一幅画，也是一首诗。诗情画意里荡漾着无尽的温暖。他日思夜想的这片土地，如今正发生着翻天覆地的变化，正以它青春的活力铺展开新生活的画卷。

莫伯治及时和当年亲自送往延安的革命青年田心、丁农、陈一虹、莫荫荷、莫玉等人相聚到一起。

当《义勇军进行曲》和《歌唱祖国》的旋律响起时，他们这几位当年的爱国青年都湿润了眼眶。虽然都不是第一次听这两首歌，但他们都一下子又被雄壮的旋律和意义深邃的歌词深深打动，情不自禁地落下眼泪。他们的情谊极深，遍及大半个中国，时间从抗日战争前一直延续到新中国成立后。

此时，田心已经是共青团华南工委的领导；

丁农已经是广州铁路局宣传部的部长，并曾担任过任弼时、王首道等中央领导的秘书；

陈一虹已经是中共中央军委办公厅秘书处的副处（局）长，长年工作在毛主席、周总理、聂荣臻代总参谋长等军委领导身边；

莫荫荷已经是中国人民解放军技术侦察部队的干部；

莫玉已经是广州铁路局的干部。

莫伯治没有想到，在阔别十来年的今天，当年自己带出的"小年轻"还会一眼就认出自己。当他得知自己这些学弟们的现实身份，那种自豪感、幸福感油然而生，跟屋内窗户外时不时透出云端的阳光一样明媚动人。

那是一段全国人民都意气风发的日子。

陈一虹高兴地对莫伯治说："看来你还是那么年轻。"

莫伯治当时听了这话显然心里是很快乐的，因为自己确实年轻，精力充沛，只有四十来岁啊……他内在的气场依然很大，大到似乎可以化解个人所经历的各种坎坷和苦难。

久别重逢，勾起大家许多回忆。他们这一代人，正是这样一步步走来，抛洒过青春，奋斗过，贡献过。每个人心里都在说：但愿时光能够留下一点印记，这些印记就化作一抔泥土，继续造福人类吧！

回不去的青葱岁月，如今日趋成长，是岁月赐予的成熟与沉淀。有时人生就像一部波澜起伏的小说，每个情节都环环相扣。每个人的一生，都会邂逅几段或深或浅的缘分。所谓君子之交淡如水，在一起时，惺惺相惜；不在一起时，彼此牵念。可以心灵交汇，也给彼此留出足够的空间。不少人说，人这一生，知心的朋友，不需要太多，三两个足矣。

大家见面之后，几双饱经沧桑的手紧握在一起，爽朗的笑声撒满广州的楼宇间、家乡的香蕉林。

那一天，家乡又一幕幕上演着这种"相见欢"。

春去秋来，许多人自离开家乡之后就没见过面，当年风华正茂的小伙子、大姑娘，现在一个个鬓发斑白，乍一见面，不少都不敢相认。

久别重逢，多少往事涌心头，要诉说！久别重逢，每个人心里都像装着一盆火，见了面都觉得格外亲。大家拉着手，搂着肩，坐在河涌旁的凉棚里，细口抽着烟，让烟雾在眼前变成一团团迷蒙的风景，有着说不完的话。

大家谈的话题自然少不了自己所走的革命之路。他们隔着几十年的河流再次坐在一起，品着一杯清茶，几十年前的温馨就又回来了。

缅怀以往，不需要什么理由，正如著名学者、哲学家、散文家张中行先生说的："仅有的一点点珍藏和兴致都在记忆中。"一个人再强悍，面对岁月的流逝都不可能无动于衷。即使不去主动碰触记忆，却怎奈"往事并不如烟"。

当有人问到莫伯治有什么感想时，他大度地淡然一笑，说："看到当年的年轻人都成为建立新中国的功臣，我心里极其高兴……他们是打出了一个新中国，我是要尽心竭力地建设一个新中国。应当说我们都是无悔人生！"

理解、共识、认可、鼓励，这比任何利益捆绑、功利索求更加有力。

新中国的建设，激发起莫伯治和田心、丁农、陈一虹、莫荫荷、莫玉等年轻干部的无限潜能。他们都使出了全身解数，在各自的岗位上勤勤恳恳地投身于实现伟大理想的工作之中。

自古以来，志同道合的友谊一直受人尊崇。在革命战争年代，那些在同一战线上的人是志同道合的，他们冒着枪林弹雨冲锋陷阵，成为生死之交。同样，他们在艰苦创业的社会主义建设年代，依然是为了共同的目标一起努力奋斗拼搏，依然是志同道合的，思想单纯，友谊也纯洁。

莫伯治认为自己能从青年时期就接触革命思想、参加与抗日战争有关的工作，都是因为有共产党的指引，所以他对党有一种报恩思想。从香港回到广州后，莫伯治开始穿上列宁服或中山装出现在广州的街头、商场、新华书店，他选购了许多新书抱回家里，如饥

莫伯治（中）、陈一虹（右）、曰心（左）

似渴地阅读。莫伯治特别看重《毛泽东选集》，从中了解到许多闻所未闻的史料，对其中的《实践论》《矛盾论》等读得最为仔细，思之再三。他学习、工作都很努力，一直在各方面都追求进步，决心活出精彩，融入新时代，让生命呈现出另一种璀璨。

那些年，莫伯治除了担任广州市城市规划局总工程师，还担任过广州市珠江实业总建筑师、华南理工大学兼职教授。

广州一些机关的老院子大多是这样：一部分区域办公，一部分区域住宿。有的单位还曾经在院子里开出一些菜地，让干部职工自己种点儿蔬菜改善生活。

完全崭新的生活开始了。中国共产党给古老的中国带来的全新气象，让莫伯治更加坚定了自己的选择，他全身心地投入到新中国的建设事业之中。莫伯治感到现实更接近了自己的理想，先前的一些磨难只是对他的考验锻炼罢了。无论出于什么理由，他都觉得自己应该严肃认真、勤奋努力地工作。

莫伯治精湛的设计水平令人钦佩。也正因如此，城市规划局里无论老幼都尊称莫伯治一声"莫老师"。

在工作中大家朝夕相处，形影相随，谈设计论方案，很快就相熟起来。

同事们发现，新来的莫老师走路常爱低着头，仿佛总在思考着问题，而且节奏平稳，步幅较大，似乎是对预定的目标进行丈量。

他距离功成名就仅一步之遥，却始终像上紧了发条的机器一般拼命工作。

莫伯治比起一般干部深入施工现场更经常，有时候甚至每天都泡在工地上，他每每亲切地与工人们交换意见，态度和蔼可亲。当他对工程设计中存在的问题提出意见时，总是客观地与大家商讨，把自己放在群众之中，绝无主观武断、自以为是的作风。

莫伯治在生活中待人接物的时候都能严于律己，宽以待人，谦虚谨慎，深得大家的尊敬和爱戴。

莫伯治（1914—2003年）。图为20世纪50年代，荣获"劳动模范"称号，胸戴光荣花

1936年，莫伯治（后排左二）毕业于广州中山大学工学院土木建筑工程系，获学士学位。图为莫伯治大学毕业时的合影

他对青年人的成长非常关心，要求青年科技人员订出学习规

划，并经常检查指导，还不时把自己的渊博知识和国内外新的科技信息向大家传播、介绍。对于向他提出的生产、科研方面的技术问题，总是循循善诱，热心解答。对年轻人真是既为领导，又是老师，关心胜如父辈。正是在莫伯治的关心培养下，当年和他一道工作的年轻人后来不少成为设计、科研方面的骨干力量。

或许正是由于莫伯治的这份"认真"，他很快就在工作上做出了成绩。

随着新时代的到来，莫伯治及时在广州市南方大厦附近的一处垃圾堆和建筑废墟上，规划、建设了华南土特产展览大会建筑群和展出场地（后来改称岭南文物宫，现称广州市文化公园）。[①]

平心而论，那真是一个意气风发的时代！整个中国社会都风清气正，容不得半点沙子。即使带着再大的偏见或成见，哪怕是敌人，内心里也不得不承认这一点。莫伯治感到自己已经毫无缝隙地融进这个新社会，为自己能够成为新生的人民共和国的一分子而骄傲，并愿意贡献出自己的全部心血。

这段时间有一位小伙子常来跟他联系工作。莫伯治一问，才晓得他叫潘广庆，刚满23岁，系佛山南海县人，是参加工作不久的高中生，目前刚搞罢手工业民主改革，来到广州市中心区政府房地产建设科当股长。

从此潘广庆常常到广州市建委规划处，目睹到莫伯治在办公桌前全神贯注工作的情况，而且一般每星期去一两次莫伯治家，两个人成为无事不谈的"忘年交"。

[①] 可参看2003年4月由广东科技出版社出版的《莫伯治文集》第285页。

本书作者咏慷（左5）、李华（左4）、南梅先生（左3）到广州市城市建设档案馆采访。

同上

本书作者咏慷（右3）、李华（右4）、南梅先生（右2）在广州某宾馆与中巨工程院副局长唐海英和莫伯治的学生、华南理工大学建筑学院院长倪阳（左2）研究稿件。

第三章
让生命呈现出另一种璀璨

一、积极开展岭南庭园的调查研究

莫伯治在《莫伯治文集》的自序《建筑创作的实践与思维》一文中谈到：

（我）由土木工程实践转入建筑创作实践后的几十年中，从创作中的思考和创作成果看，大体上可分为三个阶段。这三个阶段的实践与思考并不是前后割裂的，而是相互叠加，向前发展。……

（我）解放初期从香港回到广州，参与广州的恢复建设工作，并开展岭南庭园与民间建筑的调查研究。至20世纪50年代中期起，又与夏昌世教授一起，进一步开展岭南庭园的调查研究工作。1957年完成了岭南庭园与岭南建筑相结合的第一个建筑设计（广州北园酒家，1958年建成）。这个设计当即受到梁思成先生的赞扬，这大大增强了进行创作实践和探索的勇气。对中国三大园林艺术体系之一的岭南庭园进行研究和思考，并将研究与思考的成果用于自己的建筑创作实践中，可以说是我的建筑创作实践与思维的第一阶段。

岭南庭园艺术的形成与发展，有着历史、人文、地域、气候多方面的影响及自身不断演化、不断丰富的过程。它在本地人群中传布和形成了一种与京都皇家园林、江南文人园林不同的审美定势和审美习惯。它的实践经验和受本地区人们所喜爱的情况，鼓励我作更多的创作实践，北园酒家及其后的泮溪酒家（1960年）、南园酒家（1962年）的设计便是在这个阶段中完成的。在这几个设计中，我把岭南庭园中的山、水、植物诸要素，以及在农村陆续搜索、选购到的那些拆旧房时留下的建筑和装修构件（主要是雕饰、窗扇、屏风和门扇等木构件,当时多被村民用作燃料。),运用、组织到新建筑中,既及时抢救了传统岭南建筑中的文物精华,又形成岭南建筑与岭南园林的有机结合。这些创作实践受到当时广东省和广州市领导同志陶铸、朱光、林西等的支持和鼓励。

实践的初步成功,领导和群众对这些作品的欢迎和肯定并没有使我故步自封,或停止新的思考。林西同志也明确指出,应从已有实践中超脱出来,注重新建筑与所在环境的对话与沟通,适应新的生活需求。于是又有了白云山庄(1962年)、双溪别墅(1963年)和矿泉别墅(1974年)的创作。

双溪别墅和白云山庄的创作主要是把建筑融于山林环境中。矿泉别墅虽处市区,也创造了一种林木苍郁、水波荡漾的园林境界。三者均考虑到亚热带地区的气候特点并创造了舒适的室外/半室外空间环境。双溪别墅和白云山庄当时曾被周恩来总理和陈毅外长亲自选定与外宾会谈或作为首长、外宾下榻之所,目前仍然是市民郊游度假的好去处。

综观这个阶段建筑创作的主要倾向,便是注重历史和环境的对话与沟通,建筑造型、建筑环境既保持地方特色,又赋予新意,体现了新时代的审美意趣,被认为是岭南建筑和岭南庭园相结合的新进展。这些建筑与环境的塑造,实践了多年来我对"令居之者忘老,寓之者忘归,游之者忘倦"境界的追求。虽不能至,而心向往之。

1997年,在新华社澳门分社会所新竹苑(1998年建成)的设计中,在借景山林、塑造绿化中庭、安排地方风格的门廊、大门和室内装修诸方面,于现代氛围中再现岭南建筑与庭园特色,以人们所熟悉的建筑语言展现岭南风韵和亲人团聚的融洽气氛。中庭岩壁上擘窠大字"归",更抒发、记录了迎接澳门回归祖国的历史情怀。现在,新竹苑已成为澳门有关机构和人士的重要活动场所,也是中央官员莅澳下榻的一处家庭式招待所。

春日的暖阳照耀着岭南大地，蓝天白云下的田野，依然青绿。得天独厚的自然环境滋养了岭南人的聪慧与精致，才华横溢的文人雅士辈出，技近乎道的能工巧匠世代传承。总之，让世人惊叹在广州及其周边地区常能见到新与旧共存，古典与现代交融，高雅审美被嵌入世俗生活，人们在诗意盎然里也能轻易捕捉到创新与发展的痕迹。只见几位中青年人，正头戴草帽，身着普通工装，行走在一个个园林间。

这是一片充满诗情画意的神奇地方。从近代到当代，广州走过了一条与众不同的城市发展路径，逐渐从具有岭南特色的沿海商贸重镇发展为多元化的国际大都市。中西合璧的建筑构成了广州城市空间的底色，不论居住建筑还是公共建筑，都因特殊的城市发展历史而被刻写下鲜明的岭南特色。

有一位知名电影导演曾说，写一个地方应该从房子写起，把不同的房子写好了，其实就写好了不同的房子里不同的人。

20 世纪 50 年代初，社会环境相对安定，年近 40 岁的莫伯治浑身上下洋溢着蓬勃的朝气，一天体力活儿下来，睡一觉就能恢复，浑身有使不完的劲儿。他与相交多年的老朋友夏昌世教授及其学生、助手们，一起对中国南北方特别是岭南的园林和民间建筑进行了广泛的调研。毋庸讳言，岭南城乡留存有数不胜数、积淀悠远的建筑遗迹。他们不辞劳苦地以实地寻访的方式，带领年轻人用脚步丈量岭南这片古老又崭新的城乡，去阅读、品味、感受并触摸它的肌理。他们一边笔录，一边思考，还在入定的状态下，写了不少随笔。他们的皮肤因长期野外工作被晒得黑红。

在莫伯治看来，干这个行当，首先是感兴趣。其次是真喜欢。这种走街串巷就是根据一些线索出发，在行走中了解街镇连接逻辑、城市形成轨迹，更重要的是他们倾尽宝贵的时间，追寻一切古老而美丽的事物，找寻"遗失的美好"。他们从幽静深邃的阡陌村落到热闹非凡的车水马龙，四处挖掘那些城乡的"宝藏"。莫伯治认为这往往可能就是城乡的"根",哪怕一扇落了灰的旧门窗都尘封着历史印记。这番考察本身就是一种可移动文物的解读,需要人去亲身参与、实地感受。

莫伯治与夏昌世都是经验丰富的"领队",他们懂得应当接驳健康美好的生活,从而在潜意识中主动贴近人文情怀并开展探究,他们更愿意走出家门拥抱未来世界。而珠三角的城乡品格和底蕴,与当代人的需求和追求完美契合。

莫伯治与夏昌世所设计的考察线路堪称独一无二。他们或骑自行车穿行大街小巷,搜寻书本上见过或没见过、熟悉或陌生的地名,或徒步行走,寻水看山观赏建筑……新中国成立后新铺的黑色柏油村路,像一条飘带,蜿蜒着穿冲过坳,绕村而过。当天渐渐黑了下来,热闹了一天的山野,进入一片蛙叫虫鸣的世界。

对他们来说,每次行走都是对岭南的一次阅读。他们走过一条条感受岭南风情的线路。城乡的温馨,自然而然地在这一过程中显现。有着丰实底蕴的珠三角,收藏了太多太多惊喜,其内核更影响着人们在平凡事物中发现美、创造美。

他们的调研很细致,一个园林一座民间建筑地走访,一幅幅极具时代特色的中国岭南乡镇风俗图卷慢慢地展现在他们眼前。他们不满足于一般的行走,而是以脚步"阅读"城乡,更以此融入历史、筑梦未来。他们主动走进街巷里弄,去听往昔的故事,去瞧年代交错的建筑,去与老人们坐下聊聊天……以此触摸这片土地的肌理,搜寻历史的记忆,更挖掘出深藏在城乡律动中的岭南文化基因。

"山重水复疑无路,柳暗花明又一村。"陆游这一联名句,将人们在行动迷茫时突然明了方向的心情描述得非常精到,时常给人愉快的感觉。人们在日常生活中,时常需要方向定位的判断,渴望有精准的科学导航。

莫伯治认为,这片土地是十分适合进行探究文化底蕴的地方。

它有着丰富的时空和人文"形态"。从不少地方出发行走几里，沿路即可观赏到各类建筑与接地气的生活百态……每一处都不尽相同，每一个故事都耐人寻味，从不同侧面揭示着城乡软实力的密码。你发掘着故事、记录着故事，也成了城乡故事的传递者、讲述者。于是，你就像踏上了一段神奇的发现之旅：历经多年保存下来的文物，彼此补充，相互佐证，从不同侧面讲述着那一段历史。他们走走停停，新式建筑与旧改基地交错出现，不用谁特别陈述，大家便能清晰感受到这片城乡的发展变化，已能对它产生基本的人文思考。

人民当家作主的街市很祥和、热闹，充满了旺盛的烟火气，人们熙来攘往，耳边不时响起卖东西商贩的吆喝声。他们从穿梭的人群缝隙中看向每一个建筑构件，东瞅瞅，西看看，以内行人的眼光打量着它们，或干脆停下来，打听一下某个老房屋构件的价格，像聊家常似地与当地群众交谈，把身心都融了进去，对大量丰繁的设计设想进行了梳理，去粗取精，着实下了一番工夫，准备了从土木工程向建筑设计与创作的转型。

这种广泛的实地考察、调研和思考，乃一奇妙的境界，完全不同于旧时代知识分子仅仅从书斋中讨生活的莫伯治、夏昌世及其学生、助手们的各种思维线索，有如大地江河，往来奔突，纵横交错，有时看上去错综复杂，实则源流有序。

毫无疑问，这是一个史书之外的岭南，一个个老房屋构件就是它的精髓。因此，如果想要知道多年前的岭南城乡究竟发生了什么，却又苦于找不到更多的相关历史资料，那么不妨回到这种实地考察、调研和思考的现场，听听老房屋构件讲故事——这些历经漫长时间淘洗的器物、雕像、建筑，会告诉你它们到底有过什么样的经历。而读懂了它们，也就读懂了历史，读懂了文明。

回顾自己从事这项调研的经历，莫伯治有着这样的感受：这些工作是一个积累经验和增长知识的过程，每件事都很平凡，但又都有其价值，就像是一棵历史文化的大树，有的是枝干，有的是叶子，有的是根部，哪一项都不能缺少。

夏昌世1940—1941年任国立艺专、同济大学教授。1942—1945年任中央大学、重庆大学教授。1946—1952年任中山大学教授，1952年起改任华南工学院教授。他曾担任过中国建筑学会第二、三届理事会理事，并任广东园林学会常务理事长。

夏昌世20世纪50年代顶过建筑界一度流行的"大屋顶"之风，以现代主义手法设计了许多灵活、活泼、明快、经济，适应岭南地区气候特点的作品，其中包括广州文化公园、桂林风景区规划与设计、肇庆鼎湖的教工休养所以及中山医科大学和华南理工大学校园内的多项建筑等，受到国内外同行的好评。因此建筑界称他为现代岭南建筑学派的先驱，是恰当、中肯的。其主要著作有《园林述要》等。他在《建筑学报》《园林学报》《建筑理论与实践》等杂志上也发表了多篇有关亚热带建筑设计、中国园林及岭南庭园等方面的文章。华南土特产交流会的水产馆是其第一个引起广州公众注意和认可的作品。夏昌世设计的水产馆，进口处为两个水池，水池边是沙池，架桥渡水进入门厅，群众形容其平面像条鱼，立面像条船。它的平面安排适宜灵活，立面处理活泼明快，细小的圆柱、低薄的檐口、朴素无华的水泥石灰本色。它注重实用功能，尽量节省投资，是那个年代有创意的作品。由于水产馆等建筑的现代主义倾向，冲撞了当时建筑创作的主导思想，曾受到严厉批评。刚创刊的某学报，以读者来信形式批评这些展览馆建筑是"美国式香港式的'方匣子''鸽棚''流线型'"，是"资本主义国家的臭牡丹"等。也许正是由于这种批评，使得以夏昌世为首的岭南建筑师与作品，以其经济、实用的现代化和对地域化的追求，开始引人注目。他以现代建筑风格设计广州文化公园水产馆、中山医学院和华南工学院校园中的建筑群，在全国树立了很好的榜样。中山医学院医疗教学建筑群还荣获中国建筑学会优秀建筑创作奖。

在这一领域，莫伯治与夏昌世都发表过多篇学术论文。他们两人合写的有《中国古代造园与组景》《漫谈岭南庭园》《粤中庭园水石景及其构图艺术》。莫伯治单独发表的有《中国庭园空间的不稳定性》《中国庭园空间组合浅说》等。这些论文篇幅都不很长，着眼点在于实际创作中加以运用。而最宜于现代建筑中加以运用的是范围较小的庭园艺术，所以莫伯治特别注意庭园这个题目，在实际工作中也是在庭园上做文章，对中国传统园林作深入研究。这些文章或因文字的流畅可诵，或因字里行间哲学、美学、文学的融合，各方面反映甚好，且不止在建筑、园林领域。

莫伯治（左）和夏昌世（时居德国）在香港相会

莫伯治对夏昌世一直十分尊重，保持着终生的友谊。他俩常信步岭南园林，赏景谈艺，观点往往相似。

朋友有多种类型，一种是时常见面伴随；一种是一年半载不见面，甚至多年不通信息。然而，在其心中某一角落，却永远都留有对方的位置，心底深处埋藏着怀念。

莫伯治晚年仍然认真地为夏昌世著的《园林述要》作序：

夏昌世教授是我国建筑学界的前辈。早年留学德国，现代建筑造诣颇深。归国后与中国营造社诸大师游历，涉猎中国古典园林艺术，在调查研究中，参证现代建筑原诣，见解精辟，语多隽永。

夏公对中国古典园林的研究不徒囿于怀古，而是吸收丰富素材，孕生现代建筑创作新风格。广州文化公园水产展览馆，是夏公沿这条创作路线的代表作之一。展馆门前设水池，架桥渡水进入门厅，既表现了水产馆的内涵，又丰富了建筑空间。着墨不多，略施人巧，既成佳构。

广州文化公园水产展览馆是夏昌世教授在新中国成立后的代表作之一

……我与夏教授合作，从事岭南庭园研究，并合著《岭南庭园》书稿，……回想当年，陋巷探幽，孤灯论艺，对夏公治学精微、丝丝入扣的探索精神和理论见解，深为感佩，亦获益匪浅。

《园林述要》一书，是夏公多年来艺海拾贝，累积成稿，是研究夏公作为岭南新建筑拓荒者的思想及创作的珍贵资料，亦是我国园林研究的重要成果。……①

当时还在大学里念书，师从夏昌世教授攻读硕士研究生，后来

---

① 见 2012 年 7 月由中国建筑工业出版社出版的《莫伯治文集》290 页。

也成为中国工程院院士、华南理工大学建筑学院院长的何镜堂于1960年初曾经有幸跟随莫伯治和夏昌世一起调研岭南园林，足迹遍及粤中、粤东等地传统园林的每一角落。

这是他第一次认识莫伯治，深为两位大师的治学严谨、一丝不苟、不辞劳苦、努力探索的精神所感动。

莫伯治数十年来没有停止过对岭南园林的研究探索、发掘和总结，积累了大量珍贵的第一手资料。广东"四大名园"（番禺馀荫山房，东莞可园，顺德清晖和佛山梁园）至今为广大同行和广东人所熟知，就是经莫伯治和夏昌世等人的发掘、总结才有口皆碑的。[①]

莫伯治认为，建筑设计是一种艺术创作，是一件十分独立、能充分体现个性的事情，必定要尽可能地减少一些外在因素的影响，尽可能充分地发挥建筑师的才华。在现代建筑上做民族性的文章，庭园比屋顶和墙面好办一些。庭园中用的植物、水、石，古往今来没有什么改变。而房屋的墙和屋顶所用的材料和技术，100年来变迁太大了，其形制、性能几乎不可同日而语。中国园林"造园无格"，官式建筑则有严格的法式制度的约束，很不自由。将传统庭园融入现代建筑比较方便和节省，而要使现代建筑上重现历史上的建筑形貌，既不自然，又很浪费。

将中国传统庭园融入现代建筑，其实主要是为了营造一种中国的文化氛围。莫伯治写道：

山水草木，自然景物，不仅能够满足人们卫生健康的功能要求，当人们接触到自然景物时，会悠然生一种"复归"的感觉。因此，在建筑设计中，将山池树石有机地组织、融合于建筑空间，并不是可有可无，而是必不可少。这样做可以使建筑空间的层次更加深远，序列的变化更富于韵律，增加四维空间的感觉；另外，建筑

[①] 可参看暨南大学出版社2004年9月出版的《岭南建筑艺术之光》第56页。

与景物组合一起，透过传统的文化意识（如诗情画意），诱导人们对大自然意境的联想和对空间的感情移入，赋予空间以生命力。

二、立志着力打造生态清洁建筑精美的岭南模式

那些年，莫伯治一直以着力打造人民群众喜闻乐见且满意的"岭南模式"建筑为目标，力求通过创新、探索，系统提升"岭南模式"建筑的审美能级。

他常常想：良好生态、建筑环境是最基本的公共产品和最普惠的民生福祉，从历史长河来看，如果说我们这代人还有可能给后人留下一点什么，我认为"岭南建筑模式"是很重要的一个方面。它能给岭南地区的人民群众带来获得感，建筑环境改善了，老百姓体会也最直观。

广州及岭南许多地方河网密布，纵横交错，水力坡度平缓，因此莫伯治在建筑设计实践中力求以优于一般建筑的标准，创新"水亮"原色，做到景观优美，凸显"水韵"的特色，以体现水的流动性、感官透明度和房屋宜居性为重点，全面提升建筑的生态、景观、文化等综合功能，推进自己的作品"由数量到质量、由盆景到风景"的发展，把最好的建筑留给人民群众。

由于这些建筑大多就在老百姓的住宅附近，因此能切实满足人民群众对美好生活的向往，带给他们的获得感看得见，幸福感最强烈，能促进高质量发展和创造人民高品质生活有机结合，更好地向世界展示社会主义现代化大都市广州及岭南其他一些地方的"水"之魅力。

这自然是一种传统艺术的创新创造，自然有其内在的"美容"之道。因此保持岭南的主体建筑风格，形成区域特色美，应是自己的主要方向。从文化审美的角度看，岭南风格的建筑可以"逆城市化"发展，建设得更美丽，正如在世界上享有盛誉的美国现代建筑大师、著名建筑学派"田园学派"（Prairie School）的代表人物弗兰克·劳埃德·赖特（Frank Lloyd Wright，1867年6月8日—1959年4月9日）说的：土生土长的文化是最具有生命力的文化。

在岭南风格建筑的诸多模式中，最直接的方式就是改善建筑风貌，譬如在墙上绘上人物、花鸟、山水或是富有透视感的立体图案，或添上画框、装上木框。这自然也是一种传统艺术的创新创造，有其内在的"美容"之道。

艺术介入前，以审美视角做好社会调研。如同人有不同的气质样貌，建筑也是。在艺术介入之前，一定要深入了解各市镇的历史沿革、自然禀赋、发展趋势、民众需求等，在充分调研的前提下设计个性化的艺术介入方案，才能因地制宜地找到该地最为切合的艺术表达语言，形成独具区域特色的传统文化符号。

至于建筑的审美观照，宜建立在中国传统审美的基础上。中国农耕文明讲究淡雅、恬静。很多传统建筑集自然、精致、舒适、审美于一体，反映了人与自然的和谐共生。岭南建筑也应比较充分地体现质朴、淡雅的风格，尽显岭南水乡的灵动韵致，体现出抒情诗般的感染力，呈现出岭南文化的空灵、质朴和寂静。

艺术介入中，应以区域特色美关注人和景，首先需要关注"人"，倾听当地居民的需求与建议，寻找温和而又循序渐进的介入方法，决不能为单纯经济增长而急功近利地打造网红景点。

其次，更需要关注"场景"的营造，使居住在附近的人们获得身心的舒适感，规划和布局上应注重利用自然条件，结合地势，与自然和谐相宜。在建设的功能布局上明确清晰，努力使环境干净优美，形成自然、诗意的栖息地。

艺术介入后，应多手段提升民众审美水平。审美的基础是个体所具有的文化素养，没有文化素养，无从谈起获得审美的眼光；没有审美的眼光，艺术建筑的"美容"就体现不出应有的价值。

三、南国红豆春来发

1957年，莫伯治首先设计广州的南园酒家时，既没有现成的图纸资料，也没有权威专家，包括莫伯治在内的所有人，谁都没见过真正的南园酒家应当是什么样子。

莫伯治认为中国园林艺术历史悠久，以诗文立意，以画境布局，是由文学、绘画、戏剧、书法、雕刻以及建筑等要素构成的综合艺术，因其精妙独特、妙合自然的构景造园而著称于世。所谓"虽由人作，宛自天开"，其在本质上反映了"天人合一"的中国传统哲学思想。从某种意义上说，建筑师也是匠人，要精雕细琢才可能出好活儿。每个建筑项目都是一方园地，需要精耕细作。于是他首先仔细研究了番禺的余荫山房、潮州的梨花梦处、东莞的道生园和可园、潮阳的西园、佛山的群星草堂、澄海的西塘（亦称洪源记花园）、顺德的清晖园等一系列岭南名园，然后才进入创作。他常常沉思：一幢房子、几丛荷花、一座石拱桥、几排倒影，完全是各得其所地被安放进一张张"白纸"中。他站在旁边欣赏，感觉许多人和画都进入了更大的一幅画中。他认为追求人与自然的和谐，一直是中国文化的重要主题。"日与自然相亲和""独与天地精神相往来"，应当是岭南建筑艺术所追求的至高境界。

1958年莫伯治与冯树勋合著了《粤中四名园》一文,写道:

笔者年来在粤中一带初步勘查,其尚能保持原有规模面貌者,计有大良的清晖园、佛山的十二石斋、番禺南村的余荫山房及东莞博厦的可园。此四园均属百年以外遗构,面积从两亩至五亩不等,建筑艺术与平面布置有苏州庭园之格调而又不尽相同,富有南方情味。四园风格,各有不同。清晖园布置有幽邃、有清空,规模较完备,风格接近苏州庭园布局。十二石斋则池曲石伟,修竹佳木,无一不精。布局清空精雅。余荫山房则重廊台榭,刻木镶空,装修精美绝伦,与花木相掩映,使人观赏不尽。可园则布置曲折,对比明显;建筑一色水磨砖砌面,细石门樘及水磨砖窗樘,精美古雅;而建筑群分布彼起此落,互相呼应,层阁重楼,迥出云霄,隐现无穷之态。

根据初步分析,此四园是在粤中庭园建筑中不可多得的遗构,极有文物价值,在国内庭园建筑艺术中,亦有其应有的地位。虽由于年久失修,不少亭台楼榭已经倾毁或日趋破落,仅存原有规模,但山水尚存,稍加修葺,亦不难复其旧貌。[①]

莫伯治从生活出发,扎根现实,尊重与表现生活真实,感到广州南园酒家的环境相当不错,小巷深深,池塘庭院,小桥流水,有非常精致的园林内院,布局颇为讲究,装修古色古香。作为老字号,生意自然也是没得说,来往的食客盈门,生面孔不多,大多是老老小小一家人,基本座无虚席,还保留着吃完结账传统,本地小伙伴把最经典的早茶菜式一一点上,很多人都惊呼好多菜过去是要在过年的时候才会吃到的。

中华美食源远流长。诸多著名菜系是按照地域划分的。每个

---

① 见《莫伯治文集》第6页,2012年7月由中国建筑工业出版社出版。

菜系都是这个地域上食材的精细制作，而对应的就是这个地域的居民的味蕾。在中国传统美食中，"山珍海味"是一个形容词，不能构成美食的食材体系。能让人产生联想的是，在传统的食材中，往往都突出了一个"鲜"字——新鲜、鲜美，等等。这个奇妙的汉字用"鱼"作为偏旁，引用在广州南园酒家的主营的粤菜里恰如其分。

顾客每每落座之后，服务员给他们的茶杯里先满上热水。有的顾客道谢之后，拿起茶杯就要喝，有经验的同伴连忙阻止了他们。原来这杯滚烫的热水是用来烫洗餐具的！

于是大家也学着有经验的同伴的样子，依次烫洗了茶杯、碗筷和勺子，而盘子是不用烫洗的，在广州，餐桌上的碟子叫"骨碟"，是用来盛放啃完的骨头的，要吃的菜都会夹在骨碟上的碗里。吃饭也有大讲究……广州果然是美食之都！

更讲究的是，别人在给你斟茶时，你需要用食指和中指指尖在桌上轻敲两下表示谢意。

庭园何以会起这些作用呢？

莫伯治认为，原因之一是庭园中的山、石、水、植物，体量规模虽少虽小，但能引发人对大自然的联想。他主张庭园中的山石"一般宜作大山水的片断，或者山石的一个角落来处理。""作为自然山水的一个局部来看待，使建筑空间与自然空间互相渗透，互相衬托，诱致人们联想到园外的，甚至并不存在着的山林景象和气氛。"

原因之二是中国传统庭园艺术中积淀了极厚的中国人的思想感情和审美情趣，或者说，传统庭园是中国传统审美文化的一个结晶和载体。只要想一想中国历代有那么多的文人在他们的诗词中吟咏庭园，借庭园抒发种种情思，我们就可明了庭园或庭院在中国人的精神生活中的分量了，其中仅一般人都比较熟悉的名句就有：

"萧条庭院，又斜风细雨，重门须闭。"

"帝里春晚，重门深院，草绿阶前。"

"晚风庭院落梅初，淡云来往月疏疏。"（李清照）

"无言独上西楼，月如钩。寂寞梧桐深院锁清秋。"

"风回小院庭芜绿，柳眼春相续。"（李煜）

"小堂深静无人到，满院春风，惆怅墙东，一树樱桃带雨红。"（冯延巳）

"庭院深深深几许？杨柳堆烟，帘幕无重数。"（欧阳修）

这些诗词名句将富含深邃情感内涵和文化底蕴的中国传统庭园用于现代建筑之中，应该被看作是中、外、古、今优秀文化成果会合交融、相得益彰，迸发异彩的成功之举。

历史上流传下来的，有今天还适用的，也有今天不适用或不太适用的。中国历史上的官式建筑的大屋顶，除去特殊场合，一般已是不适用了。传统庭园则仍很适用。"道有因有循，有革有化。""可则因，否则革。"（西汉杨雄《太玄·问道》）

莫伯治在他的建筑创作中"革、化"传统大屋顶，而大力"因、循"传统庭园艺术，效果很好。效果好不但是在用地宽阔，层数不高的建筑类型二，而且见之于高层建筑和用地局促的房屋之中。

莫伯治关于庭园的论文所展现的研究成果，显然有很高的实用价值。莫伯治对岭南工匠的传统造园技艺有着细致的了解。他的文章中对什么是堆垒、叠砌、塑山、对纹、绚纹、虾手铁等等都有说明。

当然，庭园在现代建筑中的动用是有条件的，岭南的做法在北方未必行得通，这是建筑的地域性。

四、设计北园酒家别开生面

20 世纪 50 年代初,现在北园酒家所在的地方叫云泉山馆,老房子经历多年风雨侵袭,破败不堪。

查其历史可知,著名的北园酒家开创于 20 世纪 20 年代末期。当年陈济棠主粤时期的广州市商会会长邹殿邦在十七中学右侧的一座别墅中开设了北园酒家。

因它地处羊城北郊,毗邻白云山麓,位置是精心经营过的,跟建筑尺度也有呼应,沿街一派榕树,入园第一个主要视角有好一篷竹子,形成林木茂盛,竹影横斜,环境清静,更有一条小河从前面流过,故有"山前酒家、水尾茶寮"之称。

那时的北园酒家吸引了广州市内不少官僚政客、富商巨贾、社会名流、中西医生、著名粤剧艺人常来光顾。

1947 年,因原先的北园酒家在抗日战争初期广州沦陷时被日军飞机炸毁,所以在原址附近的小北花圈口重建开业。

1956 年,北园酒家在社会主义工商业改造的热潮中实行了公私合营。时任广州市人民政府朱光市长亲临北园酒家,提出扩建计划。1957 年国家决定扩展用地范围,重修设计,投资改建,除服务一般市民外,还要求可以用于招待华侨和海外贵宾,此外,造价必须低于国家指标。

在朱光市长等有关领导的支持下,莫伯治主持了北园酒家的设计工作。他立刻感到肩上责任的沉重。新中国成立以来,莫伯治意识到以建筑精品奉献人民,是新时代赋予建筑师的职责与使命。它像精神的灯火,引领自己将情感、体验和命运融入新社会生活的精神、风尚、趣味中，为理想而上下求索，为民生而担当作为，与人民同呼吸共命运。

当然，没有当时广州市领导的开明和支持，北园酒家及莫伯治后来的一些作品就无法面世。可见有一个好领导是多么重要！

朱光市长和林西副市长等对莫伯治厚爱有加，蔼然长者风范。虽然那时他们也不过才四十多岁，却都已是赫赫有名的老革命。

至于在新建筑中使用旧料，同时也是如何对待传统的问题。中国民间的木匠手艺好，做出来的构件和家具细腻、精致、结实。

北园酒家如何在狭长的内院空间内布置山水花木？莫伯治参考了江南古典园林如无锡寄畅园、扬州壶园等；而建筑的风格、装饰，甚至饮酒设宴的功能，又有些仿佛其他江南富商的园林。这些设计堪称山有脉，水有源，手法清晰熟练，但又了无痕迹。可以说他是深得了中国古典园林的精髓。

莫伯治等设计师找了不少过去的资料、图片，从尺度、高度、比例上，尽量1∶1复原老建筑。在建筑材料上，他们用了岭南地区民间搜寻到的许多现成材料作为主要的建筑材料，尽可能1∶1原物重现。

事后，莫伯治在与莫俊英、郑昭合著的文章中写道：

北园是广州名酒家之一，位置在小北登峰路云泉山馆旧址，西北与越秀公园为邻。新中国成立初期，风雨侵袭，房屋失修。1957年重修设计，用地范围扩展至小北花园。设计要求：以酒筵为主，兼容茶点并附设饮冰部。酒楼部分要求设容纳12人宴会的8个餐室，二楼设容纳30席婚宴礼堂的餐厅。除服务一般市民外，还准备招待归国华侨和海外贵宾。设计上保持园林风格,地方色彩,并贯彻勤俭建国方针,造价必须低于国家指标。

为保持原有风格,争取绿化效果,一方面原有树木原则上不动,另一方面由于城市街道和邻居的限制,总平面布置受到了一定的局限。为适应需要,客座不能过分分散,庭园采用深远曲折的综合式内院布局,充分利用流落民间的工艺建筑旧料,具有丰富地方色彩,既可降低造价,又可保持中国庭园建筑中富于精美装饰的效果。

全园分南北两部,以漏花云墙门洞为两部的过渡点。南部受地形限制,除隅角设饮冰部外,绿地栽植青竹,立块石,沼涌旁修漏花栏河,点缀盆花,用大石块铺过涌面作桥,经月门入北部。北部临登峰路,是主要出入口。入门厅左侧是主楼。楼南挖池,利用土方填高南北两廊,绕池分列斋轩亭,以木桥廊连接。各处建筑间穿插在大小院子,点缀佳石嘉木。每一座建筑都设营业客座,同时又是点缀风景……①

他认真考虑了各种方案,最后决定在保持原有风格的基础上,采用深远曲折的综合式内院布局,以对细节的捕捉和直抒胸臆式的表达,生动地服务于当下的生活。这样做不仅是为了发展旅游事业、开展文化活动,更是为了留存城市的历史风貌和文化记忆。

唐代白居易在《庐山草堂记》中以一句"仰观山,俯听泉,傍睨竹树云石,自辰及酉,应接不暇"将园林景物之繁盛描写得淋漓尽致,也生动阐述了园林造景与自然风物和谐统一的审美境界。亭台轩榭、曲桥飞廊、云墙月洞……古往今来,园林中赏心悦目的山水图卷寄托着人们的精神诉求,更成为其聊以

---

① 见 2012 年 7 月由中国建筑工业出版社出版的《莫伯治文集》中《广州北园酒家》一文。

慰藉的心灵栖息地。

至于工艺建筑材料，他则作出一个决定：到民间去"采集"。

具体操作起来当然是一件颇不容易的事儿——寻找多年前被丢弃的一个或若干个建筑零件，无异于大海捞针。其中的艰难可想而知，不必细说。但当明确了自己想要什么，自然也就拥有了坚持行动的内在动力。架不住莫伯治是"有心人"，可以凭前些年早就做过的专门考察，能帮他如海葵的触角伸展到大海深处，更架不住莫伯治心如铁锚，坚固地沉在海底，持续地四处远航。

莫伯治当时先后十多次到珠江三角洲的大小城乡，悉心收集流落在旧建筑材料店的废料，并将其运回广州加工整理。

那段时间，莫伯治的足迹遍及岭南地区的民居、庭园、祠堂，进行了大量的建筑实测与考证。每当凝望岭南风格建筑那渐行渐远的身影，一种清新隽永之美总会涌上他的心头。他发掘、搜集、抢救了大量散藏在民间的岭南造园技艺，选购了旧民居拆除时遗留的建筑装饰构件，将其运用、组织到现代建筑中，既及时抢救了传统岭南建筑中的文物精华，又形成岭南建筑与岭南园林的有机结合。他认为建筑是最"复合"的艺术——它被"糅合"在生活中的各种实用目的里，掺杂着地域、时代、风俗等重重影响。

为了使这些旧料能改造为最佳的建筑造型和结构，莫伯治经常到现场与老技工一起商量研究。因此，当人们现在惊叹北园酒家旧"满洲窗"上套色玻璃蚀刻的精美、红木镂花屏风的典雅、楼梯扶手镶边的雅致时，也许想不到它们全部由民间的旧料、废料改造或加工而成。那些巧妙的构件、丰富多彩的门窗样式、栩栩如生的砖雕艺术、精巧自然的装饰之道，都给人们以艺术的享受。

向民间收购，价格较低，当时红木旧料价格每斤不过几元，与木柴差不多；套色玻璃蚀刻也只是 2~5 元，比一般杉木门窗还要便宜，因此，北园酒家建筑总造价每平方米只用 60 元，比当时中央规定的指标低了不少。

这些从民间打捞出来的散落在浩瀚历史中的昔日生活碎片，让人们得以找寻岭南建筑长期以来的文化脉络。正是那些人们所曾经熟悉的建筑零件，让岭南文化的历史形象愈发生动、丰满起来。

懂木工的人都知道，在木匠中有句话是："一料二线三打眼"。意思是说，看木匠的基本功是否扎实，要看他刨的料是否平整光滑，画的线是否精准无误，打榫眼是否方正垂直。

俗话说"歪树直木匠"，越是弯曲的木料，越考验木匠的功力，好的木匠会去弯存直，劣材巧用，提高木材的利用率。所以就有了"小木匠的料，大木匠的线"之说。木工大师要天生一副好眼力，不管多难下的料，只要他上手，准能精准无误，还不会出现木料浪费。

就拿做家具来说，一根原木在下料前需要解成板材，一切都如行云流水，一连串的动作一气呵成。他们追求的是精确无误，不长也不能短。复原一个传统古庙，仅有一张过去留下的资料图片，或是来源于一本古书。这些建筑有几进院落，往往采用木质结构，不用或少用钉子……

莫伯治的学生、华南理工大学建筑学院院长倪阳介绍说：事实上，2000 年后又有一些建造师和建筑企业做过类似的事。在这方面，莫伯治先生堪称鼻祖。

事实上，这种移花接木的创作方法，在各个领域中都颇为常见，并有不少成功的例子。如敦煌莫高窟 220 窟的《维摩诘经变》中，便借用了《历代帝王图》中的一个形象；张大千《高士图》的创作，也多从孙位《高逸图》中"窥陈编而盗窃"……

北园酒家整个庭园的色调主要为青灰色，代表园林景观精华的

莫伯治的学生、华南理工大学建筑学院院长倪阳（左1）、本书作者咏慷（右3）、李华（右2）、南梅先生（右1）在广州某宾馆。

各类建筑汇聚一堂。

在围墙和屋檐檐角的瓦片上，每一片都雕刻有菊花。

在庭园的外院，首先映入眼帘的是该园的标志性建筑物——楼台，它分为两层共有7间房，四面处于开放状态，这座楼台被命名为"世宗楼"。

此外，还有三大主要建筑——"斋室"和两间亭子，都是以曾经做出突出贡献的3位韩国文化大师而命名的。

匠心独运，浑然天成，完美地诠释了东方经典建筑的神韵。亭台楼阁，飞檐青瓦，盘结交错，曲折回旋，精致雅韵又不失大气磅礴；大进深、高挑檐，自然通透、视野开阔，翘起的飞檐、清新的色彩，别具特色的传统文化……这样的美让人惊叹。它美得低调、不张扬，却可以永久芬芳，留有韵味，就像东方人一样，是在历史中凝练下来的一种审美。

北园酒家（1958）[1]

大量成功的设计，既来源莫伯治的勤于思考，也根植于他的勤于积累。

在园林的任何地方伫立，或水旁、或竹林、或曲径幽深处。于一处亭子下坐下来，做一次思想的呼吸。

让人沉醉的还有园林里的竹林和小溪。清澈的溪流，阳光透过竹林的缝隙，斑驳的光影打在脸上……雕栏玉砌的亭台楼阁、气势磅礴的宫殿城池，宛若祥和宁静的乡村民居。美观、整洁、现代的园林给顾客带来了视觉和心理的冲击，使他们情不自禁地发出声声惊叹。

由于莫伯治有着深厚的哲学基础和中国古典文学修养，其作品在艺术和思想境界上都拓展、提高了层次，水平远胜前人。

改建广州北园酒家，使莫伯治初试牛刀，便别开生面。把一个喝茶聊天的俗常场所，营造成充满岭南韵味的庭院。众多茶客临风把盏，欲醉似仙。

---

[1] 见暨南大学出版社2004年9月出版的《岭南建筑艺术之光》第一幅彩图。

曾经有人写过关于美食环境的文章，开头便说："美食及其环境在于创新，如果没有创新，美食就会平淡，大家也会厌烦。"

一些从早晨就来到这几个酒家的广州人，一般会要几个包子、点心，外加若干小菜，再泡上一壶热茶，就是一顿美美的早餐，足能稳稳地坐一个上午，还可约朋友来边吃边谈，并跟每一个路过的熟人大声打招呼。有些人甚至有时候到了中午时分，还意犹未尽，仍然继续。倘若有人称赞他们生活得幸福，他们脸上便会溢出得意之色。广州人往往愿意展示自己的幸福，也愿意和他人分享幸福。

在工程进行过程中有一段小插曲：当时，有人对这种设计提出批评，认为它太"古老"、太"浪费"，要将它拆掉重盖，也有人险些顶不住这种舆论压力而打退堂鼓。

当时主持城建工作的广州市副市长林西则慧眼识珠，坚决主张继续施工。

现实社会错综复杂，一件事想要做成功，既包括个人的努力，也需要天时、地利、人和等因素的配合。

有了当时广州市领导的开明和支持，北园酒家及莫伯治后来的一些作品就一鸣惊人地建成面世了。

他认为老酒家的"重新建设"，其意义远远超过这个建筑本身。它其实成了整个岭南新建筑的一个精神核心。它代表了一个时间，让新的建筑跟老建筑拉开一个时空感。两者并置在一起，能有一种和谐的关系，能对上话是更重要的。不然的话，历史只是停留在了过去。这种时间的张力和连续性，才是整个项目的重点，他希望把人文、历史、人的故事，作为一个城市空间的主要内容，这个建筑空间要营造这样一种气氛，让人到了这里能激发一种想象力，有一种历史身份的情感认同。

莫伯治对每一个信任自己、帮助过自己的领导都是感谢有加的。时过许多年之后的 2000 年，他专门著文《白云珠海寄深

情——忆广州市副市长林西同志》,这样写道:

谈起当代岭南建筑创作的发展与成就,人们永远不会忘记林西同志所作的重大贡献。……

林西同志(1916—1993年)曾是中共华南分局办公厅主任,后来任广州市副市长。从20世纪50年代初期至80年代初期这30年时间内,一个个建筑设计和建设中的感人事例至今仍然历历在目。

解放初期,在林西同志的直接领导下,在南方大厦附近的一处垃圾堆和建筑废墟上,规划、建设了华南土特产展览大会建筑群和展出场地(后来改称岭南文物宫,现称广州文化公园)。当时广州的几位知名建筑师和建筑学教授分别负责设计了七八座展览馆,组成了一个庞大的展览建筑群。这些建筑群,因地制宜,力求节约,适应展出和参观的功能需求,在形式上体现了现代主义的特色。但是,它却遭到严厉的批评。刚刚创刊不久的《建筑学报》在1954年第2期上刊登了一封读者来信,批评这些展览馆建筑群是"美国式的香港式的'方匣子''鸽棚''流线型'"是"资本主义的'臭牡丹'","处处都叫人生气",彻底予以否定。

……

而在当时,作为领导者,林西同志对上述展览馆群体规划和建筑设计,均放手让建筑师进行创作,并且付诸实施。他认为应该正确认识和执行党的知识分子政策。……

20世纪50年代末期,在林西同志直接关怀、支持下,我先后设计了广州北园酒家、泮溪酒家和南园酒家。在设计和实施过程中,我把岭南庭园与岭南民间建筑形式相结合,并从乡间购得居民拆房之后留下来的旧建筑构件,作为新建酒家的建筑装饰部件。在北园酒家快建成时,报纸上刊出了批评的意见,认为它太古老、太浪费（太古老是指它的形式；太浪费是指它用了木雕装饰和砖磨墙面。实际是旧料新用，价钱很便宜）。当时有人顶不住这种批评，主张把它拆掉，但林西同志坚决主张继续按原设计进行施工。北园酒家建成之后，受到各方面的好评。

……

作为一位城市建设的领导者，林西同志在组织、指导建筑设计工作中平等待人、尊重信任，既提出正确的指导思想，又有明确具体的建议。但他从不强加于人，他的一些具体意见如果有困难或问题，也可不照办。他多方面调动设计人员的积极性和创造性，身体力行，正确贯彻党的知识分子政策。他是建筑师们的良师益友。①

莫伯治一直把朱光、林西等当时的广州市领导视为知音，十分感谢广州市人民政府对城建工作的重视与支持。蓦然回首，何其幸运啊！

有了他们的开明和支持，北园酒家及莫伯治后来的一些作品就一鸣惊人地建成、面世了。它们融合了地方色彩和民族特色，风格清新，受到人们普遍的喜爱。

莫伯治把北园酒家扩建成当时广州第一家古色古香、富有岭南庭园特色的园林酒家。

朱光市长为酒家书写"北园"的招牌。

北园酒家餐馆不算很大，但很有特色，价位又合适，故每天食客盈门。它以出色的烹饪技术、岭南风味的佳肴、良好的服务而深得食客们的好评。

---

① 见 2012 年 7 月由中国建筑工业出版社出版的《莫伯治文集》中《白云珠海寄深情——忆广州市副市长林西同志》一文。

莫伯治渐渐才了解到：朱光是位老革命。①

那时中国人民崇尚的都是"只争朝夕，不负韶华"。

那段时间，办公楼里白天人来人往，夜晚空寂无人。莫伯治一

---

① 朱光从学生时代就投身革命，1927年参加过广州起义，不久即到上海从事革命活动。1932年他参加了中国工农红军，曾任红四方面军政治部的秘书长；1936年到延安，担任中共中央宣传部的工作科长，后来又担任过马列学院的秘书长；1939年朱光任十八集团军总司令部的秘书长；1940—1945年任八路军129师政治部的宣传部长、八路军冀南军区和冀鲁豫军区的政治部主任；抗战胜利后他先后担任过嫩江省委副书记，嫩江军区副政委、西满军调部第36小组组长、齐齐哈尔市委书记、中共东北局城工部的秘书长，长春市委书记等。广州解放后朱光随第四野战军一路南下，历任广州市军管会副主任，副市长、市长。新中国创立初期，广州荔湾西堤、沙面一带的江面上布满了"住家艇"。这些水上居民被视为"南粤少数民族"，成为世界上罕有的居住奇观。朱光十分关心珠江两岸的水上居民。把他们的上岸定居和西堤、长堤、如意坊、荔湾涌口的环境治理相结合，多次亲临荔湾涌口视察，拨出专款，在荔湾涌边西岸建设了两座红砖为外墙的水上居民宿舍，交由广州第一个舢板社（如意坊水上舢板社）负责安排80户艇户上岸定居，成为广州市第一批水上居民上岸定居点，开了政府投资建新楼安置水上居民居住的先河。这些新楼建设时，考虑到防火、防渗漏等要求，在广州市财政并不宽裕的情况下，朱光市长指示莫伯治等把走廊、楼梯、厨房、厕所都作了钢筋三合土结构的设计和施工。荔湾涌边两座水上居民宿舍建成后，朱光市长亲临探访首批上岸的水上居民时很高兴，但对大楼外的临时木棚还很有意见，指示及时拆除，并指示在场干部和莫伯治等工程设计人员搞好水上居民的居住环境。朱光市长关心工人的生活，重视解决工人住房的困难，在广州修建了很多工人新村，如邮电工人新村、建设工人新村、汽车工人新村等等。荔湾区冼家庄新村是1957年建起来的。这个住宅新村是由朱市长拨出专款，交由当年市交建办主任林西组织实施的，是城西第一个具有三层单元式的住宅新村。朱光市长、林西副市长还十分重视城市市容环境的保护，组织对南方大厦等一大批因战祸而变成房壳房柜的旧建筑物的修复。这样不但清理了城市在战争中形成的残垣断壁，而且将房壳恢复了青春，成为多层的有用楼宇，美化了城市市容。朱光与市房管局邝辉君局长曾亲临干道街头，检查指导工作。他还十分关心华侨利益，对华侨出租房的"三不"（不交租、不清欠、不搬出）案件十分重视，拨了专款建房安置。1951年如意坊发生大火，烧毁了黄沙大道以南一大片木屋群。他亲赴火灾现场慰问，指示以后广州市区不准再建木屋。广州文化公园现址在新中国创建初期是广州市的三大灾区之一，1951年广州市政府决定组织工赈队对其进行清理和建设，开辟为华南土特产交流会，要求所有展馆和道路均要在三个月时间内建成。为了动员全市力量开好华南土特产交流会，朱光亲自召开会议，部署宣传动员工作。华南土特产交流会展馆终于按时完工了。在开幕会上，朱光代表广州市政府感谢上级领导，感谢工人、农民、专家和技术人员卓有成效的工作，感谢各参观团、代表团、苏联领事的光临，欢迎各地带来的好展品、好经验。他的讲话，受到大会各方人士的热烈欢迎。交流会后，这个会址易名为"岭南文物宫"。按照朱光的规划，交流会的场地还要扩大，要利用西堤沿江处设游艇码头，把水上活动与文化活动结合起来，以丰富广州人民的文化生活。以后"岭南文物宫"改名为"广州文化公园"。朱光主持广州市工作期间，十分重视水利建设。早在1951年5月，他就亲自参加广东省、广州市的防洪动员大会，指出广东的东江、西江、北江三条江的水都是围绕着广州出海。防洪和防止防洪堤围倒塌关系到全市人民的安全。他指出，人民政府是为着人民着想的，当雨水多、洪水大的时候要多防洪，而上级拨下来的水利费又十分少，不能解决实际的需要，这就要同老百姓商量，动员全体人民的力量，党政军民合力，干部每天节约大米二两，用于防洪，以保千百万人安全。他还借防洪大会的机会，宣传搞好省、市干部和人民的团结。指出，广州在广东辖内休戚与共、利益一致。广东人民有一句话："同饮三江水，同是三江人。"切不可有省、市不相关的本位思想。要思想一致、行动一致、在叶主席（指广东省政府主席兼广州市市长叶剑英）的领导下团结一心做好工作。

个人把自己关在办公室里,窗口彻夜亮着灯光。他趴在案子上,没日没夜地设计。

有一天,守夜的工人师傅对他说:"你们工程师都这样吗,一天到晚地写呀写,算呀算,就是一头牛、一匹马也得打盹瞌睡呀,快休息一会儿吧,别把身体累垮喽。"

莫伯治笑笑说:"感谢你工人同志。新中国要抓紧建设,理应落实到我这个人呀!"

这是一位人民工程师的信念、意志、坚守、责任,以及一个工程师的良心。

他领衔设计的北园酒家融合了地方色彩和民族特色,风格清新,受到人们普遍的喜爱。

五、梁思成等的赞誉和鼓励

1958年夏天,我国建筑大师、中国科学院学部委员、清华大学建筑系主任梁思成先生到广州石牌参加一个座谈会。会上,时为少年学子的林兆璋向他提出一个问题:"梁先生,你最赏识广州哪幢建筑物之设计?"

梁思成毫不迟疑地回答:"北园酒家。"①

梁思成认为当时刚落成之北园酒家是建筑与园林环境融为一体,而又有强烈之地方风格的优秀作品。

北园酒家是莫伯治总建筑师设计的。他在新中国成立后设计的第一座建筑获此赞誉实属难得。

他不仅知道在新中国成立之前,梁思成便是著名的建筑学家,

---

① 见2012年7月由中国建筑工业出版社出版的《莫伯治文集》332页。

而且早就熟知梁思成的人生经历。①

---

① 梁思成青年时就读于清华学校,后到美国宾夕法尼亚大学美术学院修习建筑专业,1928年回国后曾先后任职东北大学建筑系、中国营造学社和清华大学建筑系,在现代建筑教育、古建筑研究、城市规划、历史文物保护、建筑学术团体的创建和组织等多领域做出卓越贡献。1948年解放战争的关键时刻,梁思成被国民党政府率先列入"平津学术教育界知名人士抢救计划"名单。走,还是留?像很多知识分子一样,已在清华大学建筑系安家立业的梁思成夫妇面临着选择。他们坚定地留在大陆。梁思成曾自白,他之所以留在北平不走一方面是因"对反动政府已不存丝毫幻想",另一方面是对社会主义有期待,他"在思想上同共产党是接近的,所以愿意留在这里等共产党来"(见梁思成《我为谁服务了二十余年》)。其实,梁氏夫妇做出此决定,更多的是出自学者的家国情怀,他们对于建立一个完整、强大的祖国充满期待,愿以自己的一技之长服务于新社会,尽更多的社会责任。此外和中国共产党的初次相逢与合作,让他们对共产党领导下的新政权很有好感。梁思成对共产党的好感是点滴积累来的,如家中的保姆给他讲过八路军军纪严明的事,还有一次他亲眼看见一解放军战士,走三里路就为给老乡归还一破柳条筐子,这让情感丰富的梁思成"感动得说不出话来"。更大的触动是一次突然的到访。1948年12月下旬,两名解放军军官在张奚若陪同下,到清华大学拜访梁家,嘱托梁思成在军事地图上标注出北平城区及周边的重要文物建筑,如果迫不得已需攻城,炮火可避开这些区域。两军相争状态下,共产党表现出的对文物的重视和谦虚求教的态度,让梁思成深受触动,他和林徽因毫不犹豫,当即完成了标注的工作。多年后梁思成谈起这段经历还感慨良多:"童年读《孟子》,'箪食壶浆,以迎王师'这两句话,那天在我脑子里具体化了。过去,我对共产党完全没有认识。从那时候起,我就'一见倾心'了。"(梁思成《我为什么这样爱我们的党》) 与此同时,梁思成夫妇积极配合的态度和认真高效的工作,也给共产党人留下了深刻印象。1949年1月北平和平解放。党中央为了在解放战争中保护好各地文化遗产,第二次特地派人到清华大学请梁思成编写相关资料,希望在战争中避免或减少对珍贵古建筑的破坏。这是梁思成一直担心而又不敢奢求的大事,他接到任务时甚至感动得声泪俱下。士为知己者死!梁思成积极组织清华大学建筑系的教师们夜以继日翻书查资料,只花了一个多月时间,就高效地完成了任务,编纂成《全国重要文物建筑简目》,1949年3月就将手刻油印本发至军中;1949年6月又由华北高等教育委员会图书文物处铅印发行。这本《全国重要文物建筑简目》虽只是一个简目,但它"不仅在解放战争时期起到了保护古建文物的重大作用,而且在解放初期开展古建文物调查、保护、研究工作上也起到了积极作用"(见罗哲文《忆我与梁思成老师十事》)。而后与一些共产党高层领导的接触,让梁思成对共产党的好感进一步加深。北平解放不久在一次会议上,梁思成初识彭真同志,寒暄之际,彭真引用了梁启超著作中的几句话,对梁思成说:"我相信梁启超先生要是活到今天,他也会拥护共产党的。"彭真对梁启超著作的熟悉,让梁思成吃了一惊,也让他对共产党的干部进一步产生了亲近感。之后不久在给老同学的一封信中,梁思成感叹:"清华比北平城早获解放一个月,从解放的第一天起,解放军的纪律就给了我们极深的印象。接着与中央方面的种种接触,看见他们虚怀若谷,实事求是的精神,耳闻目见,无不使我们心悦诚服而兴奋。"(见梁思成《致童寯信》) 新中国需要一套新标识,国旗、国歌和国徽的确定提上议事日程。1949年6月,新政治协商会议筹备会第一次全体会议在北平召开后决定公开征集国旗、国徽方案及国歌词谱。在国歌、国旗的确定上,梁思成以专家身份参与了评审和完善工作,而在国徽的设计上,梁思成和林徽因则担负了负责人和领导者的重任。最初,在筹备会公开征求国旗、国徽方案的启事发布后,梁思成即组织清华大学营建系师生积极设计,"大家怀着对新中国无限热爱的心情,夜以继日地精心构思,绘制了几十个国旗图案和十多个国徽图案送去政协筹委会"(见朱畅中《梁先生和国徽设计》)。后来因为公开征集来的方案欠佳,由周恩来提议,改为由梁思成领导的清华大学设计组和张仃领导的中央美院设计组分别开展设计工作,在两组之中选择一个最佳设计方案。梁思成带领清华大学营建系师生开始了废寝忘食的设计工作。一方面,梁思成充分发挥他的组织能力,积极调动、分配各方资源,

莫伯治出于对梁思成人格、学识的崇拜，对其著作反复拜读，对其设计的建筑作品也是反复借鉴。尤其是当他听若干政协委员朋友介绍说"新中国国旗、国歌的确定，梁思成发挥了关键性作用"后对这位建筑大师更是钦佩得五体投地。

新中国初创时期，梁思成、林徽因夫妇主导设计了国徽和设计建造了人民英雄纪念碑。国歌、国旗的选择确定也与梁思成先生有关。

1949年6月15日，新政治协商会议筹备会在北平成立，并举行首次会议。会议于6月20日结束。为了迅速完成召开新政治协商会议及建立民主联合政府的各项必要准备工作，会议决定在常务委员会之下设六个小组，分别完成下列各项任务：一、拟定新政治协

（接上页）同时还亲自带领国徽设计小组的师生们，一起做方案，从动手画草图，到绘正式图，从各方面进行探索，反复讨论磋商。超负荷的工作让梁思成的健康加剧恶化，梁思成的身体本就不是很好，青年时左腿骨折过，后又罹患脊椎软组织硬化，一累就容易病倒，但病情再重也压不住他的工作热情。病倒在床，还经常和林徽因及其他同事讨论设计方案。1950年他们在外地的女儿梁再冰回家，发现客厅已经成了一个巨大的国徽"作坊"，父母正全神贯注埋头工作，家中沙发上、桌子上、椅子上摆满了红、金两色的国徽图案草稿。因工作强度过大，到了最关键的国徽审查会议的1950年6月20日，梁思成病倒了，竟无法参加现场评选，只好委托时任营建系秘书朱畅中代为出席。最终，梁思成率领的清华大学设计组胜出。此后梁思成又推荐清华大学教授、雕塑家高庄设计塑造国徽立体浮雕模型。征得中央领导同意，高庄对原有图案细节进行了精心修改和进一步完善。1950年9月20日中央人民政府正式公布了国徽图案及图案说明。中国人民英雄纪念碑的设计和建造，相比国旗、国徽的设计要复杂得多，也曲折得多。梁思成直接参与了纪念碑的设计和方案审查工作，在关于碑座设计风格的争论中，他的"赤子之心"体现得淋漓尽致。1951年，北京都市计划委员会设计组绘制了人民英雄纪念碑的三种草图，其中一个方案碑座是于高台里开门洞的设计，梁思成因在病中，未及过目，就被工作人员递呈市委。知晓设计方案后，梁思成焦急万分，他认为这种设计在视觉上缺乏安全感，同时缺乏"永垂不朽"的品质，还违反结构常理。为此一向是"谦谦君子"的梁思成慷慨上书北京市市长彭真，直言不讳地对草图设计提出批评，说服市委放弃这一设计思路。梁思成对纪念碑的设计工作持有十二分的责任心，他说要"以对国家和人民无限的忠心，对英雄们无限的敬仰，不能不汗流浃背，战战兢兢地要它千妥万帖才放胆做去"。为了达到"千妥万帖"的目标，梁思成和林徽因不仅在纪念碑外形问题上据理力争，还带领清华师生吸收古今中外设计经验，在碑身的尺度、比例、曲线上做了许多工作。作为诗人，林徽因富有文艺才华，她负责了纪念碑的部分美术设计工作，为碑座、碑身设计了全套纹饰，并对纪念碑的整体造型、结构提出了很有价值的意见。他们精益求精的工作，最终让纪念碑的造型以尽可能完善的状态呈现给世人。共产党的赏识和信赖，和人民政府之间几次愉快的合作，让梁思成夫妇无比振奋，也让他们对共产党、新政府产生了发自内心的认同。"每一项成就都使我的心进一步爱这个党。不知什么时候起，在我的心里，在我的话里，'他们'已经变成了'我们的党'了"（梁思成《决不虚度我这第二个青春》）。可参看《光明日报》2021年3月7日第13版费祎文《梁思成林徽因：赤子之心，并肩而行》

商会议的单位及各单位的代表名额;二、起草新政治协商会议组织条例;三、起草共同纲领;四、拟定中华人民民主共和国政府方案;五、起草宣言;六、拟定国旗、国歌、国徽方案等。

梁思成1949年6月在新政治协商会议筹备会上

第六小组的组长是马叙伦,副组长是叶剑英、沈雁冰,组员13人,分别是张奚若、田汉、马寅初、郑振铎、郭沫若、翦伯赞、钱三强、蔡畅、李立三、张澜(刘王立明代)、陈嘉庚、欧阳予倩、廖承志。由于马叙伦生病,第六小组直到7月4日下午才举行成立会,并在会上拟定了国旗、国徽、国歌方案的征求条例,设立了国旗、国徽图案初选委员会和国歌词谱初选委员会,决定公开向全国征求国旗、国徽图案及国歌词谱,截止日期为8月20日。该条例于7月13日发布。

可见梁思成开始并不在第六小组,而第六小组里虽然有几位历史学家、文学艺术家,但国旗、国徽和国歌还有着特殊的象征意义与艺术要求,还必须要有对此特殊性有着精深理解的艺术大家和学术大家。于是第六小组于8月5日在北京饭店举行第二次会议,决定聘请徐悲鸿、梁思成、艾青三人为国旗、国徽图案初选委员会顾问;马思聪、贺绿汀、吕骥、姚锦新四人为国歌词谱初选委员会顾

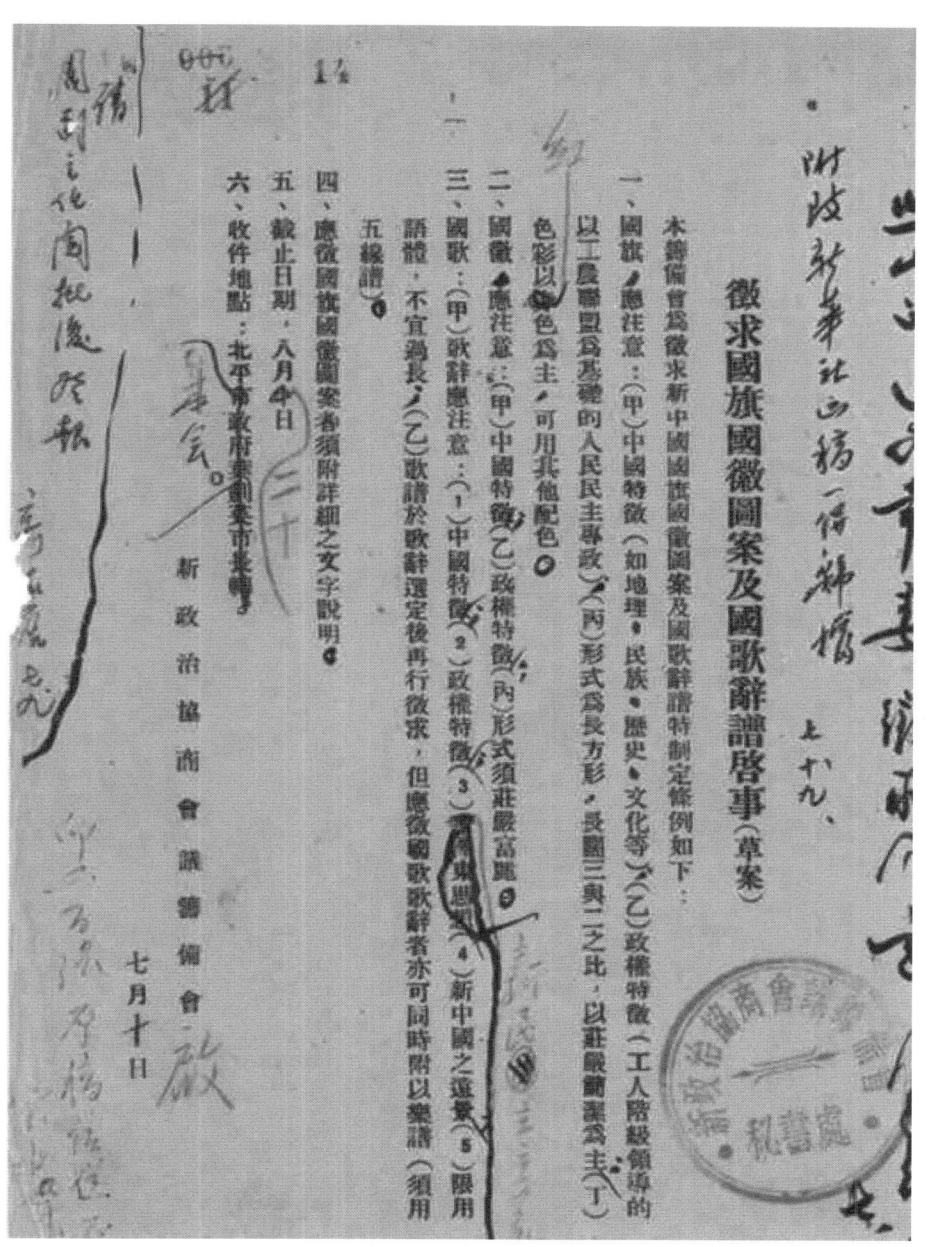

◆《征求国旗国徽图案及国歌辞谱启事》草案

问。预定 8 月 18 日至 20 日为选稿时期，22 日举行国旗、国徽初选委员会会议，23 日举行国歌词谱初选委员会会议。

虽然截稿时间定在8月20日，但之后仍然不断有来稿，所以截止时间一推再推。初选开始之后的8月24日的统计，共收到国旗图案1865件、国歌歌词350余件、国徽图案18件（实际最后收到国旗1920件、图案2992幅，国徽112件、图案900幅，国歌632件、歌词694首，意见书24封）。第六小组对这些稿件采取了审慎负责的态度，在北京饭店设立选阅室，将全部来稿陈列，供代表、专家、评选小组讨论审阅，进行初选。

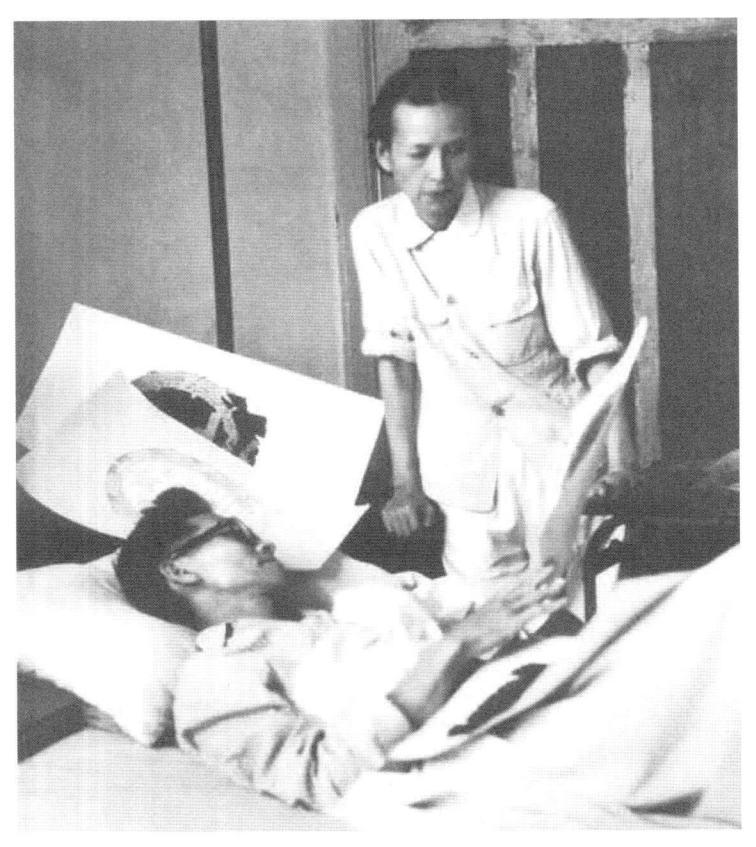

◆梁思成在病床上与林徽因讨论国徽设计方案

9月21日，新政协会议开幕。22日，大会决议，成立国旗、国歌、国徽、国都、纪年方案审查委员会，对此进行讨论审查确定。委员55人，梁思成是委员之一。

国徽图案由于应征者多把国徽想象成普通的证章或纪念章，投稿大多数不合体制，少数合于体制的，图案意味太重，过于纤巧，最后保留的仅四五件。新政协大会召开后，在审查委员会审查的基础上，23日上午，全体代表分十一组分别讨论国旗和国徽的图样。最后决定国徽暂不确定，另组专家组再行设计。国旗、国歌经过认真讨论，深入听取意见，最后确定以五星红旗为国旗，《义勇军进行曲》暂代国歌。而在这个过程中，梁思成都起到了很关键性的作用。

关于国旗，梁思成视野宽广，客观理性且艺术地分析了大星下横杠方案的不足，获得了国家领导人的认同，连同多人一起促成了毛泽东对五星红旗的确认。应征图案汇总后，经过多次反复讨论，初选了38幅进入复选，其中还有朱德总司令的作品。政协筹委会将38种国旗草案编印成《国旗图案参考资料》供大家讨论。9月23日，分组讨论时，各组认可第一图的112人，认可第二图的77人，认可第三图的185人，这三幅国旗草图，都是红底，黄星，加一黄条，横贯旗面。"红色象征革命，星象征中共和解放军，黄条象征黄河，黄河是我们中国经济文化的发祥地。"把上面三个人数加起来，赞成前述意见的，已达到政协代表的过半数（新政协会议开会时实际参加人数为635人），因此国旗基本上确定了上述图案。但下午大会发言时，大家本着"如何把人民新中国在国旗上表现得更好些"的基本精神，又觉得此图案喻意虽好，形式上却有种割裂感。有代表这样提出意见，"黄条将旗划分为二，象征不统一，不好。"如何改正？郭沫若建议将此道横杠缩短至五星之下，毛泽东表示赞同。

9月25日晚，毛泽东在中南海召集关于国旗、国徽、国歌、纪年、国都问题协商座谈会。梁思成对横杠缩短的图案仍觉得"非常难看、不庄严"。这可是郭沫若的主意，毛泽东已同意了的。可梁思成居然一点儿顾忌也没有。9月29日晚上，他曾抽空给随军南下

的女儿梁再冰写了一封信，回忆了当时的急迫心情和急切做法，说"我一看不得了，拉着周恩来将旗从图案观点、象征观点、在全世界旗型的观点分析，痛论其不可。同时还有许多人也反对此图，张治中说那黄条是孙猴的金箍棒；也有人说是一根扁担。"周恩来显然听从了梁思成的分析，并把所有人的反对意见都汇报给了毛泽东。毛泽东听了周恩来的汇报后，虽然此图案已经自己同意，但还是觉得应该尊重大家的意见，争取国旗图案得到更广泛的认同，随即提出了用五星红旗的想法。梁思成在信中描述了当晚这一过程，"在客厅中毛主席在客人中走来走去的谈话，看见张治中，他说：'听说你不赞成那根金箍棒！'大家大笑，后来同郭沫若说：'我们的黄河党怕要解散了！'他说：'此图有许多人反对，本身就不能取得统一的意见，如何能使它象征革命人民的团结呢？'后来他提出现在所发表的五星旗——那是应征图案中列入 final（最后的）候选图案之一，大家都同意"。如果说其他人反对仅是直观感受的话，梁思成的意见就是站在学理分析的立场，运用艺术鉴别的眼光，通过世界视野的比较来说的，显然更具说服力，而"痛论"则体现出梁先生当时态度与观点的坚决与艺术家精神的决绝。应该说，梁思成的"痛论"在国旗最后确定在五星红旗的选择上功莫大焉。

  关于国歌，梁思成首先提出了《义勇军进行曲》作国歌的建议。国歌应征词谱不仅比较多，而且郭沫若、马叙伦、欧阳予倩、冯至、柯仲平等著名人士都有作品在内。郭、马、欧阳还都在第六小组里。新政协会议开幕后，审查委员会印发了一些歌词、曲谱让大家讨论，对一些作品还进行了试演奏，任大家听后都觉得不满意不完美，先是决定再征集一次，接着又决定从现有革命歌曲中选用。是梁思成首先向刘少奇、周恩来提议采用《义勇军进行曲》。这个提议立即得到了好友张奚若先生的赞同，并开始一同极力主张采用此曲。在那封给梁再冰的信中，梁思成带着极其兴奋自豪的语气向女儿记载了这一过程和当时的心情，"关于国歌的选定，张伯

1949年9月27日,在中国人民政治协商会议第一届全体会议上,将《义勇军进行曲》定为代国歌

(注:指张奚若)同我可以自夸有不小的功劳。那是我首先提出的,同时也有许多人有那意思。那是"九一八"以后不久制成的,而在抗日期间极有功劳的一首歌,也是这次大革命开始的一首歌。"他们的提议随即得到其他很多代表的赞同,认为这首歌对中华民族团结一致抵抗外侮争取民族独立解放起到了极大的鼓舞作用,且在海内外广为传唱,深入人心,影响巨大,应该采用。但也有人认为原歌词特别是"中华民族到了最危险的时候"那句在新中国建立的形势下不合适,建议改词。为此,梁思成极力主张不必改,并详加阐明理由。他在信中说,"有人主张改词,我认为不必,我说法国《马赛曲》就是一首军歌,词中有'打倒昏君暴主'之辞,是历史性的歌词,现在法国已是第三第四共和国,早已没有昏君了,可是歌词仍不改。我们虽已过了'最危险的时候',已不是'做奴隶的人',但那是历史性的。"梁思成的话引起了刘少奇、周恩来的共鸣。"刘少奇说,苏联国际歌中还在说'我们饥寒交迫的人们',他

们早已不饥不寒了,仍是同样的唱。不必改了。周恩来也说:'改了人家还是唱他唱惯了的旧词的,我看也不必改了!'于是我的主张得以胜利通过。"后来周恩来对大家解释仍用原歌词原因时曾说:"法国用《马赛曲》作国歌,'把敌人的血浇灌我们的田'是旧歌词,也没有改。我们要嘛就用旧歌词,这样才能激励感情,修改了唱起来就不会有那种感情。"周恩来的解释显然采用了梁思成提出的理由。26日晚上,在听取了汇报后,毛泽东表示赞同,并进一步引申说:"虽然,我国人民经过艰苦斗争,全国快解放了,但是,中国还受帝国主义包围,还不能忘记帝国主义对我们的压迫。我们要争取中国的完全独立解放,还要进行艰苦卓绝的斗争。所以,还是保留原有歌词为好。"由于这首歌大家都会唱,所以毛主席肯定了后,"当晚散会之前,我们围着毛主席高声同唱第一次的'国歌'"。这应该是新中国史上首次高唱国歌。梁思成形容当时心情,"高兴兴奋无比,那是一个最可纪念的一夕"。①

总之,莫伯治认为梁思成先生堪称自己尊崇的"建筑设计教父",早就希望能有机会拜访梁思成先生。

如今,梁思成先生的赞誉使北园酒家一炮打响。

莫伯治再次认真研读了梁思成先生的一些著作。

在《为什么研究中国建筑》等著述里不仅有梁思成对自己所见所闻的细致描述,还有很多手工绘制的精美插图。每一个部件的长、宽、高甚至能精确到小数点后两三位,这足以看出他对建筑的无比敬畏和热情。这种热情使梁思成、林徽因夫妇甘愿放弃原本优渥的生活,一起辗转多地,实地测绘调研,即使旅途艰辛、条件简陋,且结局常是一无所获;即使战火肆虐、城池沦陷,他们最先想到的也是将那些珍贵的手稿藏于最安全

---

① 可参看2022年10月7日《党史博彩公众号》作者李传玺的文章《在此过程中对毛主席产生了极其崇敬的感觉》

的地下库房，然后才撤离。

……

这使莫伯治感受到建筑师在建筑上倾注的心血、投注的理想，往往超越了简单的使用价值。梁思成先生致力于研究中国建筑的重要原因之一是要提振民族自信心，让民众了解中国建筑的历史是要远远长于西方建筑史的，中国建筑史上的精华比起西方也一点儿不逊色。西方有华丽的巴洛克式教堂、尖顶塔楼，东方的江南水乡也有古色古香的徽派建筑，滇黔一线有独特的吊脚楼，闽南有造型独特的民居，黄土高原上有展现古人智慧的窑洞，我们还有全世界最长的长城，最早的石拱桥，最长的石窟……可以说，中国建筑史上群星璀璨，成果丰硕。我们虽然不用拘泥于前人的建造模式，却应该充分吸收这些模式的精华并加以改造。这样至少不至于在某地打造的江南水乡文化旅游景点中撞见一座巴洛克风格的小楼，上面挂着毛笔写就的"江南客栈"门匾。此等混搭，大煞风景。若一座城市都被"舶来文化"所"熏陶"，那么走在大街小巷，会让人误以为身处异乡。费孝通先生说："各美其美，美人之美，美美与共，天下大同。""美美与共，天下大同"的前提在于"各美其美"，中国建筑要与世界交流，也要找到属于自己民族、自己文化的独特的建筑风格。

建筑对人民的意义，是情感的寄托，是理想的实现，是民族的自信。建筑对建筑师而言，是一盏灯——向内照去，照出建筑师在其上倾注的汗水和心血；向外照去，照出众生凝视它的千万种目光；向后照去，照出一段段或美好或坎坷的历史；向前照去，照亮未来发展的方向。而能被称为"万年灯"的建筑，是极少数。它们需要建筑师以赤子之心，精益求精，铸就经典；需要自然环境的偏爱，助它们远离山崩地裂，海啸狂风；需要人民的精心照顾，护它们免于战火损伤。这样的"万年灯"，光亮夺目。历史的沉淀，自然的偏爱，人民的呵护，为它添上足以万年不熄的灯油。这样的

"万年灯",能够照亮上下数万年的时光,照亮一座城市、一个国家。

莫伯治立志做一个像梁思成那样有思想,有坚持,对建筑保有热爱和初心的建筑师,能建造出代表时代精神的、富有美感的建筑。

广东人称苦瓜为"半生瓜"。从小生活在广东的莫伯治知道,苦瓜还有癞葡萄、锦荔枝、红瓤、凉瓜等众多别名。但唯有"半生瓜"这个名字让莫伯治喜欢。虽然有人说是苦瓜在半成熟状态采摘,烹饪至半生状态最好吃而得名。莫伯治却宁愿相信此名来历,是因人过半生历经挫折和磨难,才能体会苦瓜的睿智,才能从苦涩中品出清冽和明澈,才能产生种种联想。所以在后来的日子里,哪怕物质生活再贫乏,他也从未产生过哪怕短暂时间的颓废,总是兴致勃勃地投入生活。理想主义将他带到了一种更高的境界,在那里,任何的淡泊、无为都是受到排斥的。只要他醒着,就总要策划改变自己,也改变别人。

20 世纪 50 年代莫伯治荣获劳动模范称号

莫伯治对每一个帮助过自己的人都是念念不忘的。时过多年之后的 2001 年,他在纪念梁思成的百年诞辰的文章中这样写道:

同是广东人，同是建筑人，今天来纪念、怀念梁思成先生，有更为深切的亲近感和责任感。

20 世纪 30 年代初期，我在广州中山大学工学院学习土木建筑工程。当时即爱读梁思成先生的文章，爱读《营造学社汇刊》，使我对中国传统建筑文化有了初步的认识。它们跟我爱读的一些文化典籍一起，成为我在新中国成立后转入建筑创作的思想理论基础的一部分。

那时，为我们一年级学生上化学课的是刚从美国归来的吴鲁强教授。他是一位对我国化学史研究有特殊贡献的青年学者。他讲化学史时为我们讲了《周易参同契》。当时，他还把《周易参同契》《朴抱子内篇》中有关化学史和炼丹术的内容介绍到国外，成为国外学者了解中国古代科学成就的重要文献。可惜不到一年，他为我们讲的化学课还没讲完，即不幸因病谢世。将近 70 年之后，于近日读吴教授的女儿吴荔明女士的文章，才知晓吴教授就是梁启超先生的女婿，是梁思成先生的妹妹、著名的图书馆学专家梁思庄的丈夫。他的爱国热情、科学精神和他那青年英俊的身姿，令我们久久不忘。

20 世纪 50 年代，我在从事多年工程实践之后转入建筑创作，第一个项目就是广州的北园酒家。这是一个规模不大的营业性餐厅，采用岭南庭园和岭南建筑相结合的形式，并且用了农村拆旧房时剩下的旧料和废料（包括旧砖、门窗、彩色玻璃、木雕部件等）。1958 年梁先生到广州时，对北园酒家给予了肯定，说它是建筑与园林环境融为一体，而又有强烈地方风格的设计。1959 年，北园酒家又被选入《建筑十年》中。

梁先生对北园酒家的评价，对我是极大的鼓舞和鞭策。这种鼓舞和鞭策，伴随着我将近半个世纪的建筑创作历程。这是一个不断创作、不断创新的历程，我已 88 岁高龄，而这个历程还没有结束。

近年，我在完成广州艺术博物院（2000 年 5 月揭幕）的同时，完成了新会梁启超纪念馆的设计。

广州艺术博物院的创作融合岭南建筑与园林、现代主义理念和表现主义手法于一体，可以认为是我在创作实践和理论上的继续追求和探索。

将于今年5月1日揭幕的梁启超纪念馆与梁启超故居形成的一个新的群体，以青山绿水为烘托，组成一幅动人的画面，表达了我们对先人的怀念与敬意。①

现代杰出画家、美术教育家刘海粟为北园酒家题词

六、让作品本身说话

莫伯治向来认为，建筑也好，艺术、雕塑、绘画等也罢，其本身就是语言，就自带信息。自信的建筑师、艺术家、雕塑家、画家，从来不需要过多阐述自己、解释自己。而是让作品本身去说

---

① 见2012年7月由中国建筑工业出版社出版的《莫伯治文集》332页。

话，不是靠自己的嘴巴强行为作品"代言"。好的作品自会说话、会抓人眼球、会深入人心、会征服它的读者和观众。

其实，古今中外很多有成就的艺术家都有此类观点，如法国著名画家塞尚就曾经说过："我欠你的绘画真理，我将在画中告诉你。"美国杰出女画家乔治娅·奥·吉弗也说过："最好让图画自己发言，而不是再加上些文字。"我国的美术大师吴冠中先生也说过："一个画家最终要靠他的作品说话。"

总而言之，专家们都认为建筑师应该真真正正、踏踏实实地回归到创作本身上来，让作品说话。理论或阐述的部分应交由专业理论家、评论家去做，建筑师则应该把更多的时间和精力用在创作上，做好自己本职的、分内的、擅长的事情，这也是对建筑师最基本的职业要求。因为只有如此，建筑学界才能形成良性的分工秩序和身份认同，才能做到各就各位、各司其职、各负其责。唯有如此，建筑才会朝着更为健康有序的方向发展。

果然，莫伯治的建筑作品有最权威的建筑大师来评论了。

其后，莫伯治深受梁思成先生的鼓舞，又在1960年和1962年分别设计出广州泮溪酒家、白云山庄旅舍、双溪别墅、矿泉别墅和广州宾馆等富有岭南特色的建筑。他将现代眼光与传统艺术观念结合，梳理了建筑设计背后延绵不断的传统脉络。伴着这些新作品的陆续落成，莫伯治随之声名鹊起。

唐代大诗人王维被世人誉为"诗中有画，画中有诗"。他留有千古名句"红豆生南国，春来发几枝。"

与王维时隔一千二百多年之后，众多优异的建筑出现在岭南，恰似红豆一般点缀着南国大地，在这中间，莫伯治无疑做出了很大的贡献。

他的这些建筑作品犹如铺展开一幅幅新中国广大人民群众安宁、幸福的生活画卷，在社会各界中引发了广泛而强烈的共鸣。

人们称莫伯治及其作品是"岭南建筑之光"。

跟梁思成先生一样,莫伯治也一生都在为建筑事业呕心沥血,孜孜不倦。

在他设计的广州北园酒家、泮溪酒家、南园酒家等落成后,广州本地人和外地人,中国人和外国人,圈内人和圈外人,领导和普通市民都异口同声地赞美,好评如潮。人们称莫伯治"初战告捷","一石激起千重浪,它波及祖国天南地北,影响久远。"

为什么会这样呢?

建筑学家吴焕如认为——

我们现在所盖的房屋,从建筑材料、结构技术、功能和设备看,基本上是从外国学来的,并非由老祖宗的传统建筑自主地衍生出来,所以不免有些'洋相'。以实用为主,要求经济的一般房屋,形象问题不十分要紧,这样那样都可以。但是对于重要的、有标志意义的、讲究艺术性和象征性的一类房屋,我们常要求它们减少'洋相'而带有民族的特征,为此,中国的建筑师们已经努力奋斗了近一百年。在很长时期中,主要的办法是在房子上部加造中国旧时宫殿坛庙上用的大屋顶,有时还铺上琉璃瓦。这种办法很有效果,能够立刻显出'民族形式'或'中国固有样式'或'民族性'。然而大屋顶的缺点也很明显。主要是:僵硬不灵活和造价高、浪费大。……大家努力寻找大屋顶以外的办法。莫伯治的做法的重点是将中国传统园林艺术与现代建筑结合起来,他在北园、泮溪等餐饮建筑的设计中就是这样做的;另外又加上传统的室内装修,造成浓郁的民族性和地域性。①

因此,1958年梁思成先生到广州对北园酒家的赞赏,是对莫伯治做法的肯定,具有深意。此后数十年,莫伯治锲而不舍地努力将

---

① 见暨南大学出版社2004年9月出版的《岭南建筑艺术之光》一书第1至2页。

中国传统园林艺术运用到现代建筑中，卓有成效。

1959年，为迎接新中国成立10周年并作为节日献礼，建筑科学研究院会同全国各地的建筑专家、学者，主编、出版了《建筑十年》一书。被选入这一巨著的全国40多个城市的几百个新建筑，被认为是新中国成立最初10年中比较优秀的、有代表性的作品。其中包括莫伯治设计的北园酒家。这是莫伯治自建筑工程实践转入建筑创作之后的第一个作品。

几十年来，各方面知名人士对北园酒家的赞誉不绝于耳。

曾任华南理工大学建筑学系系主任、国家首批一级注册建筑师的叶荣贵教授认为：莫伯治设计的园林酒家，合理组织岭南园林中的山、水、植物等诸要素，创造性地利用广东旧民居中的建筑构件和工艺品，创造了富有岭南特色的现代庭园空间，这个影响是久远的，当时北方同行还在致力于古建筑和庭园调研阶段，而莫伯治显然已走在继承和发扬大道上了。

香港《文汇报》发表题为《融会古今，贯通中西》的专稿，评论：

北园酒家正是莫伯治的处子之作。

在那个建筑设计领域折衷主义、形式主义大行其道的年代，莫氏却能以清新的岭南风格和崇尚功能的新建筑设计风格赢得全社会的认可，不能不说是一个奇迹。①

莫伯治的创作是在不断探求之中前进的。他认为建筑创作切忌重复与僵化，只有不断创新，建筑艺术才有生命力。

20世纪60年代初，莫伯治主持了新爱群大厦的设计。旧爱群大厦是当时广州最高的建筑物，要在旧建筑之旁设计一幢新建筑。

---

① 见暨南大学出版社2004年9月出版的《岭南建筑艺术之光》一书第125页。

当时一种意见是将旧建筑扩大。莫伯治设计了新旧对比形式，着意用清新之水平线条处理。在那个保守、凝固的创作方法还有相当影响的时期，新爱群大厦的设计无疑是难能可贵的。

1964年7月，日本著名佛教大师、书法家天门海翁即席挥写"和平友好"的条幅赠给北园酒家。

同年7月14日，著名文学家郭沫若出国赴越南访问前由粤剧著名表演艺术家红线女等陪同，到北园酒家用早茶，酒家职工们迎上去，引过了小桥，直入里厢坐下。

老职工徐伯负责招呼。他得知郭老饮了早茶即将奔赴机场，于是赶紧捧上茶点。郭老边饮边说，谈到过去在广州饮茶，别具一番风味，可惜时间关系，不及细细品茗一番，只有待返国时，再来享受。

职工们敬仰郭老诗名，亦极慕他的书法。他们恳请郭老在倚装待发之际，为北园题赠一首诗。郭老一口答应。可事前没准备宣纸和笔墨，怎么办？有位职工立即走进办公室，拿来一张旧的"菜根香"菜单纸和平时用来写菜单的笔墨，递到郭老面前。郭老立即边念边写：

北园饮早茶，仿佛如到家。
瞬息出国门，归来再饮茶。

郭老的这"急就章"的行草，贵在有"拙味"，老辣劲儿见之于字里行间。

艺术大师刘海粟87岁高龄时，曾到北园酒家宴饮，即席挥毫"其味无穷"大字相赠。

中山大学著名教授商承祚书赠"味道之腴"，以表示对北园酒家菜式的评价。

北园酒家为保持岭南庭园建筑风格尽了不少的努力，更有一大

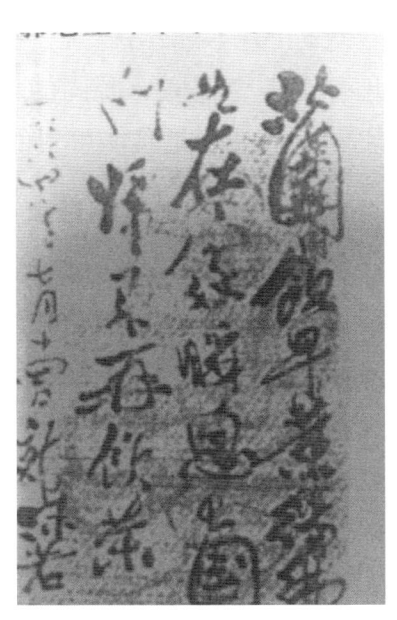

批菜点在国际国内烹饪中屡获殊荣。

北园酒家的厅堂陈设布局别具一格,古色古香,典雅华丽。店内环境幽雅,鱼池石山,小桥流水,曲径回廊,奇花异卉,令人目不暇接。

北园酒家被誉为"凝固的音乐",形容它像传统的丝竹管弦乐器演奏的广东音乐,悠扬、婉转、华丽、动听。

这是莫伯治追求的岭南园林建筑风格的第一步。

在此后的许多年里,北园酒家又陆续获得了诸多荣誉。

1993年北园酒家被国内贸易部授予"中华老字号"称号;1998年经国内贸易部批准北园酒家为"国家特级酒家"。

莫伯治认为中国建筑史里有营养的东西很多。梁思成等前辈的想象力非常丰富,取得了了不起的领先世界的成就。了解他们的想象力,为现代建设提供借鉴,正是中国建筑史研究的意义所在。

莫伯治追求大自然在建筑中复归,善于把岭南园林技术"嫁接"到建筑设计中,把传统庭院融入现代建筑中。他认为,中园庭园往往能够在有限的空间创造出无穷的意境,透过眼前景物的启发，诱使人们联想到庭园外面实际并不存在的山林景象。莫伯治的建筑设计思想对岭南园林建筑设计理论产生了深刻的影响。

七、莫伯治生前好友引领欣赏泮溪酒家

紧接着，在广州市人民政府林西等领寻的直接关怀、支持下，莫伯治又一发而不可收拾地先后设计了广州泮溪酒家、南园酒家等"岭南风格新建筑"。

这些建筑层数不多，功能单纯，体形布局非常接近岭南传统建筑。廊桥仿自番禺余荫山房而略瘦，而又均非照抄，分割庭园及水面空间而不拥塞，细部和尺度都细致推敲过。

在这种"凝固的音乐"里，人们很容易联想起用传统丝竹管弦乐器演奏的广东音乐，如《烛影摇红》《平湖秋月》等等，无不悠扬、婉转、华丽、动听。

耄耋之年的莫伯治生前"忘年交"好友、新中国成立初期任广州市中心区政府房地产建设科股长的潘广庆先生，曾经以《西关传统装饰与荔湾景物庭园》为题，亲自约笔者到广州泮溪酒家现场，讲述了许多鲜为人知的故事。

泮溪酒家坐落在五羊城西部，相连风光旖旎的荔湾湖公园。

这里是1000多年前南汉王刘长的御花园"昌华苑"的故地，也是昔日的"白荷红荔、五秀飘香"的"荔枝湾"。

1947年，广东人李文伦在这片"古之花坞"上创办了一家充满乡野风情的小酒家。当时，附近有5条小溪，其中一条叫"泮溪"，故这家小酒家也以"泮溪"命名。开业之初，泮溪酒家异常简陋，

只用竹木、松皮搭架在荷塘之上，座位 200 余个，职工约 40 人，继 1956 年公私合营、1958 年转为国营之后，在当时广州市西区人民政府的筹划下，泮溪酒家于 1959 年开始了大规模的改建，仍然由莫伯治设计。

1960 年，他通过对中国古代庭园、特别是岭南庭园的研究，结合广州市旧城改造，把广州悠久的饮食文化、建筑文明和地方特色熔于一炉，将泮溪酒家塑造为一座极富岭南特色的现代庭园。

它荟萃了岭南庭园特色及其装饰艺术的精华：外围粉墙黛瓦、绿榕掩映。大门上墨绿色的洒金牌匾，是当年朱光市长留下的墨宝。酒家内的布局迂回曲折、层次丰富、曲榭回廊、流水淙淙，空间架构和装修实用朴素，尽显典雅精美。整个酒家由假山鱼池、曲廊、湖心半岛餐厅、海鲜舫等组成，其布局错落有致，加上荔湾湖景色衬托，更显得四处景色如画。几组园林重景显耀着民族的睿智。如出自广东著名山石名家布谷生、布汉生家族的大型假山，是依据"东坡游赤壁"的图谱而建，巨构精工，与曲桥流水相映成趣。假山上是豪华贵宾厅"迎宾楼"，它博取我国四大名园之精华，楼台飞檐翘角，四面均以五彩花窗装嵌，显得清雅瑰丽。步入楼内，更恍如进入一座艺术殿堂。这里拥有金碧辉煌的木雕檐楣，泛金套色的花窗尺画，均属珍品，连我国考古大师郭沫若也赞不绝口，即席留下墨宝，[①] 叮嘱要细加保护。厅堂内，还有琳琅满目的酸枝家具、名人字画，曾令众多客人叹为观止，称之为中华历史文化和民族工艺的聚焦点。

经过两年的营建，成为驰誉中外的"江南第一家"。

1993 年被国内贸易部授予"中华老字号"称号；1998 年经国内贸易部批准为"国家特级酒家"。

---

① 郭沫若的题诗见 2003 年 4 月由广东科技出版社出版的《莫伯治文集》第 136 页。

泮溪酒家（1962）[①]

在设计、施工期间，莫伯治一天晚上外出散步，往回走时已是华灯初上，眼前整个是一派看不到边的大工地的景象，气氛很令人振奋。他经过建筑工地旁的一堆沙子，发现在灯光的照射下，沙面上闪烁着星星点点的光亮。

莫伯治饶有兴致地蹲下，指尖轻轻地拈住一点亮，放在手心，迎着灯光，这小如笔尖、形如小鱼儿鳞片的金箔，在他手心里闪烁。

莫伯治心想，假如将这堆沙子淘一淘，能有多少金子呢？当然微乎其微，但它仿佛是一个生命，在光的作用下，闪现出金子原本应有的灿烂。他不知道这指尖上的金箔随同这一堆沙子是从哪里来，是从湍急的江河里来，还是从山峦深处来？但他知道它将向何处去，修桥补路或建筑楼厦。

[①] 见暨南大学出版社2004年9月出版的《岭南建筑艺术之光》一书中的第二幅彩图。

他就是时常在不经意间,在宽阔的路面、建筑的石隙间、楼宇的墙面上,发现阳光照射下星星点点的闪烁,那便是散落在沙里的金箔。他总会想象,那留存于流沙里微小的金箔,阳光下做着金色的梦,犹似一个平凡的人,再普通,仍不会失去他的光芒。

潘广庆先生说:由莫伯治主持设计的国庆10周年献礼工程广州泮溪酒家,被视为全国最大的园林酒家,前座基地面积约4000平方米,建筑面积2700平方米,造价每平方米约80元,客容量为1200人。泮溪庭园运用中国园林的优秀传统手法,有赏心悦目的庭园绿化,在风景线方面与荔湾湖结合在一起,利用旧有的建筑砖石和装修材料,保存了民间建筑工艺精品,在建筑基地南北狭长的条件下,采用内院分割布局,使厅堂尽量南向。厅堂、别院的主要部分以游廊相接,组成院落……泮溪是莫伯治大师第一个获全国大奖的设计项目。

潘广庆向本书作者咏慷介绍情况

潘广庆先生说:莫伯治一直认为泮溪庭园属于人民大众。在中国历史上,历代庭园一直是由豪门大宅、官宦人家所拥有和专享,一般劳动大众无权进入,更不用说坐下来观赏了。莫伯治在20世纪

50年代先后完成北园、泮溪两座园林酒家建设以后,一再表示,集岭南建筑装饰精华而建的"泮溪楼阁"是为人民而建的庭园,普罗大众都可以进入,坐下来享受。为此他把泮溪的门厅、大堂的装饰列作重点,使用了高级的屏风、高雅的企样和大型的彩色花罩作内厅分隔,瓦面之下是雕饰精美的烧猪盘式天花,连大厅东端的小苑,也配上到脚的斗心木花罩,使人们透过通花洞门看到小苑内的石笋和棕竹,雅致幽香。市民可在每天的早、午、晚的开放时间看尽中国岭南庭园景色。莫伯治作为一位研究中国庭园建筑的工程师,"立志为民,古为今用"的精神至今仍令人肃然起敬。

潘广庆(右2)和咏慷(左2)李华(左1)李德祥

潘广庆先生介绍:泮溪庭园堪称20世纪60年代以来最伟大的石山工程之一。它的中庭内院,曲廊环绕,高低错落,平湖水上的巨型石山,是广东布氏家族传人之作。"源于自然,晃似天然",取意于苏东坡游赤壁,雄伟壮观。20世纪60年代,海外报章把泮溪的巨大石山群称为20世纪60年代前最伟大的石山工程。泮溪的堂石山池洋溢着喜悦气氛。在朴素淡雅中求精美,无半点争奇斗巧之意。1962年广州市委焦林义书记带领干部察看城建工程,一行约10人从市政府乘车出发,先看河南晓港公园的入口门楼,后到623路看骑楼的加层装饰和逢源路华侨公寓选址,余下时间一同到泮溪酒家察看。焦书记在迎宾馆厅走廊观看了泮溪的庭园景色,十分高兴,笑问谁设计的?其时莫伯治就在后边,经介绍后,焦书记似如初识点头微笑,表示赞赏。说来也巧,焦书记此行,为泮溪工程的财务处理带来生机。原来泮溪前身是几间建在水塘上的大木棚,木料因日久失修、破烂不堪而被拆除。1959年西区商业局以自有人民币5万元进行改建,仅及实际需要经费的1/5左右,区领导只好把区内公房拆下旧料借用,区工程队参加泮溪建设的工人不少是高级师傅,他们要拿工资,也只好由当年荔湾区房管部门列支。按当时吴新民区长的主张,区房管部门投入资金、材料后,拥有部分产权,有利于调动各方面的积极性。他多次告诫干部,荔湾区是广州市的一部分,荔湾区的建设搞好了,就是为广州市争了光。但是市房管部门不同意。问题反映到市委,我们不知内情,几次将泮溪筹建情况上报,顺作了些检查,也对不上题。至1963年召开水上居民住宅建设会议,由焦林义书记主持,会后邝局长要与会的市中心区吴新民区长和我去见焦书记,追讨区房管所负泮溪工程的列支,气氛有点紧张。由于焦书记熟知泮溪情况,当场决定,资金问题由市委研究解决。不久由市委办公厅发文,市财办拨款,填报了房管部门的垫支,问题才获得圆满解决。

潘广庆先生接着介绍:泮溪酒家建成后,即被列作广州市的重点接待单位。1963年为迎接国庆15周年,市人委秘书长黄达明亲自主持来往路线的整治(省迎宾馆至泮溪),其间还传达了中共中央中南局第一书记陶铸同志"房屋要有个好容貌"的指示。故整顿工程持续了两年,荔湾区从西门口起沿中山七路,一股经陈家祠抵省民间工世馆,一股由荔枝湾路转达入龙津西泮溪酒家。有新建项,有就地改建,繁简不一,务求整齐、美观,面目一新。当年十大元帅中有贺龙、陈毅等9位先后来此做客。文化名人老舍、赵朴初、郭沫若等亦先后光顾。1962年老舍有"短诗莫遣情谊荡,糯米

潘广庆（右2）和咏慷（右1）李华（左2）李德祥

支红再来游"题句。外宾也纷纷以各自文字为泮溪题词。当年广东省省长陈郁、副省长林李明等常因外事需要到泮溪指导工作，参与接待。外宾座驾由荔湾湖东门进入，沿路粉竹修篁，经湖滨小路，在花木榕荫间下车，自是湖光水色、雅静清幽。1961年陈学群先生写下："绕曲径登楼，窗明几净，四害无影无声，凭栏间眺，一池绿水蓝悠悠，江山如此多娇，愿临风把酒、暮暮朝朝"的词句。苏联建筑师代表团曾赞美"泮溪是一首完整的建筑艺术交响诗"，"展现出丰富多彩的中国建筑艺术"。泮溪庭园可说是誉满全球。赵朴初先生曾多次登门并写下了诗词："一席东西南北，千秋色味声香，好携美意去扶桑，他日同来共赏，凑个小词半阕，输君佳酿三觞，不嫌钉铰打油腔，聊当秧歌一唱。"

潘广庆先生在介绍中又提到广州市朱光老市长对泮溪酒家的特殊关怀——他在泮溪建设过程中一再到工地察看。1960年初还亲自为泮溪题书牌匾。据当时在场的陈宏权先生回忆，朱光市长用旧报纸写了几张"泮溪酒家"的招牌大字，任由选用。刻石后，当他发现凿字以金箔贴金，立即提出，传统里中国题字一般用的是墨绿色的，建议依照传统改回墨绿色，还指出泮溪与荔枝湾湖是同一景区，因而后院落临湖处应有上落码头，使之与湖中游艇融合自如。码头与船只可插上酒旗，以利于溯古通今。大家为朱市长的广博知识所感，都一一照办了。他"楼台风月约相知，共话太平时"的词句，足以涵盖他在离任前对泮溪酒家的祝福和期望。

莫伯治在设计时十分注意汲取意见和建议，使泮溪酒家日后不断完善。

由于原先未完全预料到在接待中酒家业务发展的迅速，一些设计中的问题渐渐暴露出来。最早暴露的是卫生间不足。作为泮溪酒家别院的北楼，由于内院环境清幽，船厅与半庭有利于分厅接待来自不同国家和地区的宾客，但却没有厕所，给接待工作带来了困难。经研究后莫伯治同意在北楼梯侧增设两层厕所一座。迎宾厅二楼临湖处原有凹廊阳台，人在其中可眺望湖水，柳岸林荫，十分惬意。一次外事部门接待一个外国经济代表团，需要有近30个席位，可是3个连廊开间只能摆两桌，为此莫伯治同意将凹廊装饰外移，又为保持贵宾可以临廊观光，决定沿外墙增加一条平廊，满足功能需要。

由于修建资金不足，后湖岸只是土坡泥路，缺乏修饰，而由市建委拨款5000纳入市政项目，由市服务局在湖边建游廊，附中心水榭和小北厅，形成以一株百龄古榕为中心的后院，进一步扩大了泮溪的接待能力。庭园楼阁，颇有大家气派。一间建筑用地在120~150平方米之间，难于分散使用，而不同的客人又要求有各自独立的厅房，一些大厅的端处难于分间使用。泮溪石山背后有地厅，外墙部分贴石连成一体，临湖处有小石径可通，原设计有窗无门，形成断路，为使用需要，酒家决定将窗口改成六角门，让客人可由石山下进入。门顶上题名"洞湖"，小径通幽，有"柳暗花明"之感。

莫伯治看后十分高兴,说:"你们帮我写了完美一笔。"

人所共知,泮溪酒家的修建材料主要来自"西关大屋"拆卸之旧料(砖、石、木料、旧屏风、窗、横楣、木雕、花罩等),可说是集岭南庭园文化和清代房屋装饰文化精华为一体,其青砖石脚大屋,楼阁亭台,古朴典雅,彩色门窗,晶莹剔透,山石湖池,回廊山桥,古榕垂柳,曲径通幽,具有极高的观赏和实用价值。……为以后的不少电影如《孙中山》《乾隆》《广州故事》等提供了场景,功不可没。堪称是:晴窗茶泛绿,明月酒浮香,好一派"槛外亭亭入画图"的旖旎风光!

泮溪酒家落成后,各界名人宾客题诗接连不断——

1962年2月17日郭沫若副委员长题诗:

盘中粒粒皆辛苦　槛外亭亭入画图
齐国易牙当稽颡　随园食谱待耙疏
隔窗堆就南天雪　入齿回轮北地酥
声色味香都具备　得来真个费工夫

左起:戴复东、尚廓、莫伯治

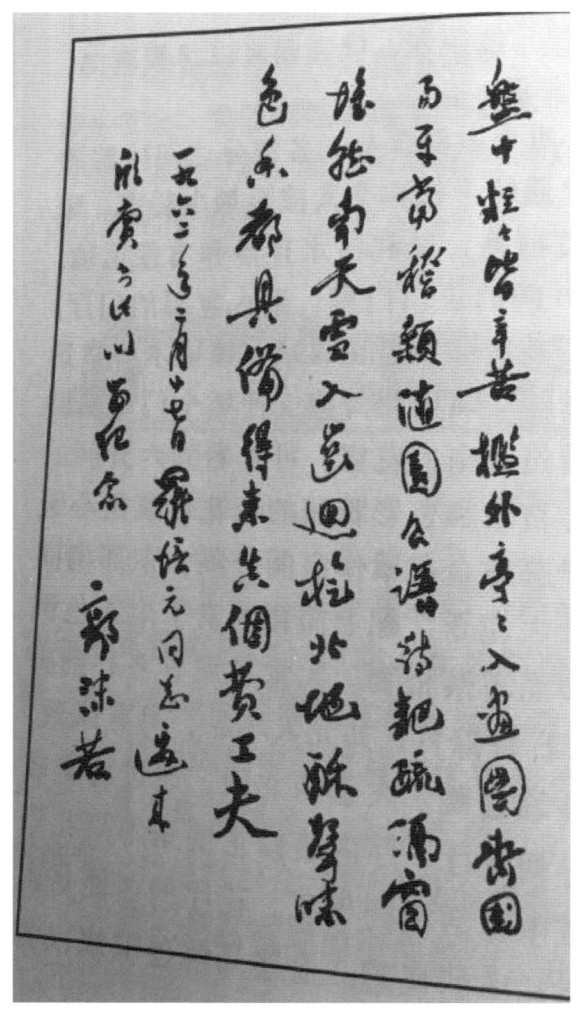

郭沫若的题诗

1961年7月30日，广州市长曾生将军宴客，一客人献诗：

少小来泮溪　清池水一流　上有芰荷香
儿童陌边行　陌上野人家　偶筑名莲苑
池中屋数椽　竹床煮甘泉　暑炎便行客
棺荫昼不喧　时亦作糕点　精口四外传

三十来泮溪　野塘草丛生　泡水浊不耐
蚊蝇群逐人　数椽而风雨　屋漏溅衣裙
如今仅十载　郊野成花苑　池水复澄清
雕画及高瓴　人民姿游息　长幼共联翩
喜客遇市长　增此一日缘　汛溪高阁上
名厨美口陈　席前无古人　忽忽廿余载
解放天地新

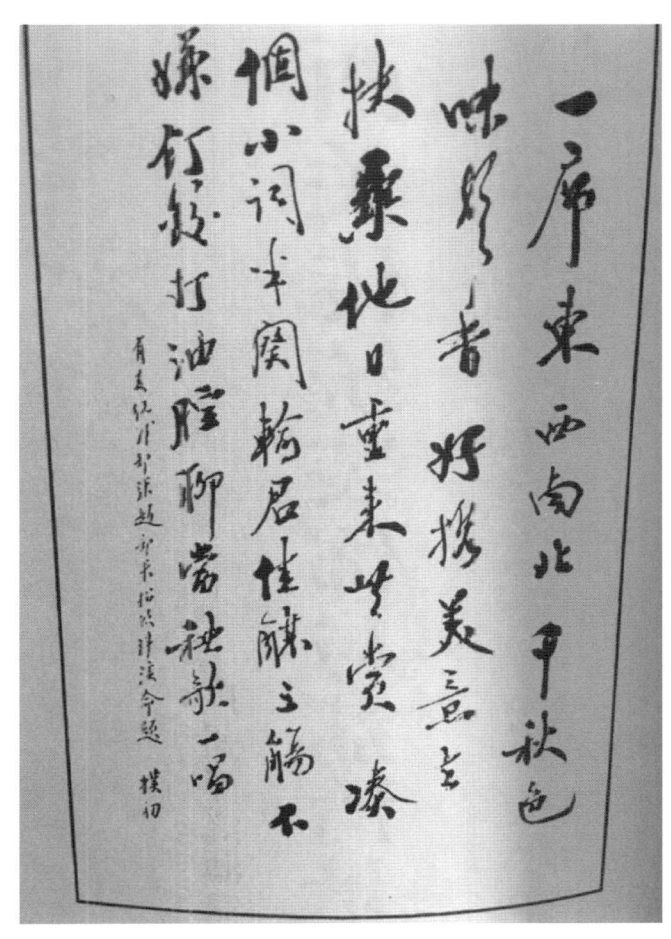

赵朴初为泮溪酒家题诗

1962年著名作家老舍先生题诗：

南北东西任去留，春寒酒暖泮溪楼。
短诗莫谴情意荡，糯米支红再来游。

1963年3月10日中国国民党革命委员会领导人朱蕴山题诗：

十日泮溪再度游，精神物质两丰收。
此行不敢多留句，郭老题诗在上头。

日本友人白土吾夫题联：

广州夜半雨，游子旅情多。

1963年中秋节，日本友人西村关一题联：

食在广州，友在中国，月在中天。正是：
泮水漾清池　胜地风光留客醉，
溪泉隣上苑　荔苑景色驻春晖。

作为国家特级酒家，泮溪酒家在全国各地开有多家分店，是中华餐饮名店。它与北园、南园一道，合称为广州的三大园林酒家。

泮溪酒家从20世纪60年代初成为最宏大、最负盛名的园林建筑，至20世纪80年代末仍然保持全国最大园林酒家的地位。

现在的泮溪酒家，除了保持传统和创新粤菜外，还增加了川、鲁、淮扬、潮州和亚太（地区）菜，使泮溪酒家初步成为集饮食大成于一体的"美食园"。

最近几年，泮溪酒家还获得了"中华老字号"全国旅游系统优质服务单位、广东省省级先进企业、广州市文明服务示范单位、广州市卫生模范单位、广州市著名商标等荣誉称号。

八、关注水环境的作用

据潘广庆先生回忆,那段时间,莫伯治还设计了南园酒家等有鲜明岭南风格的建筑。

这多项优秀设计,使他在不断探求之中前进。莫伯治认为建筑创作切忌重复和僵化,只有不断创新,建筑艺术才有生命力。他主持的北园、泮溪、南园3个园林式酒家的设计,就分别有20世纪50、60、70年代这三个不同时代之特点。即使是同一个泮溪酒家,在60年代以假石山做登山廊,到70年代使用一个现代建筑空间之错层处理。他极力主张建筑创作反映时代之特点。

莫伯治1960年绘制的南园酒家设计图,审图者是广州市中心区张文区长,批示的是朱光市长。据考证这可能是朱光调任全国对外文化联络委员会工作前最后一份业务批文。

总之,莫伯治以超强的使命感,几乎与社会同步地用几件大作品记录下岭南风格建筑的前进步伐。

在与潘广庆先生的交谈中,我们都感到在诸多影响岭南风格建筑的因素中,莫伯治特别关注到一个重要的因素——水环境的作用。

的确,水对人类文明的发展具有重要作用,不仅在人类文明之初为其提供了生活和生产所必需的水源及物资,也是人类迁移的主要通道之一,还催生出统一的国家,并对人类精神文明创造产生了巨大影响力。但与此同时,人类在水面前也不是完全被动的,而是会发生不同形式、不同程度的互动,并且往往起着很大的作用。

在学术面前,莫伯治不唯书、不唯上、不唯权,只唯实,实事求是地坚持自己的学术观点,令人信服,也令人佩服。他的一些设计让人耳目一新,神清气爽。

南园酒家(1962)①

莫伯治在12岁之前一直生活在珠江口的农村中。在天然的田园风光和淳朴的人情关系潜移默化的熏陶下,他形成了一种田园审美习惯,莫伯治形容这是"一种直觉的原始感性认识"。珠江三角洲,水网交织,田畴村落星罗棋布,生于斯,长于斯,岭南文化的独特气质深深植入到莫伯治的灵魂深处。

的确,从古至今,水的作用都是非常大的。首先,它是人类生产生活的必需物资,居民日常生活需要大量饮用水,农业灌溉也离不开水。水在古代还常常被利用为战争攻防的重要手段,古时候,

---

① 见暨南大学出版社2004年9月出版的《岭南建筑艺术之光》中的第三幅彩图。

很多城市的外面都设置有护城河,通过引入自然河流的水来制造水障,保护城市的安全。当然反过来,攻击一方也常常利用水来进行攻城。其次,水还是重要的交通运输途径之一。中国古代水路甚至是大宗物资的主要运输方式之一。一座城市综合水环境的优劣也是其能否兴衰的要素之一。

因了有丰富的水利资源,我国的岭南地区、特别是珠三角一带,逐步得到了大规模开发。

莫伯治想到,在人们的寻常观念里,"美"是由诗人和画家等艺术家创造的。每个创造美的人都孤峰独秀、别树一帜。其实,美符合多样性的差异,还拥有一个相对稳定的终极态,和谐统一的美的系统。这种差异与和谐的统一,就是系统科学的思想及方法。如果用建筑来比喻人类创造的各个学科,科学应该是结构严谨、钢筋水泥构筑的摩天大楼。一代代科学家们用数据、勘察和实证作砖瓦,垒建起科学的底层逻辑,推动经济社会的发展。美学则是玲珑婉转、小巧雅致、伴有淙淙流水的亭台楼阁,建筑师们用超凡的想象和精妙的思维,搭建起审美之桥,让欣赏者们流连忘返,欣然陶醉。在人们日常的观念里,科学仿佛有着一副严肃和冷硬的面孔,与美无关。那些精巧的计算、严格的推理、紧密的逻辑让人望而生畏。但莫伯治等却独辟蹊径,为人们勾连起科学与美学的对照与感应。

在莫伯治的许多建筑作品中,水的元素都或明或暗,或直接或间接,或显豁或隐晦地存在着。人们每每来到这些建筑旁,就会看到一股清流,从花木深处泻于石隙之下,硕大的莲叶如盘如盖,层层叠叠,荡碧飞绿。再近数步,又有满眼苍翠,佳木葱茏,奇花烂漫,清香扑鼻,雕甍绣槛,鸟声婉转,微风柔顺。泡一壶山泉水,隐于山坳树槿之间,俯而视之,可见清溪泻玉,石磴穿云,白石为栏,环抱池沼,小桥通清澈之溪,曲径接天台之路。石中清流滴滴,篱落飘香;树头红叶翩翩,疏林如画。结三间临水之轩,别有幽情，倍添韵致，时间变得很慢、很慢，似乎被世界所遗忘，拿起茶杯又仿佛拥有全世界，宛若这片山水都是为吸引自己而存在，而美丽，而动情，或放声而歌，或忘我吟咏，或微闭双眼，手指轻叩木椅和音……成为人们聚会交谊的场所。一杯热茶摆在面前，彼此如果是知己的朋友，可无所拘束地漫谈，从家长里短说起，一直说到社会上的大事，各谈各所愿意谈，各所能谈的东西，这是多么畅快的事！

总之，在进行和倡导岭南风格建筑的设计时，莫伯治特别关注到水环境的运用。他和老朋友夏昌世合写的论文《中国古代造园与组景》中专门写道：

造园设"景"，是由景物构成的。景物之于"景"，犹之乎词汇之于文章……"景"是自然界风景的再现（不是重复的模仿，而是经过艺术的加工），……古代造园常用一些景物，举例如下：

1. 水型

（1）海——是宫苑大型园林常用水型之一……

（2）池沼——也是宫苑常用的大型水面……

（3）湖——是大型水面之一……

（4）池塘——庭园小水面……为小型庭园不可或缺的景物构成。……

（5）河——沿河设景……将小河涌分截作内庭处理……

（6）溪涧——大型园林，有林泉资借……在庭园之内，由于溪涧是线状水型，水面较小，创造空间比较灵活……

（7）潭——是指深的水型而言，在自然景物中，潭通常在瀑布之下，积水成潭；潭的空间是和峭壁连在一起的，水倒不一定很深，在庭园中小水一泓，周以深岩峭壁，也有潭的意境……

2. 水岸

（1）洲渚——天然江湖中，常见有逐渐淤积起来的沙洲，洲一般平接水面,在湖山型的园林中,由于多数因借天然水面,整理穿凿成湖,因此多有洲渚之胜……

(2)岛屿——岛与屿一般指突出水面的小山而言……实际上就是水面上筑小岛。……①

莫伯治在岭南园林的瀑布前与外国友人交谈

同样是莫伯治和夏昌世在合写的论文《粤中庭园水石景及其构图艺术》一文中写道:

水石是庭园的特殊空间组织,它和建筑、绿化等空间交织在一起,错综掩映,构成庭园优美的轮廓。水石空间结构,主要是为扩大内院的空间感觉,使原来平淡板滞的局面变成有高低起伏、曲折

---

① 见《莫伯治文集》第19页。

幽深的自然景致。运用的手法有：

高低起伏：起是堆山，伏是挖池，使平地高差加大，自然院内空间亦随着扩大了。……

迂回曲折：透过水石景的空间，有意识地组织一条回环曲折、起伏盘旋的游览路线。如泮溪酒家在山池水石间，沿壁下有一条蜿蜒的山径，穿洞越岩，南端接石板桥，转折升至东面桥廊，攀登爬山廊而至壁山顶，有楼在焉；复经另一石梯下至山径的北端，为岩洞的出口处。结合水石布局，这条路线起伏多变，宛转自然。

互相渗透：亦是两院之间过渡处理的一种手段。特别是在两个密切相邻的小院，彼此局限于各自范围之内，倘仍以墙或其他建筑物来划分，空间定感非常狭隘。如果运用渗透方法，以水面联系两院，池岸叠石景若断若续，可使两个内容个别的空间交融起来，成为一个整体，风景线不局限于一个院内，景物范围也就扩大了。①

    莫伯治用精密的设计告诉人们，建筑学是美的。尤为令人惊喜的是，莫伯治创造性地通过小桥流水等"小作用量"的精巧设计，展现出与外界和谐的大美。和美术作品比照，齐白石等大师的画，以简为魂，无疑是"小作用量"原理应用在美学上的极佳案例。他们笔下的小桥流水、花鸟鱼虫，颜色上仅以黑白勾勒为主，画面上留有大幅空白，可谓"减法"做到了极致。但他们雄浑滋润的笔墨，简练生动的造型，淳厚朴实的意境却在近现代中国画坛无人能及。这种"笔愈简而神愈全"的创造，无法而法的高妙技法，给欣赏者传递的艺术能量也是丰沛而巨大的……设计建筑作品也是同样的道理。

    古今中外，关于"美"的讨论可谓汗牛充栋。许多建筑大师都有一套完备成熟的理论体系。放眼华夏悠久的文明历程，关于

---

① 见2012年7月由中国建筑工业出版社出版的《莫伯治文集》第53页。

"美"的说明也俯拾即是。从先秦诸子的百家争鸣,到魏晋南北朝时期的幽玄放诞;从唐宋时期的丰赡璀璨,到明清时期的平和冲淡,华夏美学一路生发演变,建立了神形不灭的言说传统和层次丰富的美学精神。

这几座仿古建筑式的酒家都掩映在浓密的松柏花草间,大字牌匾赫然入目。推门进去,红柱灰墙、古香古色、白色连廊、书画映衬,一派安静雅致,每天吸引众多食客,让人流连忘返。它们成为市民们能常常寻得的让人心灵"静下来"的好地方。

莫伯治不拾人牙慧,凭借其建筑学深厚的文化底蕴,用展品说明,美是符合科学的逻辑和标准的。

那些巧妙的梁枋构件,丰富多彩的门窗样式,栩栩如生的砖雕艺术,精巧自然的装饰之道,都给人以艺术的享受。

九、白云山庄旅舍等呈现出另一种格调

北园酒家一炮打响后,莫伯治又得到梁思成先生的鼓舞,在1960年和1962年分别设计泮溪酒家、南园酒家。而且,随着白云山庄旅舍、矿泉别墅等众多富有岭南特色的建筑的陆续落成,莫伯治声名鹊起。

在莫伯治推出广州泮溪酒家、白云山庄旅舍、双溪别墅和广州宾馆等作品的同时,广州著名建筑师夏昌世和佘畯南等人也有许多新作问世。

莫伯治的老朋友夏昌世是另一个东莞籍中国工程院建筑类院士何镜堂的老师,曾经担任华南理工大学建筑系的主任。

佘畯南则是广东潮阳人，1915年10月生于越南，1941年10月毕业于交通大学唐山工学院建筑专业。他1951年4月从香港返回大陆，1957年加入中国共产党，曾任广州市设计院总建筑师、名誉院长，被评选为中国工程院院士。佘畯南1998年7月29日16时因病医治无效在广州逝世，终年84岁。

夏昌世、佘畯南两人新作的共同特点与莫伯治设计的作品相仿：适合当地气候条件，空间通透，体型轻快，色彩淡雅，绿化丰盛，与同一时期我国大部分地区"仿苏"的建筑形成明显的对照，引起建筑学界的注意，人们称这些建筑为"岭南新建筑"。

1962年莫伯治设计的广州大厦白云山庄旅舍位于白云山摩星岭东南山谷。

从广州市中心驱车十几公里，就到了南粤名山之一的白云山。数十座山峰簇集，主峰摩星岭，海拔不过400米，却是广州最高峰，浮在城市众多楼群汹涌起伏的浪涛上面。

据查：广州始建于公元前214年。商代称"南越"，周代称"百粤"，《汉书》称"南粤"。白云山早在广州建城前的远古就闻名于世，战国有名士出入，晋朝有道士炼丹，南梁有禅师建庙，宋代以来历次评选出的"羊城八景"中有"景泰归僧、蒲涧濂泉、白云晚望、白云松涛、云山叠翠"，等等。

历代传说的主角是最朴实的羊和谷穗：周时广州连年灾荒，五位仙人骑五羊从南海驾云而来，羊衔五色稻穗赐予百姓。羊和谷穗是朴实的象征。而朴实，是执着，也是宽厚；是恪守，也是容纳。

它是广州的名片。人们常用"白云珠海"来特指广州，"白云"指的就是白云山。

漫步白云山，只觉空气清新，满目林木花草，令人流连忘返。

从古至今，白云山的美景吸引了众多文人志士来此一游，宋代大文豪苏东坡也曾多次来此，并留下《广州蒲涧寺》一诗。

> 不用山僧导我前，自寻云外出山泉。
> 千章古木临无地，百尺飞涛泻漏天。
> 昔日菖蒲方士宅，后来薝卜祖师禅。
> 而今只有花含笑，笑道秦皇欲学仙。

相传当年，广州城瘟疫肆虐，苏轼分析发生瘟疫的主要原因是饮水不洁，便提议在白云山滴水岩下凿一石槽，承蓄百尺飞涛之水，再用五管并排的大竹筒，顺着地势将山上泉水引到广州城内。这个方法实施之后，很长一段时间广州不再发生瘟疫，这也被称为"土自来水"，于是有了《东坡引水》的典故。

如今，古寺虽已不见踪迹，但诗里的景色仍可观览。山间林木高大茂密，蒲涧犹在，泉水蜿蜒。人们走到微汗时，掬一捧溪水于脸上，溪水流到嘴边，甘洌清爽。

白云山庄旅舍于1964年落成。平顶薄檐，曲折转合，朴实无华，却也意趣盎然。

1965年，周恩来总理来广州后就看上了它，用它来接待外国来宾。他和陈毅外长每到广州，必选此处作为下榻和晤谈之所。这个与日常的柴米油盐拉开了距离，又渲染着人间烟火、诗情画意的山间小筑，至今还被认为是莫氏风格的说明书。

在广州，粤语、普通话、客家话皆有流行；柱式门廊、柚木门窗、小庭院印证着多元文化的并存；避雨防晒的骑楼，门廊串成廊道，沿街敞开；"食在广州"无可争议：国中各大菜系、民间美食以及西方食谱，融会贯通……平凡的欢喜快乐充满了烟火气息。踏实的日常岁月，不张扬，不炫耀，不骄矜。

这一切氤氲了白云山的文化品质：平和，素净，冲淡——没有陡峭壁立的巉岩，没有惊心动魄的峡谷，没有高不可攀的巅峰，没有矫揉造作的仿古楼阁，没有怀旧自恋的府第遗址，没有不可一世的富豪别墅。一如粤地乡间随处可以邂逅的村民，你随时可以坐下歇脚，畅饮主人用药材煲制的糖水或凉茶，听他们叙说祖上的来历，村子的变迁，在城里工作、上学的儿女，从而忘却一路的疲惫。

沿海的亚热带温暖多雨，光照充足。四季常青、花团锦簇的"花城"，年均气温不足22℃，是中国年均温差最小的大城市。而白云山因其地理上的优越，对城市生态构成极佳的调节，是广州的"市肺"。

一座体量庞大、气象繁华、人口稠密的现代都市，有这样一座山，的确是一种福祉。

摩星岭在不知不觉间出现。白云山庄旅舍三面环山，东临深谷，冬暖夏凉，依地形起伏而筑，窗含山色，曲径回廊，泉流穿屋，明显走出了广州北园、泮溪、南园等酒家的阶段，呈现出另一种格调——依地势而建，以"藏而不露"和"缩龙成寸"的手法将庭园景物融合在大自然中，演绎了我国的传统文化，同样堪称岭南建筑的代表作。[①] 1965年董必武同志亲临手书"山庄旅舍"4字，其石刻已镶于正门。

白云山庄旅舍总建筑面积为1930m^2，有11个套间客房，其他有会议室、餐饮等，原是一个小型的特殊的宾馆建筑。它的位置也很特别，在一个地形多变的幽美的溪谷山林之中。莫伯治遵循《园治》总结的原则，"将不同功能的建筑空间分散成为独立的小体量建筑，然后将这些小体量建筑采用中国传统的建筑群布局手法，组织成大大小小的庭院体系，并在庭园中运用山池树石，按一定的诗画意境组景，庭院景物融合在建筑群中，展开多层次空间和丰富多彩的庭园体系。""山庄的庭园组合，由于溯山溪而上，地势逐段上升，建筑或临溪或临崖，因而在建筑群体空间结构上虚实交替，起伏较大，在有规律的组合中，显得更为丰富活泼。"应该说，在采用中国传统园林和建筑布局手法方面，这座山庄旅舍已达到"精而

---

① 见2003年4月由广东科技出版社出版的《莫伯治文集》第287页。

合宜者也"(《园冶》语)的地步。

当然,这只是一个方面,另一方面,旅舍又采用了许多明显的现代主义的建筑元素和"语法"。例如,屋顶平而薄,屋檐是简单的直线,柱子细而直,无柱头柱础之分,柱子与地面及顶板间没有任何过渡的东西。门窗简洁,有许多大玻璃面,有不少玻璃屋面,型钢直接裸露出来。栏杆处理简洁,等等。这些做法是采用现代建筑材料和结构,满足今日功能需要的结果。这里透露着重理性讲效率的精神,体现一种新的审美观念。从来源上看,显然受到西方建筑师柯布西耶、密斯凡德罗等人20世纪前、中期的建筑作品的启示。而莫伯治在这个山庄旅舍的设计中把上述两个方面结合到一处,且结合得如此巧妙,处置得如此恰当,使两个从不同的文化中来的异质的东西,相得益彰,并且融成一种新的和合物,这无疑是值得赞美的创造。于是,这个山庄旅舍是既传统又现代,既是东方又是西方,既有诗情画意又有舒适便利。据说当年这里曾被周恩来总理选作与外国领导人会谈的场所,绝不是偶然的。

1934年,71岁的齐白石曾经精心描绘了一幅《芭蕉书屋图》,几座山兀自隆起,芭蕉林里藏着两座红砖黑瓦的房屋。这幅山水画,让人想到齐白石1919年在《老萍诗草》中所说的一段话:"山水画要无人所想得到处,故章法位置总要灵气往来,非前清名人苦心造作。山水笔要巧拙互用,巧则灵变,拙则浑古,合乎天趣。"此画可以算作得天趣之佳作了。芭蕉书屋,可以读书,可以听雨,可以修身养性,净化心灵。南方多雨,雨打芭蕉,天籁声中,一个读书思考的好地方。

白云山庄旅舍堪称好地方。三五好友,在此喝喝茶,聊聊天,肯定能笑声不断,春意盎然。

在一次朋友小聚时,莫伯治真诚地感谢大家光临,说:"等我们再设计几个建筑问世,请你们再来!"说完,挥杯一饮而尽,那神情、那动作,很有一点豪壮的味道,使人感到这是一个对人生、对世界已经有了成熟而稳定的见解的人，他富有生活的经验和智慧，气魄宏大，全局在握，创造力正处于磅礴喷发、葱茏繁茂的阶段，人们只能静静地等待他实现预定的目标，然后再来估量、评说他。

白云山庄旅舍（1962年）①

不少建筑专家在白云山庄旅舍落成的20世纪70年代曾慕名前去参观，那里的建筑与园林之美使他们惊叹不已，至今难忘。后来他们在国外看到许多有名的、被公认为世界一流的建筑作品，冷静思之，认为在莫伯治的众多作品中，白云山庄旅舍是最有价值和最美的一个，它属于世界级优秀建筑之列，人们纷纷赞叹：如果说北园酒家等三个酒家如广东音乐，那么白云山庄旅舍便好似小提琴协奏曲《梁祝》，那是中西两种音乐文化融合的精品。

当然，后来他们中的一些人听说现在那里的商业活动给建筑与

---

① 见暨南大学出版社2004年9月出版的《岭南建筑艺术之光》一书中的第四幅彩图。

环境造成损害，都很希望那座山庄旅舍能得到广州市的重视，使其作为一项建筑名作，恢复和保持它的原有品质。

莫伯治庭园空间组合的设计思想，在他设计的白云山庄旅舍中得到了充分的表现。另一方面，白云山庄旅舍又采取了许多明显的现代主义的建筑元素，把中西方文化两种异质的东西融合一体，抒情华丽。

白云山庄旅舍建在地形多变的溪谷山中，建筑或临溪或临崖，虚实交替，起伏跌宕，非常丰富活泼。庭园景物融合在建筑群体中，并与周围山林结合得自然而贴切。

"令居之者忘老，寓之者忘归，游之者忘倦"，这是莫伯治希望自己的建筑作品能达到的理想境界。

莫伯治在新建筑前

曾任华南理工大学建筑学系主任、国家首批一级注册建筑师叶荣贵教授评价：莫伯治设计的园林酒家，合理组织岭南园林中的山、水、植物等诸要素，创造性地利用广东旧民居中的建筑构件和工艺品，创造了富有岭南特色的现代庭园空间，这个影响是久远的，当时北方同行还在致力于古建筑和庭园调研阶段，而莫伯治显然已走在继承和发扬大道上了。

白云山庄旅舍等把建筑融合在山林环境中，从传统和地方建筑艺术中汲取养分，演绎完全现代化的空间结构，为岭南新园林建筑树立了样板，影响持续达数十年。由此，莫伯治闪烁着岭南建筑光芒的卓有成效、丰富多彩的建筑成就，被业界人士称赞为"岭南建筑之光"。

1980年，美国建筑师代表团参观白云山庄旅舍后，大为赞叹："想不到在中国有这样了不起的建筑师！"

与此同时，广州著名建筑师夏昌世、佘畯南等人，也有许多新作。

20世纪50年代，莫伯治就突破了封建士大夫式的意识对园林形式的束缚，探索出新的风格和形式。

1960年，莫伯治通过对中国古庭园、特别是岭南庭园的研究，结合广州市的旧城改造，把广州市悠久的饮食文化、建筑文明和地方特色熔于一炉，将广州泮溪酒家塑造为一座极富岭南特色的现代庭园，园内曲榭回廊、流水淙淙，空间架构和装修实用朴素，尽显典雅精美。

改革开放之后，莫伯治又以敏锐的触觉，将现代主义的建筑理论与中国传统的建筑理论相结合，丰富和发展了岭南建筑中园林的理论和表现形式。他把岭南建筑中的池馆、水、石等设计手法与技巧融入现代建筑之中，实现了岭南园林与现代建筑的融合，拓展了岭南建筑的空间形式，提升了中国园林的意境。

十、建筑大师关注民生

莫伯治作为一代建筑大师，更时时关注着民生建设。

莫伯治

　　著名的海珠广场，位于广州市的中轴线上，原是海珠桥北桥头地段。自清代至抗日战争前，这个广场附近是广州市中心最繁盛的商业区之一。日本帝国主义侵略我国期间，海珠广场遭受到大规模破坏，沦为废墟。抗日战争胜利后的国民党反动统治时期，又是灾区瓦砾，从来没有清理过。新中国成立前夕，国民党反动派溃退时，还将海珠桥炸毁，灾区附近更是一片荒凉。

新中国成立之后，1950年广州市人民政府通过以工代赈，全面清理了灾区的瓦砾。为了便利珠江南北的交通，人民政府迅即决定修复海珠桥。这项工程于1950年竣工，还进一步清理全片灾区的瓦砾，利用空地布置绿化，使居民们多了一个休憩的场所，并在维新南路口，设置盘旋绿岛，调节交通，逐渐形成一个既交通便利，又可供市民游憩的桥头广场。

广州市民及侨胞，常将海珠广场作为我国社会主义建设蓬勃发展的标志之一，亦为外宾与归国华侨参观必到之地。

莫伯治认为，海珠广场建设初期，根据当时的条件，以清理瓦砾、绿化废墟、解决交通为主，对周围建筑物尚未作具体布置。它地处广州繁华的中心地带。随着城市的发展，老城区的人口密度越来越高，社区的情况也越来越复杂。随着社会主义建设的发展，对海珠广场的建设也必定提出进一步的要求。因为海珠广场的位置邻近长堤路、永汉北路、中山路等几个全市性商业地区，交通四通八达，经济活动方便，附近原有不少大型服务行业，如爱群大厦、新亚酒店、大同酒家、百货公司、人民剧院、广州电影院等，所以在这里建设一群大厦，与附近服务业综合利用，作为对外展出经济文化活动、接待外宾游客等使用，可以尽量发挥原有服务业的潜力，减少国家投资，并收到活跃对外经济贸易、改善旧城面貌的效果。

细究起来，海珠广场的性质，取决于下列几个因素：

1. 广场形成的历史过程及其附近企业协调的关系，广场建筑群与原有服务业的综合使用，使它成为一个对外接待及经济文娱活动的中心；

2. 广场为南北及东西交通线的交叉点，而以广场为其枢纽，起到组织及调节交通的作用；

3. 广场在规划上处南北中轴的中心点，轴线北端为越秀公园、中山纪念堂、市人委大楼及其前后广场；南面经晓港公园至河南中心——刘王殿广场。所以海珠广场是市中心广场之一，又是全市性的公共建筑组群和绿化系统之重要组成部分。

　　基于上述因素，海珠广场的性质起了综合桥头交通、绿化游憩和全市性活动中心等几个作用。此外，它既为市中心广场，故其造型的好坏直接影响到城市轴线的造型是否壮观。因此广州市人委在1958年4月颁布关于新建改建海珠广场的决定，周围布置绿化及公共建筑，加宽马路，管线埋地，使广场蔚然壮观。

　　鉴于以上情况，莫伯治提出：

　　1. 海珠广场北边大道西段为一德路，将它裁直改善，使其与东段泰康路基本上对称，道路扩宽为38米，并将泰康路南拆去原有房屋，后退建筑，扩宽视界，使省电业局纳入广场范围之内。

　　海珠广场东西两边交通道，在利用原有道路的基础上略为改直，使其适合于建筑物的布置，转角曲线半径，加大至20米以上，十字路口盘旋绿岛直径为40米。

　　2. 海珠广场交通组织，属桥头广场性质，引道与长堤马路交点上设立体交叉；维新南路口设盘旋绿岛，以调节和减少左转弯的交通压力。

　　长堤靠近引道东边一段，以海珠广场东边交通道及回龙路为单行道，更东一些则利用永汉南路；靠近引道西边一段，利用海珠广场西边交通道，并规划开通解放南路至长堤路一段，更西一些，则利用靖海路通过以上几段路线，而以盘旋绿岛为总调节点，基本上可以解决引道与长堤间的交通问题。

　　3. 停车场的设置，由于海珠广场交通量大，停车地点不宜过分集中，适宜分在各集中地段设置，便于东西北各处流散为主，因此规划上考虑将停车场分散为几个小型停车场，可以配合各个大厦的需要，有利于分期分段建设。

莫伯治建议：

为了适应海珠广场的性质，建筑物的配置，应以展览馆、迎宾馆、歌剧院、企业办公楼等高层大厦为主。广场上的建筑除考虑到整个雄伟的布局之外，亦考虑尽量利用一些质量较好的原有建筑物，减少广场建筑的投资；在形式上亦考虑到新旧建筑物间的形式，尽量协调。建筑物的轮廓，以北边大道建筑群为主体，以维新南路口东西对峙的两座10层大厦为整个广场的制高点，广场东西两边为建筑群的两翼。建筑群立体背北朝南，辅以两翼，面临珠江，贯通大桥，横带长堤及北边大道，气氛相当雄伟。具体来说，可以：

1. 北边大道西段，从维新南路口转角以西一段，建筑一座8-10-8层大厦，建成后为中国出口商品陈列馆使用，内有展览大厅及展览广场；毗邻陈列馆的西端，为陈列馆的附属建筑，6层办公大楼，由于东段保留一些骑楼形式的旧建筑物，为了取得适当均衡对称，这幢建筑物也采用了骑楼形式。

北边大道东段，从维新路南转，规划建筑一座10层大厦，其体型将与西边出口商品陈列馆取得均衡，建筑的造型适合南方的特点，要有明朗轻快的感觉，外墙的处理要开朗一些，大厦以东利用旧楼改建，由3层加至5层，形式亦加以改造，使与将来环境协调；再东为省电业局办公大楼，楼高5层，原有建筑物质量较好，但形式上需略加改造，并整顿附近环境；电业大楼东面计划建筑5层办公大楼。北边大道建筑群，以中央为制高点，向东西逐渐降低，空际曲线变化柔和，主次分明。

2. 广场东西面建筑群以华侨大厦为主体，大厦为6-8-6层，已经建成，专门接待归国侨胞，大厦南端为5层高的中国出口商品陈列馆，是中外贸易的一个重要场所。新的陈列馆建成后，现址将改为广东省工业展览馆使用。华侨大厦之北为7层的侨联大厦。其中有一部分是按照原有建筑物加高扩建的。广场的东边由这3幢建筑构成一组较为完整的建筑群。3幢的建筑形式,华侨大厦较为简洁,略带一些民族装饰的趣味,展览馆在形式上比较轻快。

3. 广场西边计划建造大型歌剧院一座,在体型比重上力求与东边取得均衡,以能接待外国大型歌剧的演出。歌剧院南端为原某电力厂,此为解放前遗留下来的不合理现象,要在规划上加以改造利用。

广州宾馆位于广州市中心海珠广场东北角,总建筑面积32000平方米,主楼27层,西楼5层,北楼9层,于1966年年初动工,1969年4月竣工使用。它是解放后我国兴建的一座层数较多的高层建筑,主要供前来广州参加中国商品交易会的各国外宾住宿之用。

此外,莫伯治对海珠广场的绿化等也都提出了细致周到的设计。

广州解放后,工业生产不断改善,人民群众的生活水平相应提高。但几年过去了,不少群众家家人口增多,老屋实在是住不下了,急切需要另择新地建房。党和政府想人民之所想,仅到建国10周年前夕,为了解决市民对住宅的需要,就陆续建设了不少住宅街坊,新建住宅面积近150万平方米,在很大程度上改善了人民群众的居住条件,改变了旧城市的面貌。

由于广州原来工业基础薄弱,新中国成立后根据利用原有生产潜力的方针,工业生产多就原址扩充,许多工人住宅区多因各厂扩充的需要而建设,分布比较分散。能够按照小区或较完整的街坊规划意图进行的为数不多。其中有些结合旧城改造穿插在旧街坊隙地和沿旧马路奇零地段布置。在新区建筑的则根据多用山岗少占农田的方针,特别是近郊的蔬菜基地,要保留生产。因此近郊的住宅街坊一般都布置在较平的山岗或低产的坡地。

莫伯治认为这项工程看似琐碎,却主要是解民忧、排民难,是党和政府与群众紧密联系的桥梁和纽带,非常重要,马虎不得。自己就要多做些雪中送炭的事。只要是人民群众的需要，再小的事也不能放过，再困难的事也要想方设法做好！

他根据这些实际情况，1959年专门写了题为《广州居住建筑的规划与建设》的论文，① 提出了街坊的类型、街坊建筑的规划设计等具体方案。

如莫伯治具体提出：

街坊的类型

广州新建居住街坊，因分布地点、地形和居住者不同要求，其规模大小、房屋类型的构成和建筑群的布局等显示出多样性。

1. 旧城区街坊住宅建筑群：这些建筑群主要是解决旧城区内机关企业职工的需要，结合旧城区改造的要求，沿马路或利用奇零地段布置。如越秀北路的科学院宿舍，利用沿路两旁奇零隙地，穿插布置。这些建筑群主要特点是分布较分散，地形较复杂，在布局和设计上都和成片的街坊不同，房屋类型的构成有双拼联住宅和单元组合公寓式住宅。

2. 小型街坊：大多数新建住宅街坊是小型街坊或住宅建筑群，主要是一些工厂的职工宿舍，如河南工业大道的五一新村等。差不多每一个工业区附近或较大的工厂附近都有这些新建小型街坊的建设，便利职工的往返。建筑房屋类型构成多为混合结构公寓式3层住宅……

以莫伯治的学识，设计这些建筑，应当说是小菜一碟。但他还是经过认真思考，提出具体意见：

1. 配合地形布置街坊问题。

甲：顺坡建筑街坊。如河南刘王殿美术专科学校宿舍住宅区，

---

① 见先后于2003年4月由广东科技出版社初版，2012年7月由中国建筑工业出版社再版的《莫伯治文集》中《广州居住建筑的规划与建设》一文。

利用山坡，顺坡沿街道布置，采用双拼联式住宅，建筑物不很长，两端高差不大。又如华南工学院教工住宅，采用单元组合公寓，顺坡而下，将地段分成几级。

乙：环山建筑街坊。街坊由岗下至岗顶，采用螺旋式或环形车道，沿着道路分级建筑，如华侨新村的蚬壳岗，采用过院式住宅。

丙：绕着山坡等高线分级布置，如华南工学院教工宿舍，首层由下一级入口，2层由上一级用天桥引入，又如华侨新村的蚬壳岗，亦沿等高线分级布置。

丁：一边临马路，一边临濠涌，如越秀北路科学院宿舍，建筑地段狭长，高差很大，建筑后退红线，临马路部分用天桥接入2楼，由2楼转落首层，首层有后门面临后街。

戊：平坡或平地建筑。这种街坊不受地形的限制，一般采用体型较大的公寓式住宅区，如冼家庄工人住宅等就在较大的平坡地段。有时要分段建筑，如五一新村等，将整段基地分成3级。

这些新建筑注意了上述问题，可使得居民们在远离自然的城市里生活，突然瞥见异样的景象，感觉到自然的生命力仍然留存在楼群中间那些各式各样的树叶上，或青或黄的叶脉清晰凸起，叶梗也仿佛攒着劲儿耸起了筋骨，十分精神。想必人们都会心神摇曳，欢欣不已，禁不住一边走路一边看它们，若是看到哪只叶梗生得特别壮硕肥美，还要暗自赏玩一番，仿佛看到作家郁达夫的名作《迟桂花》中的描述"一种又清新又寂静的淡绿色的光同清水一样，满浸在这附近的空气里在流动。"

2. 结合南方特点问题。

甲：建筑物方向尽量争取东南风。

乙：建筑物深度一般只在9米左右。

丙：建筑物的间距约为房屋高度的1.5倍。

3. 街坊建筑规划设计存在的问题。

甲：层数要求和实际条件有距离，住宅建筑以3~4层最为经济，亦符合节约用地原则。但有些因材料或投资问题得不到解决，规划意图不易贯彻。

乙：成片建设与分散建设有矛盾，各建设单位要求地点很分散，时间有先后，很难集中成片建设。

解决以上两个问题的关键在于计划投资部门能配合城市建设的要求，在投资建设时有意识地加以控制。

丙：过去住宅设计往往室户、类型过多，面积过大，标准设计采用很少，今后要多考虑小面积住宅的标准设计。

丁：今后适宜多做些民间建筑艺术研究工作，结合吸收各国新的技术成就，创作出富有地方风格的社会主义新街坊和新的建筑艺术形式。

戊：结合南方气候特点，在住宅建筑设计上的处理有待进一步广泛研究，结合隔热、遮阳、通风、透光的要求，更好地结合地方特点，在设计上创造新的形式。

总之，这些建成多年的房子，已经相当破旧，户型不好又长期疏于打理。选择这些地方进行建筑设计是莫伯治对自己的又一项挑战，更是自己棋盘中重要的一步。

莫伯治在广州生活了多年，对城里每一处景、每一条街都怀有特殊的感情。他时常常约几位同事在广州的大街小巷走走逛逛，特别是到施工现场查看，往往是一边看着，一边露出灿烂的笑容，这种笑容感染了在场的群众，大家都笑了起来。一些市民一户一户地陪莫伯治看新屋，一间一间房子给他作介绍。这一张张快乐而幸福的笑脸传递了一个非常明确的信息：他们的获得感、满意度是真实而令人信服的。那灿烂的笑容，流淌的是幸福的心声。莫伯治的心里也不由得暖暖的。他站到高处，看着一栋栋新房，胸间感慨万千！这一栋栋广州市民的新屋，正是社会主义国家描绘出的一幅壮美的图画！

第四章
现代主义与岭南建筑的有机结合

莫伯治在《莫伯治文集》的自序《建筑创作的实践与思维》一文中专门谈到他的第二个重要体会是现代主义与岭南建筑的有机结合[①]：

> 有了第一阶段的探索和实践经验（指20世纪50年代初积极开展岭南庭园的调查研究），（我）进一步在设计中引进了现代主义建筑的理念，并且体现在广州宾馆（1968年）、白云宾馆（1976年）、白天鹅宾馆（1983年），也继续体现在近年若干高层、超高层建筑的创作中。
> 在我国，20世纪50年代以后，现代主义建筑被作为资产阶级腐朽没落的货色遭到了不停的批判。在改革开放的新形势下，才开始受到实事求是的对待。但是，从建筑发展的历史看，由于现代主义建筑注重功能，主张新技术、新材料的应用，已有了长足的发展，早已成为全世界，尤其在西方世界占主要地位的建筑流派。
> 在上述几个宾馆的设计工作中，明确引进了现代主义的理念，强调现代生活、功能、技术在建筑中的主导作用，努力摆脱学院派和复古主义创作思想的影响，力求建筑功能的合理性和投资的经济性，同时也仍然重视由于地区气候和人民生活习惯的不同而形成的岭南建筑的地方特色和地方传统，体现岭南地方风格与现代主义的有机结合。
> 白云宾馆是全国第一幢超高层旅游建筑，高33层，建筑面积5.86万平方米，是为满足广州外事活动和广交会的特殊需要而设计的。这是一个现代建筑，但在环境设计、室内公共空间设计中都注意原有环境的保留与美化，注意室内外活动空间的民主性与群众性，挡住了当时的某些片面主张（如有人认为，白云宾馆立面采用横线条是代表资本主义，只有用竖线条才是社会主义。而当时决定

---

① 先后于2003年4月由广东科技出版社初版、2012年7月由中国建筑工业出版社再版。

采用横线条是为了解决超高层建筑窗台向室内渗漏雨水的实际问题），在保证功能适用的同时尽量节约投资，为超高层宾馆的设计和建设积累了有用的经验。

白天鹅宾馆（高33层，建筑面积10万平方米）是全国第一个引进外资的五星级宾馆。它的设计和管理都已经达到国际上同类宾馆的水准，而它的单方造价在当时全国同等标准的宾馆中是最节省的。设计中尤其在室内外环境设计中强调了与所在环境的联系与沟通，室内大堂中以"故乡水"点题的庭园，再现祖国山水景色，令归来的海外游子顿生"天涯归来意，祖国正风流"之叹，也深受广州市民的欢迎，成为市民们有口皆碑的一个旅游点。现代主义、地方特色与生活情趣的有机结合，是白天鹅宾馆创作成功的关键。

这些现代化高层宾馆所保有的地方和民间的氛围，正是岭南特色和中国特色的具体体现，也大大增强了创造与推进中国现代建筑的信心。

一、广州宾馆满足了参加中国出口商品交易会的外宾住宿之用

广州宾馆是为了供前来参加中国出口商品交易会的各国外宾住宿之用的。它是新中国成立后我国兴建的一座层数较多的高层建筑,因而颇引人注目。

1965 年莫伯治主持了广州宾馆的方案设计。他采用一个功能适用、朝向合理、结构经济的新型旅馆建筑方案,而不采用强求与旧交易会"协调""配合"的周边八字形的封闭建筑方案。这种突破性之创作对后来广州的建筑有深刻影响。

1972 年莫伯治写的《广州宾馆》一文[①]对其基本情况做了比较详细的介绍:

广州宾馆位于广州市中心区海珠广场东北角,总建筑面积 32000 平方米,主楼 27 层,西楼 5 层,北楼 9 层,于 1966 年动工兴建,于 1968 年 4 月竣工使用,前后工期 22 个月。

广州宾馆的建筑地段面向海珠广场,南偏东约 15 度,西侧临广州起义路中国出口商品交易会大楼。南向的客房均能眺望珠江及海珠桥,景色十分优美。东北两边是房屋密集的旧有街坊,基地面积达 4300 平方米。

为了满足使用要求和照顾城市规划中广场周边的建筑群体布局,并考虑到建筑物本身结构的合理性和所有功能,设计方案决定采用高低层结合的处理办法。客房集中在高层主体建筑内,面向广

---

① 见 2003 年 4 月由广东科技出版社初版、2012 年 7 月由中国建筑工业出版社再版的《莫伯治文集》。

场，争取南北朝向，以取得良好的通风效果。其他公共服务以及设备用房在西面利用城市用地，又可以在不同空间采用不同结构系统，充分发挥了结构的合理性。

1968年竣工使用的广州宾馆外景照片

莫伯治的设计细致具体到：

平面设计

主楼采用一字形单体量平面，全长56米，宽16.85米；底层为地下室，首层设男、女理发室及办公管理用房，2~23层为标准客房，分南北两侧，中间为净宽1.8米的走道；两端设服务间及杂物间，面积紧凑；电梯间在主楼两端，设主电梯4部。每部载客量15人，梯速2~3米/秒；主楼东端设服务电梯1台，供内部使用。24~26层为设备及机器层，26层为了望厅。

首层设门厅。入口右侧为总服务台及休息厅，正对电梯间。

西楼共5层，首层设小卖部及邮电、银行等服务项目，2、3层为大餐厅，4层为小餐厅，5层为礼堂。

北楼共9层，下3层为厨房，上6层供职工休息用。

客房标准层高3.1米，面积北房27.6米，南房33.58米……

广州宾馆与广交会大楼隔着起义路口相对，因基地面积大小不同，因此在布置手法上不重复对称布局，而采用体量均衡的手法，主楼向高空发展,并后退15米,使整个空间关系较为疏朗,又形成广场的制高点。

主楼采用单幢一字平面,结构简单紧凑,便于宾馆的经营管理。水平交通线短,便于旅客出入。全部房间南、北朝向,通风良好。

由于主楼采用高层建筑,地段和建筑面积比例约为1:8,如改为两幢12层或三幢8层,则地段和建筑面积比例为1:4或1:2.5。从上述比较数字看来,高层建筑对节约城市用地有显著效果。

主楼采用墙板结构,刚度较大,抗震抗风性能优于梁柱系统。

东方宾馆的翠园宫

二、白云宾馆等又一次首先打破全国建筑界万马齐喑的沉寂局面

20世纪70年代,包括莫伯治在内的广州建筑界又一次首先打

破全国建筑界万马齐喑的沉寂局面。

这一时期莫伯治的作品十分突出,特别是广州矿泉别墅和白云宾馆:白云宾馆高33层,被认为是开风气之先的中国现代高层建筑。

1972年莫伯治主持矿泉别墅的设计,把传统庭园布局与现代主义的内庭相互融合,使整个别墅既有传统的内涵又有现代主义的气质。该项目荣获20世纪70年代的全国优秀设计奖。

1987年,英国建筑专家J. Musqrove在国际上很有权威的《建筑史》中评论:"广州矿泉别墅是自1949年以来尝试复兴中国传统的园林景观与建筑艺术有机结合的第一个建筑,但走的是一条新的路子。一汪带喷泉的水池安排在两幢三层楼的客房楼之间,成为庭园的焦点。水池延伸至两面客房楼的底层,形成一个轻松休闲的室内空间。在室内外空间安排方面,水池和开敞空间以平桥、敞廊和飞梯作点缀,并精心布置山石、花卉和树木,创造了一种内外空间互相渗透的整体效果。"[1]

1972年,为扩大对外贸易,适应广州交易会的需要,中央决定在广州兴建白云宾馆。

1973年,广州中国出口商品交易会会馆建成,一系列配套建筑物也相继完成,板式建筑、带形窗、玻璃幕墙、花格墙、不对称的高低错落的布局、没有附加的简洁的体型等又一次引起全国建筑界的注视,人们纷纷南下取经,并以这些岭南的新建筑为"窗口",打探境外建筑的做法和动向。

莫伯治在白云宾馆等建筑的设计中,明确引进了现代主义的理念,强调现代生活、功能、技术在建筑中的主导作用,努力摆脱学院派和复古主义创作思想的影响,力求建筑功能的合理性和投资的经济性,同时也仍然重视由于地区气候和人们生活习惯不同而形成

---

[1] 见暨南大学出版社2004年9月出版的《岭南建筑艺术之光》一书之10页。

的岭南建筑的地方特色和地方传统，体现岭南地方风格与现代主义的有机结合。

矿泉别墅（1974）①

投资2000万元的白云宾馆楼高120米，共34层（包括地下室一层），拥有客房718间，是当时中国的第一高楼。1976年6月1日，白云宾馆建成并正式开业。

1976年莫伯治主持广州市白云宾馆的工程设计，体现了他在改革开放大潮到来之前就敏锐地感受并触摸到世界建筑潮流的脉搏，

---

① 见暨南大学出版社2004年9月出版的《岭南建筑艺术之光》中的彩图。

探索着如何把国外现代建筑文化与中国传统的建筑文化以及岭南地方建筑文化的互相结合。

莫伯治曾经说过:"我一直认为,广州市林西副市长对白云宾馆的贡献是最大的。如果用乐队的组合来形容当时的情形:我是拉小提琴的,而林西是整个乐队的指挥。"

当莫伯治把白云宾馆的设计方案很快拿了出来,人们明显发现这个方案里有很多创新的地方,其中一个就是宾馆的外观设计采用水平线条。这主要是考虑高层建筑外墙和窗户挡雨排水的需要。方案报到市革委会,异议很大。有人指责说:水平线条代表的是资本主义,竖直线条才是代表社会主义。

现在听起来,这种说法完全是无稽之谈,但在当时却是建筑界的"流行观点"。莫伯治原来的设计方案中,宾馆休息厅的玻璃是用向日葵的图案。没想到有人向上面反映说,这种图案是国民党党徽。我们赶紧把它改掉了。

林西却很支持莫伯治采用水平线条的设计方案。他原封不动地把设计方案上报给省革委会。结果,方案没做多大的改动就通过了。

这使莫伯治体会到:正如鲁迅先生所说,"其实地上本没有路,走的人多了,也便成了路",我们设计的方案,就是要为岭南风格的建筑传播闯出一条路来。

的确,新时代的建筑要解决新问题、满足新需求、创造新气象,需要立足当下,以当下为旨归,对传统做甄别,向前人要智慧,从现实生活和传统建筑中找到更新创造的可能,以更强大的主体来迎接当代设计的挑战。

莫伯治是一个专业上自觉追求自我超越的工程师。白云宾馆等作品在全国建筑学界引起的强烈轰动让他名满天下。但莫伯治毫不满足,反而冷静地反思自己的创作局限。他立志从零开始,忘掉荣誉与鲜花,要在工程设计上全面超越白云宾馆等作品,并不断接受各种新的创作挑战。

白云宾馆（1976）①

莫伯治在设计方案前沉思

① 见暨南大学出版社 2004 年 9 月出版的《岭南建筑艺术之光》中的彩图。

白云宾馆的选址是林西副市长定的，主要是考虑到当时环市路已经在建了。当时那个地方十分荒凉。

莫伯治有一句名言：没有自然界配合的建筑，起码不是一个完美的建筑。白云宾馆的设计就很好地体现了他的这一思想。

莫伯治为了保留选址中的一座小山丘，特意将白云宾馆后退，距离道路200多米。山丘的土壤大树，也保留下来，成为宾馆内的自然景观。宾馆的中庭，利用原有的三棵古榕树，再通过瀑布、景石、水池，形成了一个典雅的空间。用建筑来迁就树木，这是很超前、也很有远见的思路。

在白云宾馆的建设中，他们做到了没砍一棵树。

宾馆的主楼高33层，这主要考虑到广交会期间接待外宾的需求，是按照"500个房间，1000张床位"的标准来设计建造的。

1976年白云宾馆建成，引来了北京、上海一大批建筑界的人来参观。看到这个中国大陆"第一高楼"，那个羡慕啊！北京、上海名建筑师还要申请要来广东工作呢！

在高层建筑方面，莫伯治设计的白云宾馆实现了大型宾馆建筑中将园融为一体的意图。白云宾馆是岭南派风格融入现代建筑的一个典范。它的设计，在当时是走在全国的最前面，也得到了同行的公认。现在看来，它仍然显得很新潮、很现代化。可以这么说，最有特点的东西就是最现代化的东西，与众不同，就永远无所谓过时不过时的问题。

广州白云宾馆矗立于广州中央商务区、黄金商圈核心的环市东路，得天独厚的地理位置及近在咫尺的公共交通工具让您的行程更为方便，快捷地前往火车站、国际机场及会展中心。毗邻广州最奢华的国际品牌购物中心丽柏广场、友谊商店、世贸中心，缤纷精彩的知名风情酒吧街。

2017年12月，广州白云宾馆入选第二批中国20世纪建筑遗产。

它是广州市中心最知名的五星级商务酒店之一，细致、优质的服务和良好的口碑赢得了2010年中国饭店业的最高荣誉——"中国饭店金星奖"。

白云宾馆被评为"中国粤菜名店"。最受客人欢迎的中餐厅——白云轩坐落于大堂左侧，位于30楼别具情调的西餐厅更是浪漫、幽雅。11间大小各异、配备先进、视听设备的会议厅更是各种商务会议和活动的首选。

宾馆的楼群掩映在郁郁葱葱的"绿意"中，2000平方米的前庭花园，绿树成荫，在车水马龙的环市东路上俨然成了"城中绿岛"。

广州白云宾馆周边国际名品名店、高档写字楼林立，丽柏广场、世贸中心、友谊商厦，缤纷精彩，往火车站、会展中心只需短暂车程。紧邻的建设六马路、淘金路均是知名的风情酒吧街，不仅汇聚潮、粤、湘、川等风味名吃，更集中了世界各地的经典美食。

2006年被评为"首届商务人士最喜爱的中国百家商务酒店"。作为一家有着三十年服务经验的知名酒店，宾馆从未停止创新，更提出"无边界、无止境"的服务理念，再树行业新风。

广州白云宾馆内设有：中央空调、24小时热水、吹风机、拖鞋、独立写字台、保险箱、电热水壶、浴缸、独立淋浴间。宾馆客房3.2米的层高足以傲视全城，并且提供"即插即用"的免费宽带上网服务，多个国际卫星频道的电视接收。设迷你吧、私人保险箱，准确理解和预备商旅人士所需之服务。

广州白云宾馆设有各具特色的中西餐厅及国际宴会厅。获得广州"百佳"餐饮企业称号的白云轩餐厅，供应正宗粤菜，不间断提供精美茶点、正餐。景致极佳的甘溪西餐厅，供应美味的自助餐，晚餐更有乐队演奏，伴您度过美好良宵。备有设施齐全的大型宴会厅，气派堂皇，与迷人的园林景色相互辉映，商务宴请、家庭聚会、大型会议都相宜。

广州白云宾馆的配套服务，应有尽有。健身中心、美容美发中心、KTV 俱乐部、商务中心、名店廊、24 小时超市、旅行社、票务中心、豪华车队、一应俱全。无论商务洽谈、旅游观光或休闲购物，均可获得无微不至的周全服务。

此外，还拥有大小各异的会议厅，配备有先进的视听设备，更有一支经验丰富的会议统筹服务队伍提供专业服务，秉承"专人策划、专人接待、专人服务"的接待服务宗旨，可为任何类型的商务会议提供全程的策划与服务。会议厅、商务中心、大小各异的会议厅配备先进的视听设备，完全符合商务会议、产品展示、新闻发布、培训班等各种商务活动要求。

1983 年莫伯治还主持珠海宾馆的设计，担任该项工程的总顾问。该项工程荣获了国家优秀设计奖。

三、白天鹅宾馆使现代主义高层建筑和岭南庭园美景再次完美结合

说到中国内地首家五星级酒店，首家合资的五星级酒店，首家由中国人设计、建设和经营的五星级酒店——绝对离不开莫伯治。

1976 年，香港著名企业家霍英东应当时国务院主管侨务工作的廖承志同志邀请，赴北京商量制订一个计划：在北京、上海、广州、南京兴建 8 家中外合资酒店。

1983 年，莫伯治和佘畯南两位大建筑师受香港大企业家霍英东先生之委托，着手设计了广东省首家五星级宾馆——白天鹅宾馆。

可以想象，在珠江河畔这样一个生态环境超级好的空间里建一个五星级宾馆，它肯定不能仅仅是一个巨大的建筑，而肯定是要融于优美的自然环境的。

长期在沙面街道办工作的罗兆祥回想起当年白天鹅宾馆的筹建情形，仍然历历在目。

"霍英东先生建白天鹅宾馆时承诺，不破坏沙面岛环境，不占用沙面岛的地"，在香港有填海经验的他开始在沙面岛以外的江面围堰造地，计划把酒店建在江上。罗兆祥说，"这在当时的中国本身就是一个'创举'。正是因为建筑'长'在江面上，根基年年岁岁受江水冲击、侵蚀，为白天鹅宾馆的建筑增加了难度。"

与广东人务实的性格相似，白天鹅宾馆的设计既节约又奢华。当年建白天鹅宾馆的主要任务之一，是服务广交会日益增长的外国客商。

"广交会客房需求量很大，当年的白天鹅宾馆、中国大酒店、花园酒店等都是按 1000 个房间的目标来建的。"白天鹅酒店集团副总经理张添回忆，"当年定高时，白天鹅因地处航道，为了不破坏沙面景观，酒店建筑高度要限制在 100 米以下，塔楼高度控制在约 99 米。"

在不到 100 米高的楼内塞进 28 层、1000 个房间，对当年的设计团队是一个挑战。最后，白天鹅宾馆的设计师莫伯治等选择了控制层高。后来，白天鹅层高定在 2.75 米，加上天花吊顶，房间高度只有约 2.6 米，房间面积 26~28 平方米，张添讲："说白天鹅设计节约，正是因为它充分利用空间提供客房，实用性好。"

白天鹅宾馆初建的年代，中国还处于计划经济时代，很多建筑材料国内都没有，霍英东就请人从国外买来。"设备、建材、家具，几乎全是进口的。"张添说，"就连一根木头都是从菲律宾运来的。装修的材料全部是'坚嘢'，水泥钢筋敲起来哐哐响。"

罗兆祥回忆："我们当年沙面街道办人员曾在白天鹅宾馆建设时参与其安全检查。"

据张添介绍："白天鹅宾馆的建筑设计由中国人承担，但室内设计，霍英东坚持请美国著名的 HBA 酒店设计公司的外国设计师来做，所以白天鹅的室内设计是当时内地最高端的。正是因为白天鹅宾馆的高规格，酒店运营后，其先进水平和豪华程度在国内引起轰动,全国各地的酒店同业都来考察。"

公开资料显示,白天鹅宾馆由广东省人民政府与霍英东先生的香港维昌发展有限公司共同投资兴建。筹建白天鹅宾馆时,霍英东投资了5000万港元、彭国珍投资了1250万港元、广东省旅游局投资了400万元人民币。1981年白天鹅宾馆还向中国银行广州分行贷款了3631万美元。按当时汇率折算,白天鹅宾馆建设投资近1.8亿元。霍英东曾说,不担心酒店不赚钱,但顶着首家五星级酒店的头衔,从国家到地方领导人都寄予了厚望,白天鹅宾馆的经营是只许成功不许失败的。结果是白天鹅宾馆建成当年就开始盈利,当年总结算时获得纯利润1282万元。作为我国第一家由中国人自己设计、自己建造、自己管理的现代化大型五星级酒店,在对外营业的第一年就开始盈利,创造了中国酒店业界的神话。这种中外合作的模式,带动了大批港资进入广州酒店业,在中国酒店业的发展进程中具有里程碑的意义。

莫伯治(左1)和霍英东(右2)等在主持设计工作

后来的事实也证明了，白天鹅宾馆的成功带动大批外资进入广州。随后开业的中国大酒店、花园酒店等五星级酒店，让广州在当时全国 8 家五星级宾馆中占了 3 席。

年过八旬的杨伯 1982 年加入白天鹅宾馆动力部，是筹建酒店的"老臣子"。他印象最深的是"霍英东逢年过节来派利是"。自宾馆开建起，每年春节、中秋节，霍英东都会亲自来到白天鹅宾馆，向每位员工表达节日祝福。白天鹅宾馆也一直保留着优待员工的传统。

1983 年，清华大学建筑学院教授曾昭奋在广州拜见莫伯治时，莫伯治说："建筑师应该以自己的作品来说话。"

的确，莫伯治设计的作品又说话了：广州的建筑设计又提高到一个新的水平。①

白天鹅宾馆坐落在广州珠江边风光旖旎的沙面岛的南边，濒临三江汇聚的白鹅潭，与周边充满历史色彩和异国风情的沙面建筑群交相辉映。它位于全广州地价最昂贵的珠江边、沙面岛，刚建成就成为岭南的标志性建筑，其影响力自然不言而喻。宾馆独特的庭园式设计与周围幽雅的环境融为一体，尤其是在室内大堂中以"故乡水"点题的庭园，再现祖国山水景色。从珠江乘船远眺，宾馆就犹如一只展翅翱翔的天鹅，傲视水面开阔的白鹅潭，据说因此得名白天鹅。三十多层的白天鹅宾馆，其形体总的说来是新而洋的，但它不仅具有鲜明的西方建筑特色，还融合了浓郁的岭南建筑风味。由于其中那个闻名遐迩的有山有石有瀑有池的中国式庭园，因而带有鲜明的中国特征和浓厚的中国情调。

白天鹅宾馆与珠江的巧妙融合引来了"窗泊珠江万里船"的动人气势，美丽的珠江河畔从此多了一只令万国宾客为之驻足流连的"白天鹅"。

在莫伯治等手下，现代主义的高层建筑和岭南庭园美景再一次

---

① 见《岭南建筑艺术之光》一书第 7 页，曾昭奋的《广州的建筑创作与"广派"》一文。

实现了完美的结合。白天鹅宾馆现已跻身于世界百大宾馆之列，成为各国政要与商界名流到广州的必然下榻之所。

白天鹅宾馆它自建成以来，就引领着中国酒店服务业发展，在业界享有盛誉。1985年成为"世界一流酒店组织"的首位中国成员，1990年被国家旅游局评为中国首批3家五星级酒店之一；1996年荣列国家旅游局举办的首次全国百优五十佳饭店评选榜首，连续多年被《国际旅游指南》和国际著名杂志、报纸评为国际商务人士到广州的首选酒店。

1983年2月，白天鹅宾馆正式开业。几十年来共接待包括英女王伊丽莎白二世在内的40多个国家的元首和政府首脑。2010年，白天鹅宾馆因其建筑价值成为广州市最年轻的文物之一。

为了满足广州市民日益增长的物质文化消费需求，2011年9月16日，白天鹅宾馆结束一年365天无休的历史，客房部停止运营，开始围蔽施工。经过3年多的升级改造，2015年7月14日宾馆重新运营，内外都焕然一新：经典白外墙粉刷一新。酒店大厅整体颜色以白色和黄色为主，融入"风水"元素；弧形、三角形、正方形、长方形、菱形、梯形等各种图形结合环境特点巧妙运用，和谐自然，大厅相比以前更为通透明亮。楼层之间的建筑格局十分讲究，楼层拐弯处，上下楼直角平行，而且是双线勾勒，显得更为厚重、整齐。临江位置，仍保留整幅的落地玻璃，白鹅潭上穿梭的轮船以及四周漂亮的江景一览无余。

相比外观上的变化，宾馆的接待能力与质量也进一步提升。改造后的白天鹅宾馆有520间豪华客房及套房，6个精致高雅的餐厅、酒吧和酒廊，共2500平方米的会议空间，具有先进的健身中心、独有的水疗中心、美容中心及多家创意品牌店。珠江边小憩的白天鹅正再度起飞，展翅飞向下一个辉煌！

莫伯治因此被建筑界称为"岭南庭园建筑风格的杰出代表"，被世界建筑大师贝聿铭喻为"天才的设计师"。

莫伯治曾说："没有文化内涵的建筑谈不上建筑创作，同样，抄袭、复古的所谓的民族形式也是没有生命力的。"作为设计者，他用一颗智慧的心和一双勤劳的双手，一笔一画描绘出心中的美好。白天鹅宾馆就是这样从莫伯治的画纸上跃然而出，融合了人文底蕴和情感文化，是现代岭南建筑中将外来建筑形式与中国传统建筑文化相结合的典范。

莫伯治无疑是广派建筑的代表人物，白天鹅宾馆就是广派风格的典型建筑。莫伯治将民族的和世界的、古典的和现代的相融合，使他的创作思想不断丰富、不断前进，通过白天鹅的艺术设计生动展现了岭南文化的灵秀。它的特色是充分体现岭南文化底蕴的中庭设计，不管是名为"故乡水"的多层园林空间，还是古色古香的"濯月亭"，悬岩飞瀑，垂萝掩石，清泉鲜活，锦鲤悠然……窗外，就是千里碧波的珠江水，内外呼应，相得益彰。白天鹅宾馆的建筑设计，被建筑业界公认具有很高的岭南文化内涵。白天鹅宾馆的设计工程也被载入世界《建筑史》，这是我国建筑事业的一份荣耀。

除了技法，亭亭玉立的白天鹅更多的是倾诉着莫伯治对于岭南这片土地的热爱。"红豆生南国，春来发几枝"，白天鹅宾馆就是南国大地上的一颗红豆，也是莫伯治心中的红豆，表达了一个建筑师对家乡土地最虔诚的爱！无论白天鹅已经获得多少奖项，人们不吝赞美之词来评估它的价值，对于莫伯治而言，她更像一首从留声机中流出的老歌，是对一段历史的铭记，是对岭南的文化情结，是建筑师的一片赤子之心。

在这方面，不能不再次提到莫伯治的直接领导——广州市的林西副市长。这是一位有着高尚的人格、知人善任、充分尊重和信任知识分子的好领导。尤其使莫伯治不能忘怀的是20世纪80年代，因吸收外资及设备引进，需要莫伯治带队出国谈判，但受当时的"政审"影响，迟迟定不下来。林西即表示以自己的"乌纱帽"担保，使莫伯治得以成行，自归国后再次走出国门。

四、心中的"故乡水"主题景观

白天鹅宾馆内部有高3层、占地2000余平方米的中庭，里面有一个"故乡水"主题的多层园林空间，与相距10多米的"濯月亭"相互呼应。濯月亭左右立柱上的引自赵长卿的《临江仙》"故人情重一江水，南国春深万枝花"，真切地表达了创始人霍英东先生和设计师莫伯治对故乡的牵挂。

随着城市建设的发展，高楼大厦从野地上疯长出来，钢筋混凝土筑成密实的屏障，轻易就将新鲜的空气和明媚的阳光关在门外。莫伯治却顽固地坚持要在他的每一幢高层建筑中打通人与自然对话的途径。有草色入帘，有残荷可赏，有雨声可听，人与自然就不对立。

对中国古典园林自然意趣和空灵境界的痴迷，不可抵挡地贯穿于他的一生。莫伯治与夏昌世教授长期合作，收集研究关于岭南庭院的资料，对庭院风韵颇有心得，不知不觉强化了他的偏爱和园林功底。在不断的肯定与否定中，莫伯治渐渐坚信：对阳光、对山水、对自然和谐的渴求，不是他个人的品位，而是人类共同的生活目标。建筑的精神就该是生命的精神。

正是这个原因，莫伯治的大多数作品虽然不盖最有中国传统建筑特点的大屋顶和琉璃瓦，但让外国人一看就明白——中国人的；中国人一看就亲切——自己的。

众所周知，引进一种新的风格，除了勇气和胆略外，还必须有渊博的学识和娴熟的技巧，倘若没有深厚的功底，便只能简单地照抄别人的东西，而只有把国外先进的东西深深地植根于本国的土壤中，使之与本民族的文化传统相结合，才能获得生机。

在现代主义与岭南建筑有机结合这一问题上，莫伯治经常与挚友夏昌世切磋。他俩通过这个阶段的建筑创作实践，把当代岭南建筑推向了更高的水平。

在坚持岭南传统园林建筑风格的基础上，此时莫伯治从已有实践中进一步超脱出来，在设计中引入现代主义建筑理念，注重建筑和所处山林环境的对话和交融，使建筑造型和环境既能保持地域特色和传统，又体现了新时代的审美意趣，满足了寄寓者的现代生活需求。这些优势，都将换来岭南建筑面貌的美好前景。

白天鹅宾馆之故乡水

美好城市是无数点滴美好的叠加，无数细节设计的组合，握在建筑师手中的"积木"如何去摆，直接影响着城市未来的发展。有人说，建筑像是一座城市的脉象，透过一面墙、一块砖，你可以触摸到这座城市的文化生命。让我们一起"阅读街区",阅读城市。

见多识广的莫伯治到过很多地方。旅途中,他常会惊诧于某一处建筑的似曾相识。因而明明是初来乍到的城市,却又仿佛在哪里见过。他认为在陌生的城市,却没有陌生的感觉,这是"不科学"的。越来越多的城市,被"标致"得令人摇头:都是楼厦群聚,嵌满方方正正的窗;高架天桥,街灯排成星河;霓虹华灯,夜看起来也总是精神矍铄……明明是异城他方,却总是出落得毫无二致。

莫伯治心想,一个城市,还是应当对自己身世有所表达。一方水土一方人,小至寸砖片瓦,大到大厦摩天,带着一方水土的往事,城市自会别具一格。与其似曾相识,不如相逢不识。纵是美好,如果过于千篇一律,也会成为一种遗憾。

多年来,他一直致力于体现这一理念。

莫伯治

莫伯治早就注意到,岭南风格建筑的绝大多数都位于重要的江、河水系或大海的沿岸,广州、佛山、东莞、湛江、阳江、韶关等岭南城市都位于珠江、东江、西江、北江及其支流之上。临水而居,是很多人的喜好。生活不易,当人们日日奔波忙碌,谁不想在忙碌之外还能有一些诗意般的生活?临水居,恰能满足人们心灵上的这种需求,有水的抚慰,人会轻松很多。无论是海景房、湖景房,还是江景房、河景房,住在其中总能给人以美好的感觉。它提供了一种诗意般的栖居:推窗能见水,夜阑可听涛,水中可揽月,波光当镜照。这些房舍因水而美,因水而柔,因水而动人。住在这里常去水边走走,看看水的浩渺,看看水的柔和,让自己变得和水一样,从容、淡定,静静流淌。难怪现在越来越多的旅游景区,都将宾馆建在水边。

"故乡水"景观是莫伯治追忆故乡美好、闪烁水乡灵气的一个成功例证。白天鹅宾馆是莫伯治在20世纪80年代影响最大的作品之一。这座33层的建筑矗立在珠江边上,犹如一只展翅翱翔的天鹅,傲视水面开阔的白鹅潭。这座建筑的一个最大特色是高三层、占地2000余平方米的中庭,里面有一个以"故乡水"点题的多层园林空间,"濯月亭"古色古香,悬岩飞瀑,垂萝掩石,清泉鲜活,锦鲤悠然,窗外,是珠江水千里碧波,两者互相呼应,相得益彰。可以说,"故乡水"的主题景观凝聚了莫伯治对麻涌这个岭南水乡念念不忘的思念。

一名来穗求学的外地学子唐颖说:我踏上白天鹅宾馆所在的沙面岛,放慢匆匆的步伐,关掉手机,闭上眼睛,深深呼吸一口,仿佛回到一段清澈如水的岁月,岁月中的白天鹅和饮珠江水的人们,淡淡的、慢慢的,一路风景赏心悦目,树已长出新芽,阳光正好,远远望见白天鹅宾馆伫立在树荫中,有种神秘、隐约、朦胧……欣喜若狂,想快点揭开它的神秘面纱。绕过珠江边,来到白天鹅宾馆的正门,我为之惊叹,这座"年轻"的建筑之所以能成为文物,我想是因为它特有的韵味和让人过目不忘的印象吧！初次正面面对它，33层的建筑，宏伟、高大、洁白，极具历史的味道，好像出落在人世外又做着尘世中的事，一切文艺温柔的词语都无法准确形容我此刻对它的印象。

白天鹅宾馆远景

在主要设计者莫伯治的巧妙融合下，我们现在看到的白天鹅宾馆堪称是浓郁岭南建筑风味和西方建筑特色的合璧：外观完全现代化，内部则是国内首个采用大型室内中庭设计。高三层、占地2000余平方米的中庭在装修后仍然保留了经典的室内岭南建筑风格突出的园林景观——"故乡水"，标志性的黄色瓦顶亭子"濯月亭"也默默地陪伴在侧。虽然这时候仍在施工，"故乡水"尚未通水，但我似乎已看到日后飞瀑流淌的壮美景观。新增的风水、八卦等元素，搭配淡黄和白色的色调，中国风日益浓郁。看着这些别致的建筑物，不禁感叹设计者莫伯治和后来者的奇思妙想。

坐落在珠江湖畔、带有浓重历史底蕴的白天鹅与繁华现代的广州都市交相辉映，美轮美奂。我似乎明白了一代广州人的白天鹅情结：这里曾经见证着广州人一大家其乐融融吃早茶的幸福，情侣细细品味一顿佳肴的浪漫……白天鹅早已成为"老广州"心里温暖亲切的一席地，静静躺在他们的心里，凝结成淡淡的又美好的记忆。就像我们累了、疲倦了的时候会选择依偎在自己亲人的肩膀上歇息一样,广州人会选择来白天鹅什么也不想,什么也不做,静静酌一壶清茶,吃两块早点,一切不快,烟消云散。

靠近白天鹅宾馆,我的确感受到了一段岁月!珠江哺育着一代代广州人,我眼中的广州人勤劳又懂得享受生活,他们会创造财富也会享受自己的劳动成果,正如珠江的辽阔与柔情。而珠江河畔的白天鹅宾馆正是延续了这种精神,珠江与白天鹅,白天鹅与广州人们,早已牢牢"拴"在一起,一起长大,留下一段最美的岁月。也许是白天鹅让我感怀20世纪的风貌,我喜欢那时候的人们之间最纯真的情感、最真诚的表达、最善良的举动,在白天鹅宾馆走过的每一处好像都在等你聆听它们的故事,等你去感受一段美好的岁月!

清爽的风拂面,夹杂着珠江水淡淡的清新味。我走出了白天鹅,恍若一段时光之旅,这一刻只需细细品味,无须多言,嘴角上扬,不自主地微笑:我找到了!是的,我找到了我一直想体验的最真最纯的岁月,从20世纪80年代到现在的积淀。靠近你,走进你那一段纯真岁月!

白天鹅宾馆的中庭

白天鹅宾馆1985年成为国内首个世界一流酒店的组织成员；1990年成为国内首批三家五星级酒店之一；1996年荣列全国百优五十佳饭店评选的榜首，连续多年被国际旅游指南等国际知名媒体评为国际商务人士到广州的首选酒店。2010年，广东省第三次全国文物普查，广州白天鹅宾馆被认定为文物。

白天鹅宾馆为当时的众多中国人打开了一扇看世界的窗，也向外国友人展现了新时代中国的社会气象。

仅开业二十多年来，白天鹅宾馆共接待了40多个国家的元首和政府首脑，英国女王伊丽莎白二世、美国总统布什、尼克松、德国总理科尔及卡斯特罗、基辛格、西哈努克、李光耀等国际名人都曾在此驻足。

其实，1985年和1993年，美国前总统尼克松两次下榻白天鹅宾馆。当时参与接待的张添回忆，尼克松对酒店的服务给予高度评价。1985年，白天鹅也曾接待时任美国副总统的老布什和夫人芭芭拉，芭芭拉后来还曾手写感谢信，赞"白天鹅是世界上最好的酒店"。

1988年和1997年，新加坡前总理李光耀先后两次来穗访问，并下榻白天鹅宾馆。白天鹅宾馆第二任总经理杨小鹏还记得，李光耀最爱喝豆浆，当时宾馆厨房每天专门为他准备现磨豆浆。

不单是外宾，邓小平也对白天鹅宾馆的法国面包念念不忘。他曾经频繁到沿海城市视察，1984和1985年两年间三次莅临白天鹅宾馆。曾经为邓小平服务的白天鹅宾馆服务员伍德林回忆，1984年邓小平在白天鹅宾馆用餐，头盘是鹅肝酱，然后是龙虾汤，主盘是牛柳，甜品是梳芙厘，邓小平还特别提出要吃硬的法国面包。曾任白天鹅宾馆办公室主任的黄抗美回忆，1985年那次莅临白天鹅，邓小平掏钱买了法国面包回去，还说"看来我们要再开放一些城市"。不久国家就宣布再开放沿海14个城市。

广州白天鹅宾馆是中国第一家中外合资的五星级宾馆，也是中国第一家由中国人自行设计、施工、管理的大型现代化酒店。

评价一个时期、一个时代、一个国家或一个民族的建筑成就，应该主要着眼于它的高端建筑成就。所谓高端建筑成就，就是具有经典性的建筑作品。而经典性建筑作品，是指具有典范性、权威性、经久不衰的传世之作，是经过历史筛选出来的最能表现建筑价值、最具代表性的杰出作品。

这也犹如中国现代文学的经典作家、北京大学中文系著名教授王瑶在他的《中国新文学史稿》中就已经被确认——"鲁郭茅巴老曹"，他们的经典地位难以撼动，就是排名顺序也经久不变。还有，以《子夜》《家》和《骆驼祥子》为代表的作品，一直被新文学史命名为"启蒙经典"，以延安文学为代表的文学被命名为"红色经典"，"三红一创、青山保林"（《红日》《红岩》《红旗谱》《创业史》《青春之歌》《山乡巨变》《保卫延安》《林海雪原》）是"十七年文学经典"（1949—1966年），等等。

作为国际性大都市的广州，云集着诸多像莫伯治这样时时关注着世界建筑业发展的设计师，也不乏来自欧美的建筑师和"海归派"华人建筑师。他们都带来了世界先进的建筑理论、形式和建筑材料。而西方现代建筑文化及思想通过报刊、教育交流等方式在国内广为传播，为展示西方现代建筑提供了舞台。

广州白天鹅宾馆于1985年被世界一流酒店组织接纳为在中国的首家成员；1990年被国家旅游局评为中国首批三家五星级酒店之一；1996年荣列国家旅游局举办的首次全国百优五十佳饭店评选榜首，并连续多年被国际旅游指南和国际著名报刊评为国际商务人士到广州的首选酒店。

白天鹅宾馆的设计继承了中国传统园林与岭南传统园林设计的精华，中庭以璧山瀑布为主景的焦点，形成别有洞天的岭南风情，整体有历史气息与文化内涵融入建筑空间的功能。

当时建造白天鹅宾馆的时候有人曾提出别的建议，说做接待外宾用的第一间五星级宾馆应该设计得西方化一点，但莫伯治认为西化不能体现我国文化。于是，他用了中西合璧的设想。白天鹅宾馆的外观是完全现代化的建筑，而内部设计是完全中国化的。

夜色中的白天鹅宾馆

白天鹅宾馆拥有520间精心设计的客房。别具特色的中西食府，为顾客提供中、法、日等精美菜肴。多功能国际会议中心是举办各类大小型会议、中西式酒会、餐舞会的理想场所，另有健康中心、美容发型中心、商务中心、委托代办、票务中心、豪华车队等配套设施。近年来，白天鹅宾馆把经营管理的发展和高科技成果相结合，使宾馆的服务水平紧跟国际酒店发展的潮流。

改造之后的白天鹅宾馆体现着理性与浪漫的结合，并且承载着一种新的生活方式、新的美学思维及价值观。520间豪华客房及套房中标准客房150间，约30平方米，豪华客房276间，约60平方米，行政套房30间，约90平方米，总统套房5间，约150平方米。

原来的白天鹅宾馆共有10多间风格各异的餐厅和酒吧。其中，伴随着白天鹅30多年的玉堂春暖粤菜中餐厅、流浮阁西餐厅（白天鹅自助餐）、风味餐厅等招牌餐饮完好地保留着。

白天鹅宾馆获得了很多项荣誉。①

---

① 白天鹅宾馆获得的荣誉计有：

中国第一家自行设计、自行建设、自行管理的现代大型中外合作酒店（1979年7月）。

中国第一家在酒店内实行与日本、香港三方合作经营日本餐厅的酒店（1982年11月）。

中国第一家四门打开对群众开放的高级酒店，成为宣传改革开放的窗口，增强了群众对国家前途的信心（1983年2月）。

中国第一家全面实施全面电脑化管理的酒店（1983年2月）。

中国第一家使用信用卡结账及实行八种外汇付款方式的酒店（1985年）。

中国第一家被"世界一流酒店组织"接纳为其成员的酒店（1985年7月）。

被中国企业联合会、中国企业家协会评选为"2006年中国优秀诚信企业"，为全国唯一一家获此殊荣的酒店（2007年1月31日）。

首届"中国饭店金星奖"（2010年5月21日）。

全国饭店服务技能大赛团体金牌（2010年7月17日）。

在由南方日报社、广东省旅游协会、广东酒店行业协会共同举办的2010亚运推荐消费场所评选活动中荣获"亚运媒体推荐酒店"奖项（2010年8月5日）。

广东省十佳优秀自主品牌（2008年5月27日）。

白天鹅宾馆被广东企业联合会、广东企业家协会评选为"广东企业创新纪录金奖"，并被收录进《广东企业创新记录年鉴》（2006年8月）。

《福布斯》（中文版）出版商M Media Group评选白天鹅宾馆为2006年"中国最优商务酒店"（2006年9月）。

广东省旅游星级饭店评定委员会向白天鹅宾馆颁发"绿色饭店"奖牌（2006年9月）。

广东省旅游局授予白天鹅宾馆"2004年度广东旅游企业贡献奖"（2005年4月）。

"保护知识产权——我们在行动"组委会颁发给白天鹅宾馆荣誉证书。证书内容："'白天鹅'商标作为中国服务类企业第一号注册商标，将载入中国知识产权发展史。特发此证，荣誉纪念。"（2005年4月）

广东省工商局授予白天鹅宾馆"2004年度守合同重信用企业"光荣称号（2005年6月）。

广东省总工会评选白天鹅宾馆为第九届广东省职工职业道德建设先进单位。前台部大堂副理组为"全国模范职工小家"（2005年6月）。

广东省政府评选白天鹅宾馆为"广东省年度文明单位"（2004年1月）。

白天鹅宾馆团委被评为"广东省五四红旗团委"（2004年5月）。

广东省税务局评选白天鹅宾馆、广东白天鹅集团公司、广州白天鹅从化培训中心、广东德大宝马汽车维修服务有限公司和白天鹅宾馆美食屋为广东省首批纳税信用A级纳税人（2004年6月）。

白天鹅宾馆被评选为广东省"百家和谐劳动关系先进企业"（2004年12月）。

白天鹅宾馆被评选为广东省企业文化建设明星企业（2004年12月）。

中国企业信用协会评选白天鹅宾馆为"中国服务满意十佳诚信单位"（2003年1月）。

广东省工商局授予白天鹅宾馆"连续十年重合同守信用企业"称号（2003年6月）。

著名商务旅游杂志《商旅-亚太版》连续第三年评选白天鹅宾馆为"广州最佳商务酒店"（2003年9月）。

白天鹅宾馆商务楼层荣获"全国五一劳动奖状"（2002年4月）。

广州市地方税务局评选白天鹅宾馆为"纳税信誉A类企业"（2002年4月）。

亚洲酒店网评选白天鹅宾馆为"中国最佳酒店"第四名，前三名均为国际连锁酒店集团的上海成员酒店（2002年6月）。

著名商务旅游杂志《商旅-亚太版》在2002年读者评选活动中，白天鹅宾馆再次获评"广州最佳商务酒店"（2002年8月）。

（接上页）2002/10 白天鹅宾馆玉堂春暖餐厅会议中心班组荣获由共青团广东省委颁发的"广东省青年文明号"光荣称号。

在著名商务旅游杂志《商旅-亚太版》2001年读者评选活动中，白天鹅宾馆被评为"广州最佳商务酒店"（2001年8月）。

国际著名的金融杂志《机构投资者》杂志第五次评选白天鹅宾馆为"广州最佳酒店"（2001年11月）。

广东省企业文化协会授予白天鹅宾馆"广东企业文化建设1998—1999年度先进单位"称号（1999年1月）。

在世界最有权威性的《财富》杂志的1999年第十五期上，白天鹅宾馆名列"中国整体最受赞赏的外资企业"55家企业中的第31位（作为酒店方面为第一位）。

美国《资深投资者》杂志每年一度的"世界百佳酒店排名"是商旅人士选择酒店的最佳指南。在1999年"世界91大城市最佳酒店&"专栏中，白天鹅宾馆被评为广州最佳酒店（1999年11月）。

1998年4月在3月30日《亚洲华尔街日报》的"亚洲旅游专栏"上公布了一年一度由读者评选的"旅游设施评比"结果，白天鹅宾馆被评为"广州的首选酒店"，花园酒店名列第二。

广东省工商局授予白天鹅宾馆"重合同守信用企业"称号（1998年5月）。

白天鹅宾馆在商务客评比中再拔头筹。1998年Business Traveller（《亚太商务旅客》杂志）读者评选白天鹅宾馆为广州最佳酒店（1998年9月）。

白天鹅宾馆被全球三大报社之一的《亚洲华尔街日报》列为世界商务人士在广州首选酒店（1997年6月）。

在国家旅游局主办的全国百优五十佳星级饭店评选活动中荣获'95全国五十佳星级饭店榜首殊荣（1996年3月）。

1995/4管家部机动班被团中央、国家旅游局等十个系统联合授予首批全国"青年文明号"称号。

中国质量管理协会的用户委员会，评选白天鹅宾馆为"1994年度全国用户满意服务单位"（1995年10月）。

中华全国总工会，全国职工职业道德建设领导小组评选白天鹅宾馆为"95全国职业道德建设十佳单位"（1995年11月）。

白天鹅宾馆工会女职工委员会被评为全国先进职业集体（1994年3月）。

国家旅游局评选白天鹅宾馆为"最佳星级饭店"（1994年12月）。

在世界三大指南之一《权威酒店指南》中，白天鹅宾馆被评为"豪华酒店"，意为"一家杰出的酒店"（1993年1月）。

白天鹅宾馆被评为"广东省文明单位"（1991年4月）。

白天鹅宾馆广东省委授予党委"热心党的事业"锦旗（1991年5月）。

白天鹅宾馆被评为"广东省模范单位"（1991年8月）。

白天鹅宾馆被评为中国首批五星级饭店之一（1990年2月）。

白天鹅宾馆被广东省企业管理办会评选为1988至1990年度先进企业（1990年12月）。

白天鹅宾馆被国际"金钥匙"组织接纳为该组织成员（1990年12月）。

白天鹅宾馆被评为广东省先进集体、中国旅游优质服务先进单位（1988年12月）。

白天鹅宾馆被评为"中国十大先进企业"之一，广东省企业管理先进单位（1986年3月）。

白天鹅宾馆被接纳为"世界一流酒店"组织成员（1985年7月）。

白天鹅宾馆获国家建筑设计和质量金质奖、技术进步奖（1984年8月）。

白天鹅宾馆建筑获全国优秀建筑设计一等奖（1984年）。

硬件和软件都堪称领先世界的白天鹅宾馆，相继登在美国《时代》杂志和《新闻周刊》杂志上。珠江边"白天鹅"的浮波倒影再次被世界注目（1995年4月）。

白天鹅宾馆入选"首批中国20世纪建筑遗产"名录（2016年9月）。

2010年，广东省第三次全国文物普查时，除了一些有价值的遗址和建筑被认定为文物，一些老字号的"非遗"项目的店铺工厂也榜上有名。中国第一家五星级大酒店——广州白天鹅宾馆将被认定为文物。

白天鹅宾馆从建成起便受到海外游子的偏爱。珠江波光在连片的玻璃墙外摇动，清甜的"故乡水"在大堂的亭台石峰间飞溅，那是游子浪迹天涯时一想就会心痛的故园。

广州人也觉得白天鹅很亲近。白天鹅宾馆落成之际，大门向平民百姓敞开。人们扶老携幼去看新鲜，被挤掉的鞋子足足捡了两箩筐。广州地处改革开放前沿，老百姓最先感受到开放之风从没有壁垒的五星级酒店吹出来。

当一家宾馆得到如此长久广泛的认同时，它就不再只是一幢建筑，而变成了光阴流逝的故事，生活方式的表达，城市形象的标志。

许多专家都认为：

莫伯治的建筑设计作品，"不论是早期之作抑或近作"，令人"感受最深的是作品的'个性'和作者的'创意'。"

这种"个性"和"创意"可从他所经历的漫长岁月、孜孜不倦的探求自身的、地方的、个性的表现和悠长的时间跨度中寻得。学习他的作品可以品赏那浓郁的地方风格——岭南建筑风格；学习他的作品，又可以鉴赏他对现代建筑的深刻理解和成功实践；学习他的作品，还可以享受自然环境和建筑融为一体的美，欣赏到一种人文的自然和自然美的结合。……

任何地区的建筑发展总离不开社会经济、科技文化的影响。岭南是祖国的最南方，它夏季气候炎热而湿润，属亚热带气候，又常受台风袭击，它的绿化植被有着独特的景观。传统的建筑文化给这里带来别具一格的骑楼和通风透气的小天井，民俗的爱好使这里的民居建筑富有装饰性，色彩鲜艳，雕塑繁复，世代相传一直延续到了今天。它们融合着人们的心态，明朗、开放，极富表现力。木格窗、梁柱、额枋上的奇丽装饰，门窗上的彩色玻璃，以至透空木架，石料雕刻、红色砖瓦等，几乎无处不富有装饰性。在绿树成荫下的绿色海洋中，点点红黄鲜艳色彩，组合成一幅岭南建筑的彩色图画"。[1]

清华大学建筑学院的教授周卜颐则认为——发展中国新建筑的希望在岭南。他专门著文写道：

莫伯治的设计善于运用简朴的地方材料，结合岭南葱茏的园林，创造优美而多彩的建筑环境，具有独特的岭南风采，给人以深刻而难忘的印象。他的设计手法颇有美国建筑大师怀特（Wright）的风度，是我国少数杰出的建筑师之一。白云山山庄和矿泉别墅则是他早期的成名作品。

莫伯治既有丰富的中外建筑历史文化知识，又掌握不少建筑理论，但并不受其束缚，而且能结合中国国情和地方文化，拥有自己独立的建筑创作见解，而没有借尊重历史文化之名走一般历史主义或复古主义的庸俗道路。他在建筑创作中提倡建筑师之间的合作，建筑师与业主和工匠之间的共识，对建筑美学历史文化主张沟通或叫融会贯通，这是他成功的理论基础，没有这种思想就不可能在创作中不断创新而获得成功。他有丰富的园林知识，举凡苏州园林，法国皇家花园，尤其是岭南园林，无不一一深加研究，并能融会贯通地加以运用。他的设计之所以有一种岭南风味与此不无关系。他与建筑大师佘畯南的通力合作、亲密无间而丝毫没有文人相轻的恶习，不仅在他们的同事中传为佳话，就是在中国建筑师之间，也认为不可思议。在这方面，莫、佘合作是学习建筑大师Gropius协和事务所，集思广益，栽培后进人才的大有裨益之举，望国人切莫等

---

[1] 见暨南大学出版社2004年9月出版的《岭南建筑艺术之光》第21页。

闲观之。①

莫伯治认为,建筑这种人造的生活环境,总是坐落在一定的自然环境之中。建筑必须与周围环境相协调,在协调的前提下求对比、求变化,才能既和谐又多姿多彩,失去协调来追求各自的个性,只能是杂乱无章。严格来说,不协调本身也是一种环境污染。

闲暇时,他爱约朋友在设于白天鹅宾馆内的工作室喝杯咖啡。

接下来的故事早已无关浪漫了。杯子里装着的,都是急需解决的问题、活鲜鲜的日子……

个把小时,说长不长,说短不短,谈几个问题,一杯咖啡,不急不慢地喝完,时间正好。

2003年2月,他还怀着对白天鹅宾馆的深厚感情,赋诗一首:

东来紫气起琼楼,环拱芳村与绿洲。
潮涨鹅潭三水注,春风竞秀拔先筹。②

五、将民族气派岭南风格推而广之

1983年莫伯治应邀主持了珠海宾馆的设计,担任工程总顾问。

珠海拱北宾馆,位于珠海市拱北水湾路21号(澳门关口旁)、珠海市商业中心的最繁华的拱北区域,与澳门特别行政区隔街相望,距珠海机场40分钟车程。距港澳码头7分钟车程。系中国旅游饭店协会会员,国家四星级旅游涉外饭店。宾馆主楼采用古代阿房

---

① 见暨南大学出版社2004年9月出版的《岭南建筑艺术之光》第19页。
② 见《莫伯治文集》第364页,2012年7月由中国建筑工业出版社出版。

宫建筑改良风格设计，集古今文化于一身，充满浓厚的中国风情。宾馆客房分为主楼及别墅两大类，主楼3层，设有高档商务房、豪华套房共60余套，别墅76栋，可同时容纳400名客人，备有大小会议室3个，可同时接待300人的会议。

宾馆附设独具特色的泰国餐馆、大堂酒吧、海鲜酒家、特色餐厅、夜总会等，可为宾客提供各式宴会、酒会、冷餐会、自助餐、零餐菜点供宾客娱乐消遣。国际标榜发型设计美容中心为宾客提供美容、美发和保健服务。宾馆商务中心、国际旅行社等可为宾客提供图文传真、打字复印、预订港澳客房、机票、车船票，旅游组团、租车等服务。

珠海拱北宾馆工程获得了国家优秀设计奖。

六、不因盛名而颐指，不唯权重而低眉

莫伯治设计的广州北园酒家、泮溪酒家、白云山山庄旅舍、双溪别墅、广州宾馆、白天鹅宾馆等一系列作品，引起建筑学界的广泛注意，也给他带来了很多荣誉。但莫伯治始终既不因盛名而颐指，也不唯权重而低眉。

据中国城市规划协会副会长、曾任广州市规划局党委书记和局长的施红平同志介绍：

他淡泊名利，为人谦和，不因盛名而颐指，不以龄高而吆喝，更不唯权重而低眉。我记得，当白云宾馆建设结束后，莫伯治回到局里，在建筑管理科上班，他和我们青年人一样，骑自行车下工地

踏勘，认认真真地审批报建案，没有什么两样。我还记得，20世纪80年代末，东湖公园南岸某宾馆改造，要建×××套房间12层高的大厦，省委书记也发话了。如果批准，东湖公园南岸将耸立一堵100多米长，近40米高的"大墙"，公园景观将受到极大的影响。我叫人在湖边升起了3个气球，一个36米高，一个24米高，一个12米高，请了一批专家教授到现场研究，一致认为不能建高层。两种意见僵持不下，关键时刻莫伯治挺身而出，"我设计的北京钓鱼台国宾馆，也是×××套客房，只4层楼，这个难题，我来解决。"为此，报告呈上去，时任省委第二书记的谢非同志批示，还是按市规划局的意见为好。后来宾馆建起来了，也只4层（局部5层）高，使东湖公园周边景观得到了有效的保护。前两年，一个领导机关又在东湖边大拆大建，设计单位为使方案获得通过，打了莫老的旗号，莫伯治得知，怒斥了这些卑鄙的做法。莫老身上所体现的建筑师应有的职业道德风范，无不使那些为沽名钓誉、唯利是图而违背道德操守的建筑师汗颜。①

---

① 见《莫伯治文集》第3页，2003年4月由广东科技出版社出版）

第五章
对新的表现主义的探索与尝试

莫伯治在《莫伯治文集》的自序《建筑创作的实践与思维》一文中专门谈到他的第三个重要体会是新的表现主义的探索与尝试。①

莫伯治很有创意地指出：

近100年来，西方现代主义建筑经历了发起、发展和调整的阶段。所谓调整阶段，是指20世纪60年代以后，现代主义所受到的其他思潮和学派的质疑与批评（例如，后现代主义和解构主义的建筑师和理论家们，逐步推出了与现代主义显然不同的理论和作品）以及现代主义本身所作的调整与改进。

建筑领域中表现主义的最初浪潮出现在20世纪初期（约1905—1925年间）的北欧诸国。它的特点是通过夸张的建筑造型和构图手法，塑造超常的、强调动感或怪诞的建筑形象，并表现了建筑师希望赋予建筑物的某些情绪和心理体验，引起人们对建筑形象及其含义的欣赏、猜测与联想。密斯·凡·德·罗所做的柏林弗里德利希大街办公楼方案（1921年），以玻璃为外墙，大厦通体透明，从外面可清楚地看见里面的层层楼板。整个大厦的顶部以有力的锐角刺向天空，具强烈力度及雕塑感。密斯解释说，它"显示出雄伟的结构体型，巨大的钢架看来十分壮观动人"。这种"壮观动人"正是表现主义的表现之一。当时所出现的表现主义作品还有汉斯·口尔齐格的柏林剧场（1919年）、格罗皮乌斯三月革命死难者纪念碑（1921年）、门德尔松的爱因斯坦天文台（1924年）和密斯的李卜克内西·卢森堡纪念碑（1926年）等。由于这类建筑与后来占主导地位的现代主义不够协调，因而没有得到广泛的传播与发展。然而近百年来，表现主义建筑"时有出现，不绝如缕"（吴焕加教授语），如法国朗香教堂（1950—1955年）、美国纽约肯尼迪机场TWA航站楼（1961年）、澳大利亚悉尼歌剧院（1973年）和印度

---

① 先后于2003年4月由广东科技出版社初版，2012年7月由中国建筑工业出版社再版。

大同教莲花教堂（1986年）等。近年来，美国建筑师盖里的许多被称为解构主义的作品，可看作是表现主义在现代主义之后的一种新的演绎与表现。

我在建筑创作中强调地域特色，也注重现代主义的引进，并且始终坚持着，这无疑是正确的。但是，艺术本身的发展和观念的创新决不应停留在一个水平上。所以，在近年的一部分建筑创作中，在建筑艺术表现上进行了新的探索，这就是对表现主义的重新审视和思考。

建筑的功能以及材料、结构的规定性是不可忽视的，但是，建筑形式的表现在不同作品中却存在着多样性和创新的可能性。在某些建筑作品中，其形式和形象被赋予特定的思想内容并给人们带来一定的联想，不仅是可能的，而且是艺术多样化的合理要求。

在西汉南越王墓博物馆（1990—1993年）、岭南画派纪念馆（1992年）、广州地铁控制中心（1998年）和红线女艺术中心（1999年）的创作和思考中，为了强调它们的个性，表现它们的特有内涵，分别采用了特殊的造型和夸张的构图手法。它们从表现主义的建筑作品中得到了某些启示。

西汉南越王墓博物馆，位于2100多年前的郊山墓地，而如今却地处热闹街市的具体场合中，既要保有历史时代的联想，又要成为今日城市环境的一部分，确有一定难度。设计中以汉代石阙和古埃及阙门形式变体为主体，面向城市街道，但它又不是一般的城市建筑，巨大的实（石）墙和墙上的浮雕和门口的动物雕塑展现了建筑的特殊内涵，并与墓室、场地、展览馆共同组成一个有较多表现层次的群体。从接受设计任务以至整个创作过程使我深感建筑师创作思维的广度和深度的开掘和拓展，是十分必要的，也是没有止境的。

在岭南画派纪念馆中，以不规则的外墙和抽象雕塑的门廊，突出表现了对岭南画派的革新精神和艺术风格的回顾与阐扬。

在广州地铁控制中心，首先对所在地段的历史、外围环境和建筑功能作出分析：该中心是地铁1号、2号两线的交会点。地铁的兴建受到广大市民的关注，是广州改革开放的标志性建设，而控制中心大楼是地铁系统突出于地面的重点，它的外形令人联想到地下潜龙至此奋然掀土而起的有力形象。该中心南邻广州起义纪念馆。这一带是当年中国共产党领导革命人民浴血奋战的战场，因此大楼在建筑风格上注入密斯·凡·德·罗的李卜克内西·卢森堡纪念碑的体量组合和审美构图要素。根据上述对建筑形象内涵的思考，在演绎和表达过程中不受梁柱构架完整性的约束，着意于功能空间分离的构图要素，采用大尺度的简单几何体块，体型组合自由活泼，色调反差明显（红、黄、蓝、白），整体上具有强烈的动感和尺度感，表现出改革开放新时期的气势、激情和艺术效果。

一、注意学习新知识和国内外各方面好的经验

在中国建筑界,有人把新中国成立后在广州出现的带有岭南地区特色和现代风格的新建筑,称为现代岭南建筑,并且认为从20世纪60—80年代初期,岭南建筑的创作与成果形成了新中国成立后我国建筑艺术创作的第一个高潮,岭南建筑是当代我国建筑艺术发展中三个主要流派(北京、上海、岭南)之一。

莫伯治自觉而深刻地认识到,工程设计是一种崇高的创造性劳动,难度大,强度高,面临着许多意想不到的艰难险阻。创作出色的建筑作品,势必是一场马拉松赛跑式的持久战,切忌急功近利,务必远离浮华,尤其是必须适应同长时间的孤独与寂寞相伴,需要设计师一丝不苟,无怨无悔,兢兢业业,全力以赴,付出全部的劳动、智慧和心血。

莫伯治十分注意学习新知识和国内外各方面好的经验,不断在新时期调整自己的创作方向,要求自己的设计既不重复别人也不重复自己,不停留在过去的成绩里,努力创新提升,希望在未来的创作中运用新的思维、新的方法,激发创意灵感,使作品反映时代风貌,更具内涵和境界。

我国唐代大诗人杜甫有诗云,"颇学阴何苦用心","转益多师是汝师"。

莫伯治始终活跃在建筑工程设计的第一线,并不断推出引人注目的新作品,源于他专于学习和总结。

我国唐代书法家李邕有句名言:"似我者俗,学我者死。"宋代

文人黄庭坚云:"随人作计终后人,自成一家始逼真。"

莫伯治认为创新是建筑艺术的生命,创新与传统之间始终存在着一种张力,几乎所有的创新者也都是传统的热心研究者和追随者。拒绝乏味,是他对设计的态度,也是他对人生的态度。

为了设计、建设白天鹅宾馆等,莫伯治和佘畯南等学习了国外的许多东西。

1984年八九月间,莫伯治和佘畯南等曾经去美国参观了好几个城市,考察了一些高层建筑。①

莫伯治在美国洛杉矶迪斯尼音乐厅前

---

① 见2003年4月由广东科技出版社出版的《莫伯治文集》第205页。

1984—1993年期间，莫伯治曾经陆续游历了希腊、埃及、塞浦路斯等地中海沿岸的历史名城。[①]

他呕心沥血，夜以继日连续地认真学习、辛勤工作，不辞劳苦地奔波于世界各地。在整个考察期间，莫伯治不仅从建筑史的角度观摩外国建筑，而且一直在思考中国的建筑要往哪个方向发展，要走什么样的路，如何处理东方与西方、传统与革新、写实与抽象之间的关系。他既始终坚持开放包容的态度，又认为中国的建筑师要脚踏实地、坚定不移地走自己的路。

著名作家黄裳曾说："独游也有独游的好处，事先没有任何条条框框，一切全凭自己的摸索、实践。"

飞机徐徐开动，很快风驰电掣。那次在国际航班上，莫伯治的右边是一位日本中年男士，西装革履，穿戴齐整；左边是一位金发碧眼的欧美女士，戴着金丝眼镜，颇有学者风范。

飞机升空不久，左右邻座的旅客都忙碌起来：右边的男士从公文包中取出一个笔记本电脑，双手在键盘上"噼噼啪啪"地敲击，电子显示屏上不断显示着其他陌生的文字；左边的欧美女士从精巧的手提包中取出一本书，静静阅读。

飞机稳稳地在高空飞行，两位空姐忙碌完之后，在他们对面的折叠椅上坐下，微笑地环视着机舱内的乘客。途中，日本男士两眼盯着电脑屏幕，两手不停地输入，似乎在撰写一篇文稿。欧美女士自始至终地在默默读书，时而轻轻翻动书页。莫伯治随意扫了一眼，那书页上印着公式及数表——显然，那是本专业书刊。

左右邻座的旅客都在利用飞行时间在学习或工作。其实莫伯治也没有闲着。他一般会利用乘机乘车的时间，思考一些有关建筑设计的问题。其间，常有些吉光片羽在脑中浮现。但这些旁人是看不出来的。

[①] 同上262页。

莫伯治眯缝着眼,似在小憩,其实他是在默默地打量周边的风景。他每逢透过舷窗,俯瞰机翼下的大地,见一个个城市的建筑绵延起伏,"创新"这个词便会跳入脑海。莫伯治始终认为,艺术本身的发展和观念上的创新,决不应停留在一个水平上。

他数次去欧洲、北美洲、非洲、亚洲多个国家考察,每到一处,莫伯治都要做极详细的考察笔记,并附以手绘的草图,对相关的问题都有源流考证和理性分析。他的学习方法,对后来的学者都是极大的教育和鞭策。

莫伯治在参观途中

俄罗斯文艺理论家车尔尼雪夫斯基说:"美是生活。"莫伯治每下飞机来到一地,就被那里的土地和人民深深地感染,其创作热情也被空前地激发出来。他样样都感到新鲜、激动。

莫伯治对国外最新建筑潮流的进展如数家珍，对一些后现代主义的设计随手拈来，对于现代主义建筑有自己独特的爱好和见解，思想开放不保守。

1993年8月15日莫伯治和同事参观比萨斜塔

莫伯治丰富的想象力和创造力源源不断地迸发出来，表现出一代大师不断革新、不断改变、不断探索的信念和勇气。他欣喜地联想到，在世界其他一些地方，也有人思考着和自己一样的问题，有着同样的喜怒哀乐，有着同样对建筑艺术、自然和谐的追求与努力。

笔者有幸拜读了莫伯治于1986年写就的《考察工作汇报》第一部分（初稿）。88页厚厚的一叠大A3纸张被精细地装订成册，因时间较长，已然泛黄，包含了对埃及、塞浦路斯、希腊、意大利、西班牙、英国、美国、日本等国家考察的所见、所闻、所思、所想。

透过莫伯治的这些文字，能看出他建筑大师的本色及学识修养在充分地释放。莫伯治抚今追昔，思接千古，笔下世界宛若全息影像，参差错落，犹如宏阔多变的交响诗，疏密有致，静动相宜，细微处有更多或淳朴或典雅的理论阐发。

莫伯治当时虽然已过知天命之年，但精神矍铄，治学严谨，每到一处，眼光既停留在文化上，也停留在建筑上。他常常想，为什么各国的大地上都会有城市？会有建筑？为什么城市及其里面的建筑会成为人类的生活空间和居所？这是因为城市是人类物质文明和精神文明的聚集地，其功能就是为人类创造更好的生活。人创造了城市，城市为人服务，城市本身也是一个生命体，在不断生长。

莫伯治忍不住时而要谈到欧洲文明，谈到文艺复兴，谈到大圆顶的大教堂……在倾听者仰慕的目光中他同时能获得自我的存在感。

对于那次考察的目的和重点，莫伯治在汇报的开篇中写道：

1. 完成了我驻外大使馆新建、扩建、改建及规划的设计任务。
2. 考察建筑的演进史，重温建筑史。
3. 了解当代建筑思潮的动态，探索今后我们建筑创作的途径。
4. 了解国外建筑教育和建筑实践如何培养人才。
5. 对城市规划的土地开发和交通组织作初步的考察。
6. 考察旅游建设情况。

在这次时间颇长的旅程中，莫伯治边考察边写作，边工作边读书，对所考察的埃及、塞浦路斯、希腊、意大利、西班牙、英国、美国、日本等国家的有关情况进行了详尽的记录与思考。他东半球、西半球一圈考察下来，虽然鞍马劳顿，但沿途观察了解了很多地方风物、古今文化与建筑特点，而不是简单地一飞了之，一路风尘很是值得。莫伯治甘之如饴，共80页的"手写版"考察工作报告图文并茂，叙述简洁明快，生动朴实，颇具感染力，文字工整，一笔一画，图画精准，传神生动，全程饱含着莫伯治始终如一的考察热情和满满的革命乐观主义精神。

这在众多篇幅的文字中可以反映出来：

启程到第一站埃及开罗时,"1985年9月23日,早上7:45离广州,在香港、曼谷、阳曼转机三次行程19小时,于开罗时间晚上9:30到开罗时已是万家灯火。"

生活中处处充满诗意,随意发现,可能就是一种美。莫伯治自幼国学底子深厚,擅长吟诗颂文。见到深有感触的东西时,他仰头略微思索,之后笔走龙蛇一挥而就,有时审视写出的文字,轻轻摇头,似不甚满意,有时稍稍点头,表示尚可。此刻,一个大学者蓄积于心灵的智慧品格、气质才华和激情胸怀均纤毫毕现。

莫伯治在开罗忙里偷闲,参观、考察了闻名遐迩的金字塔,并写下诗作:

游开罗金字塔

狮王塔下守沙丘,千秋尼罗水逝流;
法老霸功无觅处,空留石椁与神舟。[①]

20世纪90年代初莫伯治在埃及

埃及的第二站是卢克索,去那儿的行程莫伯治与伙伴们好一通折腾:"卢克索位于开罗南面700公里、尼罗河上游,26日买好12:00火

---

① 见2003年4月由广东科技出版社初版,2012年7月由中国建筑工业出版社再版的《莫伯治文集》。

车票去卢克索，11：30 驱车去火车站，因途中塞车，迟到 15 分钟，火车开走了。乃找站长换票，改乘晚上 8 时班车，奔走了两个小时才弄到三张票。天气酷热，车站人山人海，尘土堆积，一步一个鞋印。真难受，很想罢去。晚上 6 时就去火车站，等了两个小时才登车。因人多，时间短迫，秩序很乱，人们争先恐后，强者从窗口爬进去，推拉冲碰，险情百出。心里又想，为什么花钱去买罪受？！"

"我们乘一等车厢，鬼佬较多，稍为安静。但开车后，服务员席地而睡，走道无法通行，卫生间极不卫生，臭气熏天。我们坐着车半睡半醒，度过了一个不平凡的一夜。很不幸，火车误点四小时，中午 12 时才到埠。就有人来兜生意，要当我们的导游，介绍我们去找下等的客栈。我们到票房买回程票，他们说只有下午 5 时班车。我们决定去航空公司，幸而买到了三张 28 日晚十时回开罗的机票，这样才有一天半的时间在卢克索考察古建筑。然后坐马车去找旅馆。在卢克索饭店居住，这间号称四星饭店，实际上设备很差。"

卢克索的回程之旅也不轻松。莫伯治写道："来时挨火车，虽苦也值。归程乘飞机，争上飞机也是趣事。晚上 9：45 飞机回开罗。6：30 分我们到机场。8 时人们陆续开始办登机手续。乘客基本上是高级游家，是洋人。因为登机卡没编座位号，人们心情紧张，怕上不到机舱回不到开罗。同时飞机又误点，所以秩序大乱。机场守兵无法维持秩序。这些文质彬彬的女士和绅士步步向机舱泊进。一到登机时间，不管男女老幼都蜂拥前来。有个老太婆大声疾呼：STOP PUSH！调皮的绅士则报以大笑：WONDERFUL！洋人抢上飞机，是我们第一次碰到这怪事，甚为有趣。"

在意大利，莫伯治等碰上了雨季："驱车去佛罗伦萨披萨，沿途两旁白雪覆地，走进银白色的世界，往西北走去，米兰也是下雨。在意大利的七天里非雪即雨，这对于重游旧地的人们来说天气的变换，景物也随之而转移，亦甚感趣味。"

莫伯治在参观途中

意大利是欧洲文明的发祥地，也是古代诸多文明演绎的舞台。因此，它的建筑风格多种多样。历史上不同时期的文明曾经在这里碰撞、交融，将沉淀下来的文化融合之美镶嵌在一座座美轮美奂的建筑物之上。

在马德里，历经了一雨雪天气的莫伯治等见到了久违的太阳。"太阳对于我们似乎很生疏了。这里阳光普照，对于七八天未见过太阳的旅行者大有陌生之感。"

而对塞浦路斯这个富足、旅游业和服务业占国内生产总值近八成的岛国，莫伯治觉得他们生财有道："这个小岛建设高速公路，以汽车为交通工具。他们的古迹保留不多，但他们编出了不少美丽的神话。什么是女神的浴池，实际上是一个沙滩；什么 VENICE 诞生地，实际上是海边的一块石头。人们经过这里，都下车去欣赏一番拍照留念。我们也不例外。"

"我们从开罗来到小岛之国感到洁净、安静、有秩序，对比鲜明，有小康之国的气息。街上少行人，早上七时半上班，下午二时下班，星期六、星期日休假。贫富悬殊不明显，小偷尚未发觉。同时天色晴朗，晴天万里无云。……"

"Soloi 露天剧场，位于塞浦路斯之北海岸。那里有古露天剧场，建于山坡之上，是罗马统治时期建的。最近重修工作做得过于精细，失去了古味，弄巧反拙。而附近遗留下来的浴堂、厨具稍加整顿反而令人视之为珍品。因此修复古迹应注意掌握分寸，尽量保留其原有面貌为宜。"

1985 年 10 月 25 日，一架塞浦路斯民航客机把莫伯治等带到雅典。这是他第三次来到阳光灿烂的希腊，但还是抑制不住内心的激动。"当飞机在上空盘旋时，我俯瞰大地，看见雅典卫城（Acropolis of Athens）的影子。我联想到 1974 年我从巴黎回国，途经雅典飞机也在上空盘旋，我看见卫城的影子。""回顾 45 年前的往事，在课堂听希腊古建筑史时，老师曾说过，没到过雅典的卫城，对于一个建筑师来说是一件十分遗憾的事情。我在向往：哪一天我有机会登上卫城——这块西方建筑师的圣地?! 1984 年 10 月我的愿望实现了。在使馆党委和大使的特殊照顾下，让我走遍这个半岛。这一年的 12 月，我到埃及追求关于古埃及建筑的知识，后来又怀着求知的心情重来雅典，这种心情相信建筑师同行会理解的。"

各种考察活动的连续奔波，让莫伯治添了不少倦色，但深入思考的良好习惯，却始终保留着几许工程师的淡然。

二、从古代文明中撷取建筑灵感

建筑文化是社会总体文化的组成部分，建筑物是文化的载体，它装载着人类、社会、自然与建筑之间相互运动的信息。在莫伯治心中，文化与建筑是分不开的，是两个紧密的整体。的确，莫伯治在建筑设计中少不了文化的因素。他认为，面对现代文明的辉煌成就和发展速度，我们应将古代的文明、建筑的精粹和现代建筑文化进行完美的融合。而建筑传统的继承与创新，与城市历史环境、建筑空间营造、建筑结构和材料的选择以及建筑细部设计有着密不可分的联系。

同材料而产生不同的建筑文化形态的现象在世界范围内普遍存在着。运用天然材料，就地取材，这是不同地域建筑的最初选择，且由此而构成了当地建筑文化的主要特征。在埃及，莫伯治如饥似渴地吸收着古埃及人的建筑艺术，对于古埃及人使用石料这种建材的技艺，莫伯治赞不绝口："古埃及大致分为上下埃及两部分。上埃及是尼罗河中游峡谷地带，那里不可能筑巨型的金字塔。下埃及是尼罗河口的三角洲，地势较平坦。尼罗河两岸缺少良好的建筑材料，石头是古埃及的主要建筑材料。因此，古埃及人运用石头的技术和艺术是很精巧的。六千年前他们已会用巨大的石块（20尺×8尺×4尺）来建金字塔，用一块石头来制作高达52米的方尖碑（细长比约为1∶10）。有的石梁的跨距超过9米。有的柱子高达21米。法老大石像高达20米，惊人的大尺度是为奴隶主起到震慑人心的艺术力量。"

"人们说，卢克索的石头比金子还贵重。我们来卢克索，因为它是古王国首都底比斯之一部分，是王后的'冬宫'。现在存在的遗迹，都是公元前2000年的建筑。这里有著名的太阳神庙。埃及中王国时期，把太阳神拜为天上的统治者。新王国时期，把法老与太阳神结合，奉之为太阳神的化身，即是活神，太阳神占了最重要的地位。古埃及神庙的布局，是在一纵轴线上依次排列：高大的门，围柱式院落、大殿和一串密室。底比斯的地方神阿蒙神庙采用这种布局。当太阳神成为主神后，太阳神与阿蒙神合二为一，于是太阳神庙亦采用这种布局，但在门前立一两对方尖碑作为太阳神的标志。

而在记录中,莫伯治还不忘记录下发生在这些石头陵墓里的历史背景和传说:"国王谷位于尼罗河西岸,我们乘船过河西,然后租车去西边几个点。建造年代是中王国时期,公元前1560—1100年,当时迁都于底比斯。峡谷窄狭,两侧悬崖峭壁。金字塔不适宜在此种地形,因而在山岩上凿石为陵。其规划布局以祭殿作为主体。……建筑师为统治者挖掘一个少有人到的岩洞,凿成梯级引进墓室。创造这个先例为后来所效法。但是法老始终不能安息,其陵墓被匪贼挖掘,盗去珠宝。其崇拜者将法老的尸体转移他洞。拉美西斯三世的尸体就迁移三次。许多居民靠卖这些盗物为生。公元前800年以后这些偷盗已成为一种职业,父子世世相传,阿杜拉苏家族是这个秘密之所的保护者,将36个法老的尸体迁去为人所不知的葬地。至1881年这个家族之一成员被审问,才发现此秘密。"

1985年9月29日,莫伯治来到美丽的岛国塞浦路斯。塞浦路斯位于欧洲与亚洲的交界处,处于地中海东部。在地理位置上属于亚洲,但在文化、政治上又是欧洲的一部分。可以这么说,整个中世纪欧洲发展的进度,曾经被近乎完整地浓缩在地中海东部的这么一个岛屿上。这个小岛,多少年来都被外来人所占领。公元前3000—1000年,它的铜器业已很发达,因而对外商业和海运很旺盛。公元前700—300年,叙利亚、埃及、波斯帝国相继入侵。公元前后,罗马人入侵。1571—1873年为土耳其所占领,1878年租让与英国,直至1959年才宣布独立。"这个地中海的小岛是个军事的要塞,是兵家必争之地,很难抗拒强者的入侵。因此,虽有悠久的历史,亦难发展成为一个有独立性有系统性的完整的文化体系。"

但莫伯治仍认为塞浦路斯的建筑有自己的风格:具有地中海地区的特点,外墙以白色为主,造型简洁,给人以明朗纯洁之感。住宅设计标准较高,重视功能,合理宁静,充分利用建筑空间安排壁柜、衣橱、储存室等,注意解决通风及日照问题。阳台多而宽阔,皆装百叶窗，外形在窗的组合和比例上下功夫，运用阳台的大小、凹突、方向的变化、组合，以同一个平面可做出许多不同的外形。有时还在重点部位略加颜色，或选用一些好材料。天面及阳台栽种花草，以增加自然气氛并令人感到柔和。

对建筑细节承载的信息，莫伯治也不厌其烦地予以描述：戴爱尼苏斯是古塞浦路斯一间华丽的房子，地面镶嵌着精细的马赛克图案（是用碎石粒铺砌）。其上盖已不存在，其地

莫伯治在旅途中

面图案保留甚完整，经挖掘之后，上建一砖木结构的覆盖物。在马赛克图案地面之上架木人行道，作为旅游者欣赏用，其人行道基本上按照原来墙壁位置来安排，人们站在人行道上可看到原来每个厅堂马赛克的完整图案。建筑物利用侧高处采光，效果不错。平面中央有一中庭，可做辅助光源。上盖建筑用料粗陋，衬托马赛克图案的精巧工艺，令人能将注意力集中于主题之上。

希腊，西方文化的摇篮。莫伯治对这个国家特别偏爱："一位希腊朋友曾说过，希腊人的智慧源于阳光"。莫伯治写道，"2500多年以来，这座白色石灰石所建的神殿，在蓝天艳阳交互辉映下，展露庄严而绮丽的风姿。登临山上可饱览雅典市内新旧建筑交杂的情景，别有风味。"他给予"雅典卫城"浓墨重彩的描述，"闻名的建筑巨作——雅典卫城，是村民在这块高地上建造简陋的房子以抵御入侵者的袭击。高地四周是悬崖峭壁，只有西边一条山路。高地之西北角有清泉从石缝涌出，为村民做幸福，他们认为此即慈悲的水

神所赐并为他们带来橄榄树。谁也想不到这粗糙的避难所竟成为西方建筑史巨作的奠基石而涌入人类文明的史册。"

莫伯治在考察途中

雅典卫城（Acropolis of Athens）在雅典市中心的卫城山丘上，始建于公元前580年，是希腊最杰出的古建筑群，是综合性的公共建筑，为宗教政治的中心地。雅典卫城面积约有3公顷（3万平方米，其东西长约280米，南北最宽约130米），古罗马的历史学家普鲁塔克（Pluttarch，约46~120年）写到卫城建设时说："大厦巍然耸立，宏伟卓越，轮廓秀丽，无与伦比，因为匠师各尽其技，各逞其能，彼此竞赛，不甘落后。"雅典建筑群达到了古希腊建筑群、庙宇、柱式和雕刻的最高水平。这些古建筑无可非议地堪称人类遗产和建筑精品,在建筑学史上具有重要地位。

卫城中最早的建筑是雅典娜神庙和其他宗教建筑。雅典卫城,也称为雅典的阿克罗波利斯,希腊语为"阿克罗波利斯",原意为"高处的城市"或"高丘上的城邦"。雅典卫城位于雅典市中心的卫城山丘上,始建于公元前580年。雅典卫城具有古代希腊城市战时市民避难之处的功能,是由坚固的防护墙壁拱卫着的山冈城市。雅典卫城面积约有4平方千米,坚固的城墙筑在四周。自然的山体使人们只能从西侧登上卫城。高地东面、南面和北面都是悬崖绝壁,地形十分险峻。雅典卫城内前门、山门、雅典娜胜利女神殿、阿尔忒弥斯神殿等建筑,仅存残垣。雅典卫城东南的卫城博物馆馆藏丰富,建成于1878年,共有9室,珍藏雅典卫城内神庙中珍贵石雕、石刻等。海神波塞冬送给人类一匹象征战争的壮马,而智慧女神雅典娜献给人类一棵枝叶繁茂、果实累累、象征和平的油橄榄树。人们渴望和平,不要战争,结果这座城归了女神雅典娜。从此,她成了雅典的保护神,雅典因之得名。希腊波斯战争中,雅典曾被波斯军队攻占,公元前480年,卫城被敌人彻底破坏。希腊波斯战争后,雅典人花费了40年的时间重新修建卫城,用白色的大理石重建卫城的全部建筑。

如果把卫城看作一个整体,那山冈本身就是它的天然基座,而建筑群的结构以至多个局部的安排都与这基座自然的高低起伏相协调,构成完整的统一体。卫城里各座建筑雄伟壮观,无论是身处其间或是从城下仰望,都可看到较完整的丰富的建筑艺术形象,十分庄严气派。这里集合了雅典娜神庙、伊瑞克先神庙等各座神庙,散发着浓厚的宗教气息和古典韵味,尤其是雅典娜神庙,它是卫城的典范建筑,被列为闻名世界的古代七大奇观之一。神庙别出心裁的雕刻技术,更有各种装饰点缀其中,仿佛在述说着历史的沧桑和不朽,尽情向世人展示着它的古老魅力和庄严气魄。

帕特农神庙位于卫城最高点,体量最大,造型庄重,其他建筑则处于陪衬地位。卫城南坡是平民的群众活动中心，有露天剧场和长廊。卫城在西方建筑史中被誉为建筑群体组合艺术中的一个极为成功的实例，特别是在巧妙地利用地形方面更为杰出。帕赛农神庙在建筑美学方面还有其独到之处，东西两端的基础和檐部呈翘曲线，以造成视觉上更加宏伟高大的效果。另外，4根角柱比其他石柱略粗，以纠正人们从远处观察产生的错觉。神庙中大量以神话宗教为题材的各类大理石雕刻成为其艺术整体不可分割的一部分。

雅典娜女神庙在山门右前方。雅典娜女神庙全由蓬泰利克大理石建成，蓬泰利克大理石的产地就在雅典附近。18英尺长、12英尺宽的神庙内有一个爱奥尼亚式门厅和一个约呈方形的内庙组成。一条饰以高凸浮雕、宽18英寸的中楣饰带围绕在建筑物外部。神庙分前庙、正庙和后庙，在神庙东面有一个执盾的雅典娜神像浮雕。神殿外观整体协调、气势宏伟，给人以稳定坚实、典雅庄重的感觉。通过两道柱廊，人们进入神庙内的"百步大厅"，这里曾经坐落着12.8米高的雅典娜神像，她全副武装，头戴饰有战车飞鹰的头盔，左手持帝盾，右手托胜利女神。通体使用金片包裹，面部、手臂和脚趾用象牙装饰，双眼则以宝石镶嵌。为了在紧急情况下便于转移运输，神像主体用香木制作。她是古希腊雕刻艺术"黄金时代"的代表作品。今天，神像原作已经不存在了，但是许多大理石和青铜的雅典娜塑像却是仿照它制作的。

古代雅典人民还在卫城的西北侧建立了亚革拉广场、大会堂、竞技场和迪奥尼苏斯剧场。该剧场设有18000个座位，可容纳近2万人。其奇妙之处还在于其音响效果，在巨大的半圆形剧场的边缘，观众仍然可以和前排的观众一样清楚地听到演员轻微的叹息和撕开纸片的声音，古希腊建筑大师在运用声学原理于建筑方面的技巧令今天的工程师赞叹不已。

遥想当年，正是在雅典卫城，柏拉图、亚里士多德等一大批睿智的古希腊哲学家著书立说、教书育人，埃斯库罗斯、阿里斯托芬等风趣幽默、妙语连珠的戏剧大师上演其千古不朽的悲剧和喜剧，伯里克利等胸怀韬略、富有远见的政治家发表滔滔宏论，而菲迪亚斯、伊克蒂诺斯和卡利克拉特等才华出众的艺术家、建筑师充分地施展自己巧夺天工的技艺，为后人留下传世之作。如今，雅典卫城作为古希腊文明的标忘，不仅希腊人民珍惜这块圣地，而且世界各国人民也热爱它。每年，雅典卫城都吸引着超过300万人的游客。

在人类历史上，希腊是一段飘动的神话，这里曾是整个西方世界思考的中心。也许，用"独留残垣笑西风"来形容这座古城再合适不过。它就像福楼拜说的那样，是"历只与艺术最璀璨的源泉"。奇怪的是，眼前的种种残损破旧却丝毫不带凄凉之意，反倒让人无端生出些许眷恋。整个卫城最吸引人也最震撼人的正是这一份历经苦难战乱洗礼却留存下来的最平静的精神。那一根根屹立千年的石柱，摸去粗糙坚硬，叩之铿然有声，无言无语，却自有灵魂在内里跳舞。这一种看淡世事的风骨也熏染着卫城的子民们。

夜深时，喧闹的城市安静下来，雅典已然入睡。遥望卫城，一根根白色大理石的廊柱在灯光的照射下反射出火焰般明亮的光芒，在漫天繁星的衬托下显得格外典雅圣洁。和所有现代的城市一样，雅典也面临着传统与发展之间的碰撞，雅典人的选择是果断明了的，他们从不会容忍现代化的脚步掩住古文明的风采。为了把二百棵橄榄树原封不动地保留下来，雅典人可以改变城市建设的计划。你不得不佩服，这就是苏格拉底、柏拉图的后代，任外面的世界天翻地覆，他们自有理想国，踏海放歌，悠然在爱琴海的水天相接中经营着自由的心灵、睿智的精神和丰富的文化。

一路上，莫伯治思考最多的是既要借鉴吸纳国际发展经验，更需要结合国情，充分考虑我国的实际情况和实际需要。现实生活是最丰富的矿藏，建筑师想要将其充分挖掘，还要磨砺自己的工具，使之更称手。唯有如此，最好的中国建筑才能在设计师笔下生动呈现。

参观之余，莫伯治还写下诗作：

雅典卫城

群玉山前玉女峰，仙城何处不玲珑；
古事迷茫谁与论，残垣愁照夕阳红。①

莫伯治的诗仔细读之，应当说语言轻松，内容却不轻松和肤浅。

三、探寻古今建筑成果的继承与创新

中国工程院院士、华南理工大学建筑学院院长何镜堂对莫伯治有这样的评价：莫伯治等一批大师，是岭南建筑界的老前辈，他们立足岭南，开风气之先，设计了一批划时代的好作品，为我国建筑事业的发展做出了卓著的贡献。

中国工程院院士、北京市建筑设计研究院顾问、总建筑师马国馨也曾对莫伯治在建设史上的贡献有过总结："莫老当属我国第二代建筑师，他始终保持着旺盛而活跃的创作力，并对我国建筑界产生过重要影响。他的许多作品已经成为中国建筑创作的经典而载入史册。"

这些评价不可谓不高。作为一个建筑界的大师级人物，莫伯治认为：建筑学应该是一个综合的学科，建筑师不应把自己囿于简单的建筑单体里，视野应该更宽阔，应该关注城市，至少在城市设计

---

① 见 2003 年 4 月由广东科技出版社初版、2012 年 7 月由中国建筑工业出版社再版的《莫伯治文集》。

这部分应该主动介入。如果没有一个城市的观念，没有一个群体的观念，恐怕单体也是做不好的。

莫伯治不止一次到过塞浦路斯。他在报告中记录道：

别后一载，金秋重来塞浦路斯，变化不少，新的民用建筑不少，设计质量不低。由于它是小康之小国，经济能力有限，有不少东西与我们的情况较接近。因此，此行也着眼于他们的现代民用建筑，特别是居住建筑。"他在报告中列举了一栋建筑："这是一栋办公楼的设计，两侧的塔楼是各公司办公楼的入口，也是承托中部的结构。另一栋玻璃房子是一家银行的办公部分，在功能和造型上都有可取之处，但结构复杂会影响投资问题。"

对于着重发展旅游业的塞浦路斯，宾馆必不可少。莫伯治描述道：

塞浦路斯沿海滩建了很多新宾馆，设备标准不低，服务质量高，甚有可借鉴之处。其规模不超过200～300间，很好地利用海滩和阳光资源，尽量布置客户向海，而且房间有望海的大阳台。其次海滩与泳池结合起来，即是沙滩一边是海，一边是游泳池。在沙滩上安放阳光浴椅子，人们亦可在池中游亦可下海享受波涛之乐趣。室内设计有浓厚度假生活气氛，因为用料简朴大方，降低投资额，从提高服务质量来增加收入。塞浦路斯利用太阳能得天独厚，终年天气明朗，晴天万里无云。家家屋顶都装置太阳能设施，设备简易。八口之家需要一吨水的设备，价钱约420塞镑，两吨水装置价钱约475塞镑。吸阳能板是向南，上午吸收阳光的东南向部分，下午则吸收其西南方部分。太阳能的热水与锅炉烧的热水相连接，互相补充，节约能源。这种设备的器材，我国都可以解决。可在农村推广，特别是阳光充足而缺乏煤源的海南岛更为适宜。

莫伯治欧洲之行的第四站来到了意大利。意大利作为文艺复兴的发源地，较早形成了科学与艺术领域的思想解放氛围。在这里，莫伯治关注到了古罗马与新罗马之间的传承与延展。他记述道：

30年代意大利的法西斯统治者为保留古罗马帝国的古迹，在罗马附近建一座新城。其规划和建筑风格承继古罗马的传统而加以简化。例如新罗马一条干线的总体布局与圣彼得教堂的构图原理颇有共同点，其建筑造型则是新古典主义。建在中轴线尽端高地上的墨索里尼的总部，则运用斗兽场的构图手法，以显示其雄伟和牢固。它是方形建筑，比弧形的斗兽场更刚强而有力。建筑共六层，四个面的形体一样，每面有54个拱。首层下面为着强调轴线，两旁每边的三个拱置雕像，以突出中间的三拱作为建筑的总入口。新罗马30年代的建筑具有法西斯统治者年代的特征，如一个以方体形为主题的教堂建筑，其体形是正方体形，与圣彼得教堂曲线的柔和形成了强烈的对比。其布局虽继承古罗马的传统手法，两边有柱廊，但给人以冷酷无情之感。

在"水城"威尼斯，莫伯治总结了这个与众不同的城市之美的"六度空间"：

威尼斯是亚得里亚海的小岛，筑一长堤与陆地连接。这水城的水上交通规划，与陆地城市道路网的规划大致相似，只是他们不筑道路而建运河。运河有主线，也有分支线和水巷等，陆地之联系则以桥为工具，水上交通以船艇为工具。水道的宽窄、深浅以船只大小和数量为依据，同时考虑美观和水域风格的情趣。桥不仅起交通的作用，而是表达水城性格的艺术品。桥的式样很多，水道的两旁是富有诗意的古典形式建筑，有拜占庭、哥特式、文艺复兴和罗马克等形式。威尼斯之美一是水；二是广场；三是古建筑；四是桥梁；五是白鸽；六是游人；七是威尼斯之艇。

在多年的设计生涯中，莫伯治一直坚守着自己的原则：

建筑忌主观性绝对化看问题。欧洲的古建筑许多是经过百年以上的时间去完成，虽然多次变更主持人和建筑师，设计手法会是多样的，但它的统一性很强，因而看来是一件很完整的巨作。罗马的建筑长于丰富，以灵取胜；希腊的建筑以纯洁而取得雅致之美，各有所长，不能绝对化看问题。问题在于创作中之'巧'字。因此在考察中，莫伯治长于古今对比，洋为中用，从中想到自己国家的建筑就如何扬长避短。

在马德里，街道、博物馆以及地方风味里都充满了文学的气息。在那里，地标性的建筑随处可见。莫伯治对这个小城也点了赞："马德里有不少广场古城门富有传统风味，他们很重视古迹之保存及维修工作，同时新区的建设很现代化。把新与旧相结合，十分协调和统一，使人感到它是具有现代化的古老城市，同时也感到它是一个富有传统风格的新区。旧城的街道极窄，路宽仅容一车通过，但我们在此小巷中驶车未发现堵塞现象，可见其组织和管理交通确有可借鉴之处。这个国家人口约500万人，每年旅游人数达400万人，这点也值得深入考察。

在巴塞罗那市中心，为纪念哥伦布发现新大陆而建造的哥伦布广场，其整个处理手法以水为主题。广场位于闹市区，在未到达广场之前，宽阔的马路、交通的转弯处都有不少喷水池为其序幕。走进广场，沿着人行道是高1.8米左右、长达50米左右的瀑布，非常壮观，并给人以海洋的气息。哥伦布纪念碑为纪念航海家哥伦布而建，碑顶上是哥伦布的雕像，他面朝美洲新大陆方向。基座四面的浮雕分别表现哥伦布发现新大陆的过程。广场的另一端与纪念碑相对应的是一组现代派作品，用几块大石头来表达航海船发现新大陆的构思，石块上刻有船员的名字。"一个广场的两端作品，用了两种不同的艺术手法来表达而不感到失调，是由于空间运用和自然环境得当而收到的效果。"

而对于伦敦，莫伯治于6年前来过，这座古老的都市依然如故，没有改变。相对于以白鸽多而闻名的纳尔逊广场，以还原本人人像与生活场景著称的蜡像馆，以子午线定位东西半球的格林威治天文台和馆藏文物数量惊人的不列颠博物馆，伦敦和伯明翰两城之间的新建小镇有了后现代主义的味道。他记述道：

这些小镇的规划、个体建筑和居住建筑都含有新意，其文娱活动中心，重技术主义手法，管道、钢结构外露。

进入当年的12月，莫伯治考察的行程到达美国。与前期考察的诸国家相比，他记述道：

纽约的成长时间是很短的。要尽快把美国建成一个新的国家，他们采取对外开放移民的政策，纽约成为人们进入这个大陆的门户，从世界各地移居于此，很快此地便成为这个国家的经济、商业和文化中心。他们聚集于此地，虽然都会顾及吸引新大陆的共性文化，但仍然保持原有的传统风俗习惯。莫伯治幽默地引用了一个比喻：虽说纽约是外来者之"熔炉"，但其实它像一盘"冷菜"。

自由女神像、联合国大厅、帝国大厦、林肯中心广场……莫伯治用脚丈量了这些地方。纽约古根海姆博物馆是古根海姆美术馆群的总部，是纽约著名的地标建筑。莫伯治在考察报告中记载道，莱特醉心于螺旋上升的空间意念，他在这个博物馆的设计中实现了这种意念。采用斜坡螺旋上升作为进馆通道。顶为玻璃棚,人们进了大厅后乘电梯直达顶层,然后缓步而下,且行且观赏作品。"博物馆建于1957年到1959年,当时引起许多议论,特别是对于功能的价值问题上,古根海姆博物馆不是一般美术馆的标准形态,更不是展出文艺复兴时期绘画的回廊式美术馆,是设计本身具有创意,但这种以运动和时间作为主角的空间,可能不适合于某种图画的展出,例如对于立体派的作品,因作品本身就是以运动和时间作为造型的决定因素,古根海姆博物馆虽然存在这些可争议的问题,但是它的建筑的确是一件艺术品,设计很严谨,体现了莱特的连续性、可塑性的建筑理论。12月5日我们来到这斜廊围绕着的巨大的空间,有此同感:不是为看现代派的展品而来,而是为看莱特的巨作而来,学习大师的创新精神而来。

勒柏大厦(Lever House,现一般称作"利华大厦"),是世界上第一座玻璃幕墙高层建筑,于1951年到1952年建立。当年由SOM建筑设计事务所设计,作为纽约利华公司的办公大厦。"一共24层,上部22层为板式建筑,下部2层呈正方形基座形式。全部用浅蓝色玻璃幕墙,开创了全玻璃幕墙"板式"高层建筑的新手法,成为当代风行一时的样板。该建筑获得1980年美国"25年奖"。采用相似的原则,外皮由不锈钢框架内镶玻璃。在体量组合中,上部的竖向高层建筑与下面横向的低平底座形成强烈的对比。这种手法后来成为许多办公楼建筑喜用的手法。莫伯治认为:勒柏大厦动人之处,不只在于它的体量外观和细部之精密性,也在于它能投合人们的需要,将低平建筑的开敞庭院向过路行人开放,在喧嚣嘈杂的闹市中为人们创造平静安详的环境。从技术性、物理性和结构性能的掌握以及新造型观念而言,这座大楼及其继承者立下了重要的准则。对于轻质性及透明性的探索也首次找到了答案。抛弃了20年代一直缠住大楼建筑不放的重质性。

到了华盛顿，建筑的风格就与纽约稍有不同。首先华盛顿是美国的政治中心，白宫、国会、最高法院以及绝大多数政府机构均设在这里，因此也象征着美国的权力。华盛顿没有纽约那些密集的高楼大厦，没有波士顿的古典建筑，没有纽约那些繁华的金融商业中心，也没有波士顿那么顶尖的名牌大学，但它有庄严的政治权力。美国历史博物馆、美国自然历史博物馆、国家航空航天博物馆、国家美术馆等均设在华盛顿，这些博物馆基本上都是免费进的，属于世界上拥有博物馆最多且藏品最丰富的城市之一。所以这也是一个可以长见识的城市。而城中林荫大道，绿意盎然，庞大的草坪，还有各种悠闲的小动物，完全没有这种大城市的喧嚣与商业气息，多了那么几分幽静和庄严。

在访美期间莫伯治注意到：加利福尼亚大学伯克利分校是美国知名度最高、学术水平最卓著的公立大学之一，与斯坦福和麻省理工齐名，被誉为美国工程科技界的学术领袖，在各种排行榜内都稳居全球大学前十名。同时该校学生以"小金熊"自居，思想上比较自由激进。

有一位伯克利校友、近年来在艺术与技术结合领域享有盛誉的布鲁斯·比斯利，堪称当代西方雕塑界最具创新精神的抽象表现主义艺术家。其一些作品本身的元素相当简单，但在各个角度都能体现出相当完美的构成图案，在追求空间连续性上体现着严谨的造型逻辑，呈现出科技的魅力。这也与加州大学伯克利分校这样理工院校的氛围非常一致，并得到师生的一致欢迎。

线构成艺术适应性强，理解上不易引起明显歧义，容易与使用功能相兼容。20世纪六七十年代，美国艺术家约瑟德·里维拉运用带有张力的曲线来限定空间，从而在各个角度都形成了符合黄金比例及其他形式美法则的轮廓与内部结构，作品用线虽然简单却形态优美，体积虽小却深沉大气。1967年落成于华盛顿美国历史与技术发展史国家博物馆的《无限大》，在较长时间内都是城市环境线构成公共艺术的经典。

这位布鲁斯·比斯利 1939 年出生于洛杉矶，1959 年考入加州大学伯克利分校就读，在这里就读为他提供了宝贵的跨学科氛围。毕业后，布鲁斯在艺术与科技结合的创作领域深入耕耘，探索了机械公共艺术、透明树脂浇筑公共艺术等新颖方式，荣获多项大奖，体现出跨学科思维对欧美公共艺术领域的激励，引起较大反响。

一路上，莫伯治对时间一点也没有浪费。这些新鲜知识都大大开拓了他的建筑设计思路。

有一天在酒店下榻后，莫伯治嫌房间郁闷，便到大堂整理白日的见闻。除他之外，大堂里还有一位老先生，年纪也较大。两人谁都不说话，那人看他的书，莫伯治写自己的笔记。两小时后，那老先生依然没有离场的意思。莫伯治回到房间，想到要写一点东西，他有时喜欢躺在床上构思。

是夜，凌晨两点，莫伯治为了把那篇东西写出来，又来到大堂。让他吃惊的是，大堂里正襟危坐的已经不是那位老先生，接替他"岗位"的，竟然是一位老太太！什么样的老太太，夜这么深了，仍然待在大堂看书？

而一些四处转悠的超级肥胖族，一个也没有在书架前出现。他们留给莫伯治的典型镜头，就是手抓一个印有酒店标志的大号水杯（据说持之可免费领取酒店提供的饮料），里面盛了可乐之类，一边开怀畅饮，一边漫无边际地闲聊。

莫伯治选择大堂靠边的地方，闹中取静地奋笔疾书。他像钉子那样钉在座位上，全神贯注，活像图书馆的某种象征。

考察中，莫伯治对这些城市印象很复杂，好坏之处兼而有之。他在考察工作汇报中对于这段从国内走向世界的旅程进行了详尽的描述，读来如同读一本生动的游记，也凝结着莫伯治对古往今来、洋为中用的探索与思考。

四、年逾古稀时迎来创作的又一个高峰

莫伯治的建筑风格在不断地继续变化着。他始终在继续诠释着自己与众不同的人生，越来越体现出成熟的韵味。

莫伯治和同事们

莫伯治不愿闲也不能闲，闲则生病，不闲则浑身是劲，认为天下从没有穷尽了的真理，真理总在延伸。他不停地思索，时时推进，为了走好"老路"，又不断向前开辟着建筑设计的"新路"。

20世纪80年代末90年代，年逾古稀的莫伯治迎来了创作的又一个高峰：西汉南越王墓博物馆、广州地铁控制中心、红线女艺术中心、岭南画派纪念馆……这些建筑，莫伯治在他的文章中称之为

"新表现主义"的探索和尝试。它们都采用了一些特殊的造型和夸张的构图手法,为的是"强调它们的个性,表现它们的内涵"。

且让我们看一看1987年莫伯治和另一名东莞籍中国工程院院士何镜堂一道主持设计、1990年落成的广州西汉南越王墓博物馆。

20世纪80年代莫伯治和中青年建筑师们在一起①

左起:周凝粹、何镜堂、莫伯治、郑振纮、

叶荣贵、林永祥、曾照奋、左肖思、赵伯仁

这座博物馆是1983年发现的南越国第二代国王赵昧之墓,是岭南地区所发现的规模最大的唯一汉代彩绘石室墓。墓中出土文物一万余件,其中"文帝行玺"金印、玉角杯、错金铭文虎节、印花铜板模、平板玻璃铜牌饰等文物具有重大的历史、科学、艺术价值,集中反映了两千年前岭南政治、经济和文化等多方面的内容。南越王墓是中国20世纪80年代重大考古发现之一,1996年被列为全国重点文物保护单位。2004年入选国家AAAA级景区,2008年被评为"国家一级博物馆"。《南越国遗迹》与《海上丝绸之路》入选中国世界文化遗产预备名单。

---

① 见暨南大学出版社2004年9月出版的《岭南建筑艺术之光》中的第44页。

莫伯治手书文稿

  主持设计西汉南越王博物馆时，莫伯治已经年过古稀了。设计这座建筑要面临很多难题：墓室是一个小山丘，位于广州繁华地带，周围被高楼大厦包围，可以建馆的面积很小，在这狭小地段上既要展示原有墓室又要建馆展览，更要显示其本身价值和独特性，没有任何既定模式可以借鉴。

  创作一件大作品，必须有构建大作品的意识，有掌控全局的能力，否则会显得散乱。为此，莫伯治大量地研究古今中外同类纪念建筑的特性，特别是从汉代石阙、埃及神庙阙门等造型中汲取养分，大胆使用红砂岩这种地方性建材，阙门浮雕上的纹样、圆雕墓兽和馆徽都是取材于墓中的遗物珍品，既突出了历史感，又保持了地方色彩。

那段时间，莫伯治每天早上起来就进工作室，到了饭点在食堂随便吃一口，继续钻进工作室，一直到深夜才回家，爬楼梯时还琢磨着设计的细节。

据合作设计此工程的何镜堂教授回忆：

1987年，我们承担了西汉南越王墓博物馆的设计。这是一幢带有纪念性的现代建筑，又是一幢古墓博物馆。在设计上，除要遵循现代主义原则，结合陡坡地形，满足现代陈列功能和使用要求外，还要透过它表达两千多年前的历史文化。包括对历史、传统、地方文化特点的沟通，也包括对世界古典建筑文化的沟通。在莫总的主持和指导下，我们探索过古今中外这类建筑体型风格方面雄浑、庄重的共性，探讨基座和石阙的体型结构，分析我国传统建筑的重台、叠阶、云冈石窟、汉代石阙以及埃及神庙的阙门等，找到它们的交汇点。这不是古典建筑的翻版或传统手法的模仿，而是融会古代经验，用现代建筑语言表达出来。考虑到这是古墓博物馆，在选材及图案上要考虑地域的差异性和内涵的沟通，因而外墙选择了与墓室同一材料的红砂岩，石阙的浮雕和墓兽均与墓室遗物珍品图案相吻合，而墓室的保护结构则采用覆斗形钢架玻璃幕罩，既与我国汉代墓的符号相联系，又不至于以今损古。博物馆的设计，整体上是一座现代建筑，又与历史文化沟通，因而有较高的文化品位，获得中外建筑界的一致赞赏。①

莫伯治的同事叶荣贵教授说："莫老善于从不同建筑消化、吸收不同的手法，用我们本土的素材进行表达。他在作品中融入了自己

---

① 见暨南大学出版社2004年9月出版的《岭南建筑艺术之光》第56页。

的思考，因此丝毫不损他的创意。"

莫伯治和叶荣贵的合影①

西汉南越王的古墓址紧靠城市街道而又高于路面，功能要求复杂而用地局促，莫伯治妥善地解决了种种难题。在建筑形象的塑造上扩大了参考借鉴的范围，视野广阔。他曾经著文写道："考虑到这是一幢带有历史纪念性的建筑，透过它传译两千多年前的历史文化。因此可以探索中外古典建筑风格在一定概念层次上的共性，如浑厚、沉着、庄重、雄劲等。"

为此，莫伯治设计时曾研究了中国汉代的石阙、古埃及神庙的阙门、古代雅典卫城、古希腊埃留西斯院落重门等等。"从构思到设计，从总体到局部，都遵循现代建筑的原则，又与历史文化的内涵沟通，而有所突破。"

这座博物馆的正面和内部墙面采用大量的红砂岩，这在国内建筑上还很少见。莫伯治基于他丰富的土木工程经验，敢于试用这种价格便宜、色采鲜明而庄重的石材。

---

① 见暨南大学出版社 2004 年 9 月出版的《岭南建筑艺术之光》第 53 页。

总之，莫伯治遵循现代主义原则，探索古今中外这类建筑体型风格的共性，巧妙地运用传统的重台叠阶、汉代石阙乃至埃及大庙的阙门，用现代手法表现其纪念性，传译了两千多年前的历史文化，实为现代建筑的精品。莫伯治以异常洗练的手法，利用斜坡地形自下而上布置展览和参观路线，上架随坡天窗采光，一举解决了所有交通和展览问题。此外，其墓室保护结构与我国汉墓相暗合，其外墙、古阙浮雕及墓兽的材料与造型均与墓室内部相呼应，堪称一座品位较高的古意盎然的现代建筑，显示出很高的原创性，受到广泛赞誉，获得并于国家优秀设计金质奖。

莫伯治构思、指导西汉南越王博物馆的设计
左四至左六依次为李绮霞、刘志武、马威

1988年正式对外开放的西汉南越王博物馆，建筑面积为17400多平方米，主要展示南越王墓原址及其出土文物。博物馆以古墓为中心，依山而建，将综合陈列大楼、古墓保护区、主体陈列大楼几个不同序列的空间有机地联系在一起，突出了遗址博物馆的群体气派，是岭南现代建筑的一个辉煌代表，曾获得六项国内外建筑大奖。博物馆还设有香港著名收藏家、实业家杨永德伉俪捐赠的陶瓷枕专题陈列和不定期的临时展览。博物馆现藏陶瓷枕多达400余件，制作年代由唐迄民国，以宋、金为主，数量之多、品质之精、窑口之广在国内同类收藏品中均属罕见。

1983年，南越王墓发掘工作完成后，广州市委、市政府就做出了"就地建设南越王专题博物馆，保护古墓，陈列出土文物"的决策。

1984年3月，西汉南越王博物馆正式由市政府立项并划地征地，随后开始了方案设计、论证、筛选，最后确定采用了中国工程院院士、市规划局总工程师莫伯治先生的设计方案。

1986年12月27日举行建馆奠基仪式，首期工程加固维修古墓。

为了设计西汉南越王博物馆，莫伯治曾经创作了一首设计创意诗：

<blockquote>
任赵兴南国，秦王霸海图；
波斯商船集，百越水师高；
箕裾蛮夷长，股肱异族豪；
沙丘无远策，绝域弃蓬蒿。①
</blockquote>

1988年2月8日，综合陈列楼建成，正式对外开放。

1989年，西汉南越王博物馆进行了墓室维修加固、墓室光棚、东回廊的建设。

1993年2月8日，西汉南越王博物馆第二期工程主体陈列楼竣工。同日，《西汉南越王墓出土文物陈列》《杨永德伉俪捐赠藏枕专题陈列》开幕，标志着西汉南越王博物馆的全面建成。

---

① 见2003年4月由广东科技出版社初版、2012年7月由中国建筑工业出版社再版的《莫伯治文集》。

西汉南越王博物馆

这一年正逢莫伯治八秩的寿辰,在庆贺时,曾昭奋先生叹说:"能像莫伯治这样当个建筑师,才不枉一生以此为业。"

1995年3月8日,在《莫伯治集》首发式上,莫伯治与
他指导的研究生许迪、刘志武、马威、倪阳和张庆令在一起。
左起:朱炳恒、许迪、莫旭、刘志武、马威、莫伯治、倪阳、张庆令

1995年和1997年配合建筑工程先后清理出一座大型石沟水池和一段长150米的石沟曲渠，两者同属于一个整体，为南越国王宫御苑的园林人工水景。1996年下半年，还在宫苑大石池之西50米处发现了砌筑特别考究的宫署食水砖井。

西汉南越王博物馆整体布局以古墓为中心，上盖覆斗形钢架玻璃防护棚，象征汉代帝王陵墓覆斗形封土。

墓的东边为三层的综合陈列楼，北边为两层的主体陈列楼，用环绕的回廊上下沟通，将三座建筑物连成整体。

博物馆在外型、装饰及用材方面也独具匠心，因陵墓的石室所用石材主要是红色砂岩，所以展馆的三个组成部分的外墙，也选用红砂岩作衬面。

西汉南越王博物馆是广州越秀山—象岗文化史迹游览线的主要景点，建筑以轴线对称布局，按参观路线依山建馆，拾级而上，把展馆、墓室及扩建之展室连成有机整体。①

---

① 截至2017年，南越王墓已出土珍贵文物1000多件（组），有15位殉葬人，是截至2017年为止岭南地区发现年代最早、规模最大、陪葬物最丰富的汉初古墓，也是唯一的一座全用石块砌建而成的、首次出现壁画的彩绘石室墓。墓中出土文物尤以铜器和陶器最具南方越族文化的特色，有青铜编钟乐器3套，铜鼎36个，铜镜39面以及金印3枚，出土玉器240多件。墓主身穿的玉衣殓装已复原，它是中国截至2017年为止发现完整的西汉玉衣中年代最早又是唯一的"丝缕玉衣"。墓中出土蓝色平板玻璃、世界第一套套色印花铜版板、非洲象牙等，都是一批有意义的稀世珍品。不少在南越王墓出土文物，被世人誉为"岭南文化之光"和"国宝"。

南越王赵眜墓是中国20世纪80年代的重大考古发现之一。墓中出土各类随葬品一万余件，以玉器中墓主身穿的"丝缕玉衣"为中国考古首次发现。青玉角杯、11套组玉配饰、58件玉剑饰等都是汉玉中的重大发现。铜器中刻有"蕃禺"铭文的鼎、刻战船纹的提筒和刻有"文帝九年"铭文的句鑃都至为重要。还有古波斯银盒、蓝色平板玻璃牌饰等大批珍品。出于墓主身上的龙钮"文帝行玺"金印和"赵眜"玉印，确证墓主为第二代南越王。墓室内外还发现15个殉葬人。本展览分为五个单元：文帝金印、主室瑰宝、墓中殉人、御库藏珍、钟鸣鼎食。

馆藏陶瓷枕400余件，其中有两百余件由香港著名收藏家杨永德先生与夫人杨张瑞贞女士捐赠。这批枕的年代由唐迄元，以宋金时期为多，釉色五彩纷呈，造型多式多样。窑口以唐宋以来北方产区的河南、河北为主，有巩县窑、磁州窑、登封窑、宝丰清凉寺窑、定窑、耀州窑以及南方的长沙窑和景德镇窑等。这批陶瓷枕数量之多，品类之众，窑口之广，在国内外实属罕见。为了表彰香港著名文物鉴藏家杨永德先生的爱国情怀，1993年博物馆还特设专门展厅展示其捐赠的两百多件陶瓷枕，按年代和窑口进行分类陈列，反映了陶瓷枕的源流和兴盛情况。

截至2017年，西汉帝王陵墓均未发掘，已发掘的40余座诸侯王墓，仅有河北满城中山靖王刘胜夫妇墓、山东济北王墓和广州西汉南越王墓没被盗掘。满城汉墓在发现时随葬品曾被搬动，而南越王墓从未被盗扰，其科研价值不言而喻。

1991年，莫伯治设计的西汉南越王博物馆在荣获全国优秀设计一等奖和中国建筑学会建筑创作奖之后，已被选进世界80个著名博物馆之中。

（接上页）已发现的诸侯王墓大多位于中原地区，仅有南越王墓地处边远的南陲，这一发现有利于探索中原与边远地区汉代诸侯王墓在丧葬礼仪上的统一性和特殊性，有利于全面认识汉代墓葬方式和丧葬观念上发生的大转变。此次发现，对研究南越王墓的形制、结构以及南越国的丧葬习俗提供了不可多得的宝贵资料，并为寻找南越国第一代王赵佗的陵墓提供了线索。

通过对墓葬所用材料的调查和科学鉴定，解决了莲花山古采石场悬而未决的开采历史问题，将开采历史由过去认为的明代，推至西汉前期，提前了大约1500年。

此墓未被盗掘，完整地将二千年前的文化信息展示给今人，墓中的15个殉葬人及出土的1000多件（组）珍贵随葬品，对于研究秦汉时期广州地区以至整个岭南地区经济、政治、文化的发展，汉、越文化的交流和融合具有重大的历史、科学、艺术价值，是岭南地区汉代考古的断代标尺。

1987年8月著名学者贾兰坡等来西汉南越王博物馆鉴赏出土文物。1988年2月8日商承祚先生到西汉南越王博物馆参观；2月香港中文大学饶宗颐教授西汉南越王博物馆参观；9月21日新加坡总理李光耀来馆参观西汉南越王博物馆。1989年3月30日新西兰外交部长一行到西汉南越王博物馆参观。1990年12月10日中共中央顾问委员会常委胡乔木偕夫人到西汉南越王博物馆参观。1991年4月23日中共中央政治局常委、国务院副总理邹家华在广州市长黎子流陪同下来西汉南越王博物馆参观；9月21日意大利总理安德列奥蒂偕夫人一行在李岚清副总理的陪同下到西汉南越王博物馆参观。10月15日国务院总理李鹏到西汉南越王博物馆视察；11月6日法国总理希拉克到西汉南越王博物馆参观。1992年1月18日联邦德国前总理施密特到西汉南越王博物馆参观。1993年5月12日莫桑比克总理马顺龙来西汉南越王博物馆参观；11月8日德国联邦参议员主席、不来梅州州长参观西汉南越王博物馆后与李龙章副馆长等合影留念。1994年2月28日美国前国务卿伊格尔伯格在参观西汉南越王博物馆之后，听萧亢达馆长讲解南越王墓墓室原址的情况；3月4日前国家主席杨尚昆在中共中央政治局委员、广东省委书记谢非等陪同下参观了西汉南越王博物馆；3月10日奥地利施特劳斯交响乐团一行到西汉南越王博物馆参观。1996年5月11日法国前总理巴拉迪尔到西汉南越王博物馆参观。1997年6月28日泰国公主诗琳通参观了西汉南越王博物馆。1998年3月1日圣马力诺共和国的执政官扎费拉尼阁下及夫人来西汉南越王博物馆参观；11月中共中央政治局委员、广东省委书记李长春等参观了西汉南越王博物馆的主体陈列楼。2003年11月11日全国政协副主席王忠禹在广东省政协副主席石安海陪同下到西汉南越王博物馆视察。2004年4月29日越共中央政治局委员、书记处书记、中央思想文化部部长阮科恬一行9人在中宣部副部长和省外办的陪同下来西汉南越王博物馆参观。2005年1月5日联合国教科文组织总干事顾问、世界遗产委员会主席贝绍院士，科教组织公关部艾利兹维女士在文化局陈玉环副局长、申报办吴凌云的陪同下来西汉南越王博物馆参观；2月20日中国人民银行总行郭树清副行长在省人民银行行长的陪同下来西汉南越王博物馆参观；4月5日国务委员陈至立、文化部长孙家正等领导在市委书记林树森、市长张广宁的陪同下来西汉南越王博物馆参观；8月1日国务院前副总理李岚清在市委书记林树森等领导的陪同下来西汉南越王博物馆参观；12月17日北京市海淀区人大代表、著名作家冰心的女儿吴青女士、陈恕、沈龙朱（沈从文之子）来西汉南越王博物馆参观。2006年3月26日著名物理学家、华裔诺贝尔奖获得者丁肇中在中山大学校长的陪同下来西汉南越王博物馆参观；3月28日全国人大副委员长乌云其木格在省人大主任、市人大主任陪同下来西汉南越王博物馆参观；12月28日清史专家阎崇年来馆参观。2007年10月19日原台湾国民党主席连战来馆参观；12月6日原外交部部长李肇星来馆参观。2008年7月17日国家民航总局局长李家祥来馆参观。

西汉南越王博物馆

五、多项成果载入英国出版的《建筑史》

在我国建筑学界，莫伯治被公认具有很高的专业技术水平。1991年我国总共有37座建筑物自新中国成立以来首次被载入极具影响力和权威性的英国出版的《建筑史》。

英国 B. FLetcher 著的《建筑史》，1896年初版。该书篇幅浩繁，但对中国建筑极少涉及。1961年第17版，对中国建筑的描述只用了全书1366页中的14页，其中关于中国现代建筑只提到20世纪50年代建成的3个建筑。1987年第19版的主笔 J. Musqrove 邀请中国学者清华大学的郭黛姮教授和同济大学的吴光祖教授参与编写有关中国的章节。该书对中国建筑的描述，占到全书47章的3章（1622页中的

50页），并用了差不多6页的篇幅介绍中国的背景材料。20世纪50年代至80年代初期的43个项目和部分项目的设计者。关于新中国的建筑，共提及包括莫伯治在内的18位中国建筑师的姓名。《建筑史》中提到的3个设计项目分别是广州市的白云宾馆、白天鹅宾馆、矿泉别墅，而莫伯治正是负责主持设计这3个项目的总建筑师。

可见，他为我国建筑事业做出了不可磨灭的重大贡献。这标志着莫伯治的建筑设计艺术达到了炉火纯青的境界。他不仅对中国建筑做出了很大贡献，而且也把中国的岭南园林建筑推向了世界。

关于广州市的白云宾馆、白天鹅宾馆，本书前面已经多有涉及，此处不再赘述。

不少专家认为矿泉别墅"力求'文简而意深'，不事华饰，素雅可亲。""更富于层次深度，掩映迷离之感，在近景特写及蒙太奇变换上妙笔生花，成为小中见大的典范。""莫伯治的建筑设计，外形清新，空间流畅，充分显示出岭南新建筑的风格。例如，广州矿泉别墅支柱层的空间和飞梯，就将室内外空间淋漓尽致地发挥出来，既有西方空间流动组合，也有中国园林曲折变化与穿插。""在60年代广州矿泉别墅改建设计时，现存几幢建筑原是汽车修理厂之仓库，经他巧妙处理，使原有矿泉之甘泉厅变成一个丰富的室内庭园空间。""在矿泉别墅，入口处室内外无差别联系廊，两个不高的条形体段围蔽而成的内水庭，洋溢着亲切、温馨的气息。南体段下底层架空的大休息平台扩大了水庭空间，又形成了极佳的嬉憩场所。""矿泉别墅（1974）和白天鹅宾馆（1983）的标准和规模都不同，但它们都有一个面积较大、引人驻足游赏的以水为主题的中庭。在岭南建筑与庭园相结合创造供多数人使用的大型庭园空间方面，是一种成功的尝试。"①

---

① 见暨南大学出版社2004年9月出版的《岭南建筑艺术之光》第14页、15页、18页、25页、39页。

走出国门放眼看，可知莫伯治在海外也有着十分丰硕的成果。如澳洲布里斯本市中国华侨城的设计，澳大利亚中国大使馆的设计，日本福冈市中国领使馆的设计，等等。这些工程已经都得到国外建筑界的好评。创办莫伯治建筑师事务所，是莫伯治的又一新举措。作为全国首批批准成立的建筑师事务所，莫伯治的建筑师事务所可谓是新时期我国建筑行业走向国际化的开拓者。

莫伯治的优秀论文曾经多次在极具影响力和权威性的中国《建筑学报》发表，并著有《莫伯治工作集》。他在建筑设计，特别是园林景色结合建筑设计上有很高深的学术造诣，创造出岭南园林建筑设计的独特风格，在国内外建筑界均有较大的影响，特别是在东南亚地区享有盛誉。

作为一个享誉海内外的建筑设计师，莫伯治始终如一，以超人的勤奋和严谨，一笔一画、一砖一石，踏踏实实地构建着其新建筑的世界。

六、构思独特的岭南画派纪念馆

1989年莫伯治应岭南画派大师关山月、黎雄才等的邀请主持设计了广州岭南画派纪念馆。

华南理工大学建筑学院的赵伯仁先生真切地记述了当时这一设计的具体情况：

岭南画派纪念馆设计、施工期间，（我）曾多次听莫老提及此工程。他的表情总带有一丝烦虑而又兴奋。我从他那里得到的印象，一是设计难度较大，像广东人常说的"有些棘手"！因此莫老一直在做方案的多种比较、反复推敲，总想找到一个较为满意的答案。二是老人家对此设计的兴趣很高，既为方案思虑皱眉，又常常洋溢着一股创作激情。我暗地揣摩，这肯定又是一座像白天鹅宾馆、南越王墓博物馆那样的重点工程，说不定还是建在市区某个中心地带的庞然大物。细交谈，原来只是一座建在广州美术学院校园一隅、总建筑面积还不到3000平方米的小房子，顿时对莫老在事业上严谨、认真，不俗、不苟的精神和创作态度的敬佩之情油然而生。

一日，随莫老去参观，进到美院，东拐西弯才到了现场，一座别具一格的建筑突然跃入眼帘，令人兴奋不已，真有柳暗花明又一村的感觉。①

广州岭南画派纪念馆是收藏和陈列岭南画派作品的专门机构。它位于广州美术学院内，建筑面积3200平方米，1987年12月3日奠基。1989年由岭南建筑名家莫伯治和何镜堂主持设计。

未进美术学院的大门，在校外就可见到岭南画派纪念馆建筑的一角：那是在美术学院的高墙内，绿树红花掩映之间的一抹洁白。

走进校园内，沿着林荫小路略行一段，转过一个弯，广州岭南画派纪念馆的整栋建筑便赫然出现在眼前。

绕过半方浮着荷叶、十分安静的池塘，便到了主馆正面。

沿着旋转阶梯拾步而上，与这座建筑的距离也渐渐拉近。别致的门亭、精致的墙体贴花肯定会引起人们的注意。通过边界曲线设计的大门进内便是宽敞的大厅。大厅左右两边分别摆放着高奇峰先生和陈树人先生的塑像，正中间，几级楼梯之上立着高剑父先生的塑像。塑像真人般大小，静谧地陪伴着纪念馆的春夏秋冬。再顺着楼梯而上就是天窗采光的展厅。

这个纪念馆的造型与风格在表现方面充分运用了大量欧洲新艺

---

① 见暨南大学出版社2004年9月出版的《岭南建筑艺术之光》第44页。

术建筑的风格。这说明岭南画派是提倡对国画改革创新的流派,也可见莫伯治的设计手法具有能在历史和地域上的很大的跨度内自由驰骋而游刃有余的功夫。

这项工程于1991年6月8日建成开馆,并荣获了1993年度的国家教委设计一等奖、建设部的优秀设计三等奖。

中国工程院院士、华南理工大学建筑学院院长何镜堂回忆:

这是一项有一定难度和深度的创作,首先要考虑用什么体型空间和风格来表现纪念馆的功能和岭南画派的内涵本质,使其既具体表现陈列展览的功能,又抽象表达岭南画派的画意。莫总从岭南画派的内涵本质,使其既具体表现陈列展览的功能,又抽象表达岭南画派的画意。莫总从岭南画派创立的时期、地域、学派的特点和它与19世纪欧洲新艺术运动的联系等方面考虑设计。这种想法获得了大家的认同,因而在造型上采用富于动态雕塑感的口壳体和弧形梯级,立面采用曲线轮廓和塑树浮雕等要素,运用一系列新艺术运动的"语言",表达了岭南画派的内涵,令人耳目一新。[①]

广州岭南画派纪念馆的外部借鉴欧洲19世纪末"新艺术运动"的建筑形式,自然有其内在的理由,但莫伯治和何镜堂以为那种借鉴方式太过直白,另一方面又不易为普通中国人理解,因此在设计时将岭南画派在艺术上反对临摹仿古,注重写生并吸收一些外来画法的特点运用欧洲新艺术运动建筑风格的语言来表达,同时又融入了传统岭南建筑常用的手法,堪称是一幢构思独特的建筑创作。

岭南画派纪念馆整体以白色为基调,参考欧洲宫廷式设计。它由居中的主馆及位于东侧的招待所两部分组成,各抱地势,沿方塘

---

① 见暨南大学出版社2004年9月出版的《岭南建筑艺术之光》第56页。

而筑，构成方塘水院，富有岭南庭院画意。主馆中两层高的门廊和招待所的楼梯间造型均采用富于动感的雕塑感的体型，一侧临水而筑，有"临溪赴地"的意境，另一侧倚楼而建，高低相望，抒发两者之间的顾盼之情。主馆外部轮廓是流畅的曲线、壳体及壁面构图组成的有机整体。

开始是一对弧形的梯级旋转而上，紧接着为陡峭而扭转的螺旋门廊壳体，再是构图抽象的峭壁墙面。其中，如火焰似城堡式的门亭典雅别致，寄寓了岭南画派折中中外、不拘一格的精神；南北高墙上方两棵浮雕式参天大树象征岭南画派根深叶茂。一系列的建筑艺术语言虚实交替，起伏跌宕，非常丰富活泼。

展馆的空间参观路线、交通的处理均按馆之功能考虑。底层是办公和展品整理用房，分别设收藏部、研究部、创作部、展览部；二、三楼为展厅；四层为岭南画派历史和作品基本陈列厅。其中，展厅采用屋顶光棚采光，构成通透明澈的室内有机空间，北面为封闭式大壁面，既创造了富有特色的浮雕轮廓，又争取了更多的挂画壁面。建筑从具象到抽象的构思，体型、空间、构造以至构图的处理，达到形神相同。现代展厅功能与岭南文化糅合在一起，表达了岭南画派的文化内涵实质。

广州岭南画派纪念馆落成不久，就举办了不少海内外华人与国际友人的作品展，如新加坡华裔摄影家《蔡斯民留真影展》、法国摄影家让路·西埃夫《似水流年摄影回顾展》、美籍画家《周千秋、梁粲缨书诗画展》、日本《相原雨雪书法艺术展》等等。

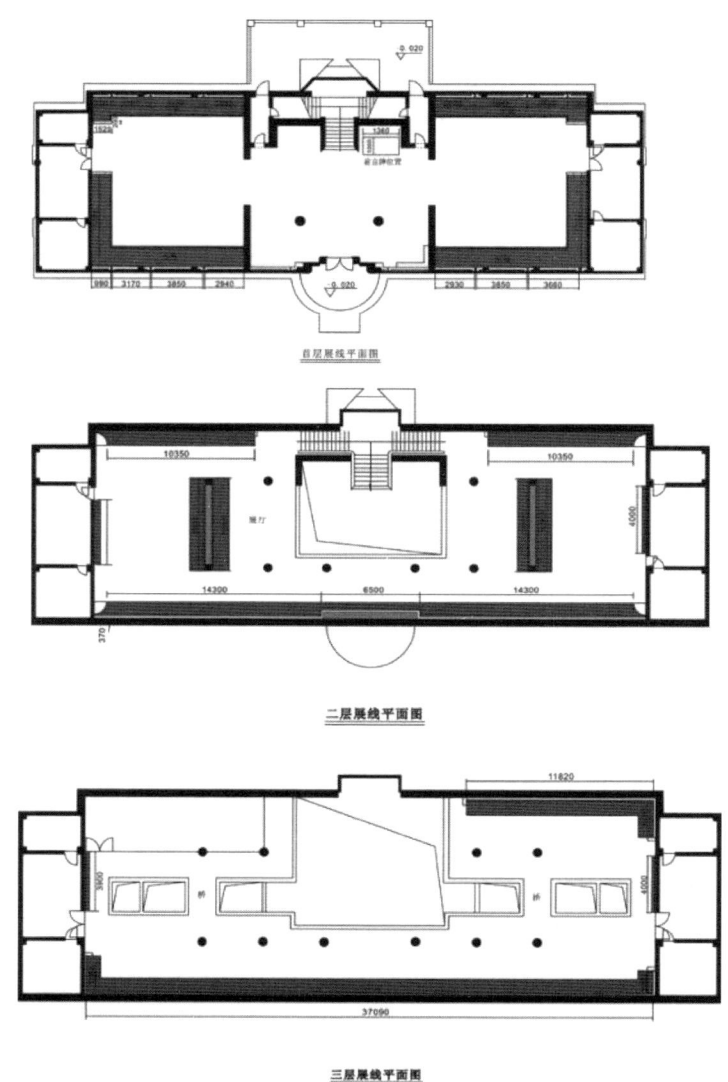

首层展线平面图

二层展线平面图

三层展线平面图

这些展览的举办，拉近了我们与世界的距离，对中外文化艺术的交流起到了积极的促进作用。

七、相当高的获奖率与实至名归的院士

在东方宾馆翠园宫改造时，莫伯治曾经现场指挥，大刀阔斧地打掉 20 米跨度的屋盖改作光棚。在设计白云宾馆时，莫伯治又在门厅和餐厅间独具匠心地安排了一个瀑布小院。小院山丘上的"小山酒吧"此后经常"爆棚"，恋恋不舍的旅客们贪恋的不是啤酒，而是窗外的绿叶和泥土，让蓝天白云入驻翠园。流水、翠绿、清风、阳光，被莫伯治不厌其烦地一次次运用在现代高层建筑之中。

莫伯治的建筑设计创作生涯有一种令人惊异的情况，即其作品获奖率相当之高。

1993 年，中国建筑学会在成立 40 周年之际，宣布对 1953—1988 年间全国 62 项建筑设计授予"优秀建筑创作奖"；稍后，为迎接国际建筑师大会在北京召开，由多国建筑专家合作编辑的世界建筑精品集共收入我国 31 项建筑作品。在这 70 项和 31 项作品中，由莫伯治主持设计的就有 7 项和 3 项（其中白天鹅宾馆是莫伯治与佘畯南合作主持设计的），占总数 70 个获奖作品的十分之一。他是这次颁奖活动中获奖项最多的建筑师。泮溪酒家、白云山双溪别墅、矿泉别墅、白云宾馆、白天鹅宾馆、西汉南越王墓博物馆等等。全国没有第二位建筑师能有这么多的作品折桂。

这些情况表明，莫伯治几十年中建筑创作的实践与思维的部分成果已在某个范围内得到了初步认可。这种创作与思维，植根于岭南大地，也有赖于同行们的相互促进与相互支持。

对这么多的获奖，莫伯治的反应却很平淡。他觉得自己一生建筑不辍，修过路，盖过房，获过奖，却没有一件称得上是世界大师级的作品。

由于这一年，恰恰是莫伯治的80寿辰。广东建筑界同仁在白天鹅宾馆集会庆贺。

同样是东莞籍的中国工程院院士何镜堂，与李绮霞联名发表了题为《岭南建筑之光》的文章。

何镜堂等认为：

半个多世纪以来，莫总在建筑创作和岭南建筑新风格的深索中走在时代的前列，设计了一批有影响的建筑作品，形成了独特的个人风格。他的作品体现出强烈的时代性、地方性和文化性。我们作为晚辈和莫总的助手，在一个建筑创作班子中工作，共同完成西汉南越王墓博物馆、岭南画派纪念馆、东方宾馆翠园宫和佛山国际金融培训中心（佛山中国银行大厦）等设计项目，并与莫总一起培养硕士研究生，朝夕相处，受益匪浅。分析莫伯治建筑创作的成功之路，学习他的建筑创作理论和设计，对建筑师的培养和繁荣建筑创作都是十分有益的。

复归自然，创造岭南建筑新风格

莫伯治的作品，处处体现人与自然的和谐，洋溢着浓厚的岭南地方文化。他认为大自然是人类赖以生存的基础，喜爱和眷恋自然环境是人的本能。当人们接触自然景物时会感到心旷神怡，悠然产生一种"复归"的感觉。因此，在建筑设计中，"将山池树石等自然要素组织到建筑空间中，构成有机的融合，并不是可有可无，而是必不可少"。20世纪60年代初，他主持设计的白云山山庄旅舍和双溪别墅，巧妙结合地形引入山水草木，通过空间层次和序列变化运用简朴的地方材料，创造了一种朴素自然、优美丰富的园林建筑空间。这两幅作品经历了时间的考验，至今仍被建筑界誉为岭南建筑的佳作。

莫总的每一项建筑创作，都遵从客观因素，进行科学分析，从来不以环境迁就建筑，而是以灵活的、恰到好处的平面布局和空间来配合地形与环境，使建筑与环境有机结合，形成建筑的特色和个性。莫总早年设计的白云宾馆，将原有的一棵大古榕树保留并组织到庭院空间中，就是一个很好的例子。而西汉南越王墓博物馆的总体布局，更是尊重环境、尊重历史、复归自然的成功之作。当初我们开始总体构思时莫总就明确提出：古墓博物馆的设计"不能损坏环境，以假乱真，以今损古"。在他的指导下，我们结合地形地貌，在山冈墓室的周围保留大片草地和显示地形特征的山石古树，而将陈列馆定在15米高的陡坡上，依着山势，重台叠阶，空间由外面向上延伸，因势利导，恰当地表达了山冈古博物馆的个性。

莫总对岭南建筑风格的探索，并非古典建筑的翻版，或西方现代建筑的模仿，而是运用中国传统园林建筑之精华，糅合于现代建筑之中。由于建筑与自然景物的有机融合，透过传统的文化意识，诗情画意，诱发人们对大自然的联想，使人情景交融，赋予建筑空间以生命力。他与佘畯南建筑大师主持设计的白天鹅宾馆中庭，厅堂与庭园空间互相穿插，糅合，延伸，里外渗透，上下沟通，"寒潭峭壁，飞瀑鸣谷，蕨丛上下，山溪绕流"。"故乡水"摩崖，具有非凡的感染力。白天鹅宾馆中庭实为一个源于自然而胜于自然的符合现代生活的共享空间。

立意创新，遵循现代主义的原则

多年来，莫伯治创作了一个又一个优秀设计。他各个时期主持设计的作品，始终贯彻着这样的思想和原则：

第一，建筑创作思想切忌僵化，重复，立意要新，要有所突破。这种不断探索求新的思想在广东乃至全国的建筑创作中产生了积极的影响。

第二，建筑设计要遵循现代主义的原则，反映时代特点。就是说，要搞现代建筑，同时又要融会民族、地方特点，而形成有生命力和时代气息的新建筑。

广州北园酒家是莫总在20世纪50年代的作品。酒家的设计，吸收了岭南传统园林的手法，将具有浓郁岭南文化特色的装修材料运用到餐饮建筑中，使建筑与园林环境融为一体，又有强烈的地方风格。这是莫总早期探索岭南建筑的佳作。其后各个时期的园林宾馆，如山庄旅舍和双溪别墅，已没有一片琉璃瓦，一个飞檐翘角了，但看上去，无论布局或装修都包含着浓浓的岭南建筑的风韵。……

莫伯治认为，建筑的突破和创新，建筑美学的表现，不仅仅是建筑师个人的自我表现，而是要创造出为广大群众所认同的建筑空间环境，达到"令居之者忘老，寓之者忘归，游之者忘倦"的认同效果。……

尊重传统，表达历史文化的内涵

莫总认为，现代文化是历史文化的发展和延续，现代建筑艺术不可能与建筑历史文化断裂和分离，当代建筑师在创作中既要遵从客观因素的科学分析，又要考虑到历史地域、文化特征和建筑风格的联系，从建筑体量、空间及风格上与上述诸因素沟通，按不同文化取向在一定概念性层次上找到它们的交汇点，在交汇点上寻找内涵的共性，从而得出它们之间沟通的途径。……

莫总经常告诫我们晚辈，没有文化内涵的建筑谈不上建筑创作，同样，抄袭、复古的所谓民族形式也是没有生命力的。他对岭南文化有着深刻的理解。他的许许多多成功作品中，使我们感受最深的是作品的气质和文化内涵，是作品的深度和文化层次。

为人师表，体现建筑大师的胸怀

近年来，莫总经常到世界各地参观、考察建筑，重温建筑史。但是他说："我现在之所以兜一个大圈（指同时花力气研究考察西方的建筑、历史与文化），最终还是为了回岭南园林和建筑上。"莫总非常重视不同地域的建筑文化及历史渊源，认为只有这样才能懂得其"所以然"。他经常鼓励年轻建筑师多读书，并向他们推荐好书。尽管他已年过古稀，可每次出国考察，他最感兴趣的莫过于带回几本原版论著，哪怕几十美元一本。有的书莫总要读两三遍以上，字里行间写满了旁注。他孜孜不倦，潜心研究，从中消化吸收成为自己的东西。莫总博览群书，工作到老，学习到老，知识渊博。这是他不断创新、迈向成功的坚实的根基。

莫总认为，目前建筑师所承担的任务与建筑师的职责还有不少距离。但是，我们看莫总在他几十年的创作道路上无论思想意识、工作方法都有自己的独到之处。他平易近人，没有架子，善于集思广益，上至名人，下至工匠，他能团结一批人真诚共事。他认为，建筑是集体创作的成果，是各方面的专业人士会集配合完成的。在莫总早年的园林建筑成功之作的设计中，他亲临其境，对一草一木、一树一石的设置均与园林工匠认真考究实施，直至取得满意的效果。

对于一个设计集体来说，莫总十分强调意识的沟通。他认为，主持设计项目的建筑师，当然要根据主题对建筑的体型、空间和风格等提出初步设想，但不要作为个人的专利品，而是要发动助手们参与，围绕项目的主题多提更加深刻和丰富的见解，而使原有的设想锦上添花。多年来，在莫总的指导主持下，我们设计组总是在融洽的气氛中，没有星期天，不分白天、晚上，或在莫总家里，或在宾馆茶楼，共同商讨创作。莫总虽已80高龄，但还是那样神采奕奕，他对建筑创作的执著追求，令人钦佩。在多年的共同工作中，莫总总是在他的总构思指导下，让设计组的建筑师们完全发挥，按照预定的目标不断发展，不断完善。我们深感有幸能和其他建筑师、工程师们一起，在莫总的指导下，完成了一个个有着强烈岭南特色又富时代感的建筑。从莫总那里，我们学习到许多好思想、好作风。

莫总认为，保证建筑创作的最后完成，现场工作与设计工作同样重要，而不是出了图就了事。他不时到现场察看，从实地的感受中去体验原先的设计构想，并及时地根据实际情况修改设计，以获得更为完善的效果。在东方宾馆翠园宫的改造和室内设计中，设计组对翠园宫范围5000多平方米面积从整个平面布局进行了全面的调整和改造。业主几十年来一次又一次地对这里进行装修，但都未曾想到这次动这么大的干戈，而工期又非常紧迫，工程一定要在两届厂交会的空隙时间内完成。虽是改造和重新装修，但原有混凝土的打凿，新混凝土的浇注，工作量很大。一次，莫总到现场察看，站在一座20米跨度的拱梁下，指着大梁之间的混凝土屋盖说："把这屋顶打掉，做光棚，争取自然光。"我们很佩服莫总的胆识和魄力，有莫总的支持，设计组马上组织各工种修改设计并重新出图。这一建议来自现场观察的灵感。而事实上，这一改动，给整个翠园宫增辉不少，丰富了空间层次，增加了人与自然（阳光、空气）的沟通，避免了空间的过于纵深和沉闷。这里地面设计成椭圆形带白色抛物线图案拼花，边上四角以铜棕榈树点缀，白天在阳光照耀下金光闪烁，成为翠园宫的精华之一。

　　在南越王墓博物馆的外墙选材上，莫总确实费了一番心思。作为岭南地区一座纪念性建筑，它既要有地方特色又要具庄重、雄浑、气魄。莫总想到墓室结构的石材——红砂岩。他不辞劳苦与我们一起去自己的家乡东莞实地考察，决定选用这种石材作为外墙基座和石阙雕刻的材料。南越王墓博物馆设计的成功，凝聚了莫总的多少心血和智慧！在开幕式上，朱森林市长指出，南越王墓博物馆显示了三个第一：设计第一，展示第一，施工速度第一。

　　莫总在他几十年的建筑创作道路上，成果卓著，他在不同时期的不同作品中都体现出深刻的文化内涵，显现了设计构思的高层次。这一方面是由于他的博学多才，同时更是由于他的建筑大师的气质和坦荡的胸怀。他身体力行，为人师表，赢得广大同行和业主的敬重。我们祝愿莫总健康长寿，建筑创作永远年轻！①

莫伯治与建筑学会《建筑学报》编辑委员会的委员们在一起（1999年）
左起：聂兰生、栗德祥、张祖刚、莫伯治、顾孟潮、鲍家声

2001年他还获得第一届梁思成建筑奖。

唐代诗人王维有一名句："红豆生南国，春来发几枝。"时隔1200年，众多优异的建筑作品出现在岭南，它们像红豆一样点缀着南国大地，莫伯治在这中间做出了很大的贡献，人们称他和他的作品是"岭南建筑之光"。

莫伯治曾任广州市规划局总工程师、中国建筑学会理事、《建筑学报》编辑委员会委员、华南理工大学建筑设计研究院总建筑师、广州市人民代表大会常务委员会副主任等职务。

莫伯治从事建筑设计近六十年，他长期的建筑创作中的重大成就和特色，就是把岭南庭园融合于岭南建筑之中，并从实践上和理论上推进岭南建筑和岭南园林的同步发展。这些多姿多彩的丰富成

---

① 见暨南大学出版社2004年9月出版的《岭南建筑艺术之光》第56页。

果，使他光荣地于1995年当选中国工程院院士，并被国家建设部授予全国工程设计大师的称号。

八、一直关注、指导着可园博物馆的建设

提起可园，莫伯治胸中就会漾出一股浓浓的乡情。

可园位于东莞市的核心地带，是东莞城区风景最美的地方。那里湖光水色、亭台楼阁应有尽有。如果把东莞这座城市比作一本大书，那么可园就像是一张精致的旧书签夹在书页当中。它为人们了解岭南风格的建筑提供了一个独特的视角，具有丰富的人文历史，可谓岭南极其珍贵的城市及建筑遗产资源。

莫伯治多次跟家人、朋友一起来到这里，伫立观景台，鸟瞰可园全景，顿觉神清目爽。他们穿行在各处风貌区，仔细品味一栋栋可阅读的历史建筑……

黑格尔说过："建筑是凝固的诗。"他尊重乡亲们的意愿呵护家乡遗存，为的是让"凝固的诗"成为永驻乡亲们心中的风景线。

自唐宋以来，无论是"以园入画"还是"以画入园"，中国的造园艺术与书画艺术逐步成为彼此关联的文化系统。在中国逾千年的传统绘画中，"园林"是极为重要的创作母题，为历代名家反复描绘。传统雅集图、纪游图等，园林皆为背景，建筑师将人们养德润身、坚定志向的抱负抒写于山川图景中，承担起了建构理想人格的重要使命。所谓园林建筑，是建筑师以山川胜景、湖石花木为依托，运用独特的建筑语言和技法，经过选择和取舍，对心中的图景进行的再现。

这是个难得的好天气，天空像水洗似的透明。岸边树木成行，树枝随风摇曳，湖面倒影中显露出其婀娜多姿的倩影。远眺宽阔的湖水，像锃亮的明镜，平整洁净，凝碧晶莹。倏然刮来一阵风，吹皱湖面，泛起一道道涟漪，犹如一条条素绢在飘舞。水中喋喋的鱼儿在水面吸气，湖面不时冒出"朵朵白云"，鱼儿像在天上游。此情此景，如乐如歌，让浮躁的心清静如水。

回望可园的城市空间以及建筑发展史，考察其私园以及花园的衍变，人们或许能够找寻到其留下的建筑遗产之于岭南园林建筑的意义。

可园与顺德清晖园、佛山梁园、番禺余荫山房合称清代岭南四大名园，是岭南园林的代表作。它始建于清朝道光三十年（公元1850年），为莞城人张敬修所建。张敬修投笔从戎，官至江西按察署理布政使，金石书画、琴棋诗赋，样样精通，又广邀文人雅集，使可园成为广东近代的文化策源地之一。今天可园成为全国重点文物保护单位，经过不断完善，更加可人。张敬修因在东莞修炮台有功，被派往广西做官，后因弟丧母病回乡，便修建可园，至1864年才基本建成，其面积2204平方米，外缘呈三角形，绕以青砖围墙。园内有一楼、六阁、五亭、六台、五池、三桥、十九厅、十五间房，其名多以"可"字命名，如可楼、可轩、可堂、可洲等等，其建筑是清一色的水磨青砖结构。最高建筑可楼，高17.5米，沿楼侧石阶可登顶楼的邀山阁，四面明窗，飞檐展翅，凭窗可眺莞城景色。

可园收藏有可园创建人张敬修以及岭南画派代表人物居巢、居廉的艺术作品。

关于可园的名字，有不同解释，但有一点是相同的，就是这个庭园"可堪游赏"。可园的特点是面积小、设计精巧，把住宅、客厅、别墅、庭院、花圃、书斋，艺术地糅合在一起。在三亩三的土地上，亭台楼阁，山水桥榭，厅堂轩院，一应俱全。虽是木石、青砖结构，但建筑十分讲究，窗雕、栏杆、美人靠，甚至地板亦各具风格。它布局高低错落，处处相通，曲折回环，扑朔迷离。基调是空处有景，疏处不虚，小中见大，密而不逼，静中有趣，幽而有芳。加上摆设清新文雅，占水栽花，极富南方特色，是广东园林的珍品。

如今，可园已经是国家重点文物保护单位。1997年，在东莞市委、市政府的重视关怀下，可园景区从原来的5.5亩（3630平方米）扩大到30亩（20000平方米），经过不断完善，更加可人。

可园的第一大特点是：四通八达。把孙子兵法融汇在可园建筑之中，成为整座园林的一大特色。全园亭台楼阁，堂馆轩榭，桥廊堤栏，共有130多处门口，108条柱栋，整个布局有如三国孔明的八阵图，人在园中，稍不留神，就像进入八卦阵一般，极可能会迷失路径。

可园的第二大特点是：雅意文风。张敬修虽然身任武职，但对琴棋书画造诣颇深。所以整个庭园虽偏于武略，但局部都显得文风雅意极浓。

园门前有一片莲塘，塘边有侍人石（已失）和当年系马停轿的

可园

可园蚝壳窗

处所。入门穿过客厅来到擘红小榭后，雄奇、幽深的园景便逐渐展现在眼前。循环碧廊徐徐观赏，可看到拜月亭、瑶仙洞、兰亭、曲池、拱桥，以及藏书阁、钓鱼台、曲桥、小榭等，可说是处处有景，景景不同。

可堂是可园的主体建筑，也是最庄严的建筑，楼前有曲尺形水池，楼高15米多，底层大厅名可轩。其侧有石梯级，盘曲可上绿绮楼，复又能通可楼第二、三层。第四层是邀山阁，登阁可俯览园中景色。楼阁为水磨青砖结构，地铺褐红砖阶，缀以花台、花径、假山，由环碧廊贯串起来，构成整体。当年画家居廉常居此，留下许多吟咏。曾一度荒废，新中国成立后辟为公园。

步入庭园，展现在眼前的是远近闻名的环碧廊。长廊环绕整座园林，环长廊一周，全园景色可尽览无遗。环碧廊的开端设在"擘红小榭"之中。"擘红"是剥荔枝的意思，擘红小榭就是主人邀请文友品尝荔枝的地方。过擘红小榭，第一处景点是桂花厅，这是园中的餐厅，其与众不同的地方在于它的清水鱼池和"人工空调"。

双清室是可园的又一胜景，其结构十分奇妙：堂中的建筑、地面、天花、窗扇皆用"亚"字为图，相传亚字是吉祥之字。双清室是园主人用来吟风弄月的地方，根据堂前湛明桥翠，曲池映月之景，而命名"双清"。

"双清"之后，是"问花小院"，为主人赏花之处。

可园

顺环碧廊步出"问花小院",来到一处广阔空间,园中花丛果坛,满目青翠,被称为"壶中天"。"壶中天"无任何建筑,它是倚着四面的楼房而形成的一方独立的空间,是园主人下棋喝茶的小天地。从这里出后庭,广阔的可湖展现眼前,让人身心大畅。"可堂"是可园最庄严的建筑,每逢中秋佳节,月圆之夜,人们登台赏月,可尽览秋色。再往前行,环碧廊便到尽头。可园最高地方是"邀山阁",是主人观览远近景物的最佳处。"邀山阁"雕梁画栋,造型秀丽,登临此处,俯瞰全园,则园中胜景均历历在目,犹如一幅连续的画卷。纵目远眺,博厦一带山川秀色尽入眼底,深得借景之妙。"邀山阁"下面是绿绮琴楼,是主人弹琴之所,也是女眷居住之地,人称小姐楼。相传清咸丰年间,园主人得了一把出自唐代的古琴,名绿绮台琴,他建此楼专门收藏此琴,命名为绿绮楼。绿绮楼开设有琴书会友项目,重现150年前的大家闺秀琴棋诗书生活。人们进入绿绮楼中,仿佛有时光倒流之感,实为雅俗共赏之处。

传说张敬修建好园之前,心里取名为意园,即满意、合心意的意思。修筑竣工后,张敬修广邀文人逸士,大摆宴筵席,庆贺一番,让人们品评、鉴赏。张敬修引这班骚人墨客游览全园后,在大门口征集人们的意见。不知是被酒熏醉了头脑,还是这个园确实太好了吧,客人们一时找不到合适的词语来赞美,又不好先表态,就都应答说:"可以!可以!"

"可以"两字,虽是泛泛空言的应付、推托之词,但言者无意,听者有心。张敬修见大家一致应为"可以","以"与"意"近音,"可"在"意"(以)前,"可"就比"意"优先。便改名为"可园"。所以,可园的命名,是可以的园子的意思,是张敬修自谦的称呼。

汉字之美,从东莞"可园"这个地名,就可见一二。

居巢是张敬修的幕宾,跟随张敬修多年,也客居可园多年。他在可园作画,每有自己以为得意的佳作,也多盖上"可以"一印(见图),这种印象就是可园命名的实物凭证。"可"有可人心意、合人心意之解。可园这个名称，当然有可人心意的意思。古人"花能解语还多事，石不能言最可人"句中，可人就是合人心意的意思。

张敬修是由于自己被李文茂起义军三次打败，三次被撤职回乡，才修筑此园的。他自己安慰自己说："昔陈臬粤西，督治戎行，深以弗克迅扫寇氛，负惭重任。圣恩宽大，赋闲家居，忝荷慈荫，获亲色笑，奚廊园圃，奉太恭人以板舆游宴之娱。阁既成，谨识以平安两字。春晖日永，寸草心长，载展乌私，敬寓祝延之意云尔。"意思是自己吃了败仗，皇帝没有重罪，只是将自己撤职。使自己能筑可园，与家人平平安安地欢聚，尽尽人子的孝意。

因此，比张敬修年少六年的侄子张嘉谟，在《可轩跋》里记载：可园的命名，有无可无不可、模棱两可的意思。说张敬修在宦海中曾三起三落，"再仕再已，坎止流行，纯任自然，无所濡滞。其于乐天知命之学，深造有得……"以图教育子孙后代在宦途上可行则行，应止则止，乐天安命。

统而言之，可园的命名，有"可以""可人""无可无不可"三层意思。

可园的前身，应为冒氏宅，但冒氏其名、其人、其事，都不可考。广西诗人郑献甫因战乱，曾客居可园，作诗献张敬修，诗题为《九日饮冒氏宅即东莞张氏园》。诗云：

江声浩浩海茫茫，秋老方看作嫩凉。
三水三山分百粤，九月九日作重阳。
登高难比无为子，张宴聊为有美堂。
残菊未逢残客聚，风前相与傲寒霜。
龙穴开时龙水分，江枫无处似乡枌。
西风三径少黄叶，南国四山多白云。
未敢题糕如梦得，不妨吹帽学参军。
黄囊菊枕俱闲玩，冒雨归来正夕曛。

关于莫伯治的生平事迹和建筑艺术展览，在东莞全市各镇、街及国内外许多地方巡回展出之后就珍藏在可园。

九、兼收并蓄

莫伯治非常注意向同行学习，平时经常到全国各地考察。目睹新中国经济建设的巨大成就，使他内心无比兴奋。

1994年5月，莫伯治在去新疆参加《建筑学报》新老编委座谈会时，参加了一些建筑方案的评审会，同时思考、深化了一些问题。

他和不少同行认为，在建筑美学的创作中，存在三个"千篇一律"的问题。一种带有规律性形式的建筑系统，过多的因袭，必然导致形式上的单调与僵化。因此，要求对建筑形式有所突破，是时代发展的必然趋势。固然，这并不等于随心所欲，或者异想天开。要做到这一点，建筑师的超前意识是非常重要的。

抚今思昔，莫伯治想：在历史文化的长河中，社会经济的发展导致新时代精神的诞生。怎样表达社会发展的时代精神？这是建筑创作能够有所突破和创新的关键。建筑师如果能智烛机先，运用本身熟练的技巧，就有可能在创作上达到前人未能达到的新境界。当建筑师在创作过程中感到无法利用一些现成的技术手段去表达新时代精神，而是有待于新材料、新技术的开发，并且在这方面对新的解决手段提出一些可行性的概念，这或者可以理解为一种超前意识的孕生过程。如密斯·凡·德·罗在20世纪20年代提出玻璃幕墙高层建筑方案，可以理解为他在这个年代的时代精神背景下所孕生出的一种超前意识的结果。一些带有原创性建筑体型的超前意识的孕生，从提出以至建成，往往是随着客观的时代背景及发展过程实现的。密斯方案于1919年提出，直至20世纪50年代，才由他设计成两幢湖滨大道公寓（芝加哥，1945—1952年），另外由G.本舍夫设计建成的利华大厦（纽约，1951—1952年），及以后由密斯和P.约翰逊合作设计建成的西格拉姆大厦（纽约，1955—1958年），历时二三十年。实践过程对新材料、新技术的开发有推动发展的作用。

所谓超前意识，是具有多层次性格的。即使是带有原创性的超前意识，从它孕生以至于建成，也不一定是完美无缺的，需要有不断地改善和补充。

因此，评选一个优秀的方案，其条件是多方面的，但最重要的考虑因素，却是方案本身的超前意识和是不是具有促进建筑艺术和技术发展的潜力。近来有些评选的方法，则是着重于根据现行各种技术规范，逐项对照，如有触犯，难免落选。实际上，其中不少方案可以与技术规范之间互相调节适应，有时可得出一个优秀的作品；否则容易使一些较有潜质的方案有遗珠之憾。……

莫伯治的这些看法，显然充满了辩证法，是有超前意识的。由此也能看出，他为什么能不断创作出那么多的优秀作品。[①]

在此前后，莫伯治承《建筑学报》和浙江省建筑师学会之约，还到杭州参加了老一辈建筑师座谈会，考察了关于杭州西湖的规划。在他的印象中，江南的美景跟自己的家乡岭南可有一拼：许多景区都是石拱桥如月牙般跨在漾漾的小河上，桥下乌篷船尾站着戴毡帽的艄公或裹蓝印布头巾的船娘，双手把橹荡桨，悠悠地划过深碧的河面，留下一路水痕。河边小楼的飞檐，挑出一面色彩鲜艳的茶幌。有时木格窗棂里传出男女弹唱的声音……若是赶上"自在飞花轻似梦，无边丝雨细如愁"的季节，绵绵糯糯的雨声，则给男女

---

① 可参看2012年7月由中国建筑工业出版社出版的《莫伯治文集》283页。

的弹唱蒙上了一层缥缈的轻纱。只是莫伯治到这里来，主要的可不是观景，而是通过考察有关建筑，丰富学识，提出见解。①

1995年，莫伯治又在去云南参加《建筑学报》编委会时，考察了如何处理好现代建筑美学与少数民族的地方风格关系问题。②

1995年，为方便自己开展建筑创作工作，81岁的莫伯治开办了"莫伯治建筑设计师事务所"，这是我国最早的一批私营建筑师事务所。当时，根据规定，广州有资格开个人事务所的建筑师只有三位。

1995年，莫伯治通过敦煌航线网络的安排，经过两个晚上的转折，踏入带有神秘诱人气氛的中国西部，抵达了闪耀着历史文化光辉的敦煌。

任何地方风物传说的出现，都与当地特殊的自然环境、地理风貌及民众共同的心理愿望密切相关。敦煌处亚洲腹地，属干旱少雨的大陆性气候，敦煌汉简有"悬泉地热，多风，涂丘干燥，妵急其湿也"的记载。面对亲眼所见的西部风情，莫伯治的注意力情不自禁地集中了。一些经验，再次清晰。这里简直就是不断让人吃惊的地方！石头是锋利的，风是锋利的，记忆也是锋利的，古远的地貌是啥样就是啥样，并在牢牢地安置着当下，一丝杂念也不掺和！光秃秃的硬气，阳光碰到上面折叠出黄褐色的光亮。火车、汽车，无论怎么奔跑，也跟不上这里的狠劲。

莫伯治经过认真的考察，提出了十分精确的意见：

敦煌作为这片地域内多民族文化的交汇点，地处汉代河西四郡的最西端，是西汉时期开发西域的前哨基地。丝绸之路的东起点，阳关和玉门关两个通往西域的隘口，……直到今天我们还可以看到

---

① 可参看2003年4月由广东科技出版社出版的《莫伯治文集》251页。
② 可参看2003年4月由广东科技出版社出版的《莫伯治文集》258页。

极其丰富的文化遗迹（包括古城遗址、商旅驿站的丝绸之路、边防的构筑物——亭、障、塞，众多的墓群，石窟寺遗迹等），遍布今天的敦煌各地，有极高层次的历史和艺术价值。仅就莫高窟本身，其规模连绵1.6千米，经营时间延经1600多年，有多个民族参与（其主体是由汉唐文化为主导）。它得到联合国教科文组织的认同，为世界性文化遗产，这些遗迹都有1000~2000年的历史，规模大，有些是跨地区的，甚至是跨省界的（如丝绸之路、长城等），并不是一般博物馆所能展现的。为了进一步完善和发展敦煌文化，扩大其影响，考虑加强开发的力度是有必要的。

敦煌本身是一个大博物馆，适宜成立国家一级历史博物展览区，在较高层次上领导、规划、整理各个展出区、段、线路的组织管理和展出文物的补充、研究、出版等，提高展出文化的学术水平。

成立一所以藏经洞为主题（也可以包括一些汉代木简）的专业博物馆。现存流散各国博物馆的经卷占藏经洞经卷的3/4，是否可以联系各国存有经卷的国家博物馆，复印一份，使藏经洞的经卷内容能比较完善地展现给来访的人们。通过联合国教科文组织，此事是有可能的……

在靠近重点文物附近，不宜增建任何新的建筑，以免造成景观的破坏，在此我很欣赏敦煌文物研究陈列中心的选点和建筑风格的处理，既与莫高窟保持一定的距离（约800~1000米），体型又简朴沉实，与沙漠简洁的自然景观取得协调，实属难得的佳作。与此相反，在阳关高墩的旁边建一碑廊作为景点结构，其实此地无须有碑廊的必要，长廊的体型瘦削，摇曳生姿，与黄土高墩的凝重敦厚很难合在一起。①

---

① 见2012年7月由中国建筑工业出版社出版的《莫伯治文集》第293页《敦煌市的规划与建筑》一文。

1998年，莫伯治去安徽考察了全国首批园林城市之一的合肥市。考察之后，他写下很有见地的《合肥市总体规划的启示》一文：

合肥是全国首批园林城市之一，在规划上绿地率旧区不少于30%，新区不少于40%，人均公共绿地面积为14平方米。绿化建设与城建交通、水利等结合开发，特别是将园林绿化与风景旅游资源开发相结合，构成了合肥市园林化，具有良好的生态环境和大地园林景观，先后获得全国卫生城市、全国环境综合整治优秀城市的称号。特别是在城市总体规划中，以老城区为核心，以环城公园为主体景观的公共绿化系统，给人以极大吸引力和启示。

文物古迹，传统文化，注入现代内容。环城公园是以环绕老城区水域为景观的主体，原是绕着古城的护城河，从清嘉庆八年（公元1803年）的合肥县傅郭城图中的护城河轮廓与现存环城公园的环形水域是基本相同的。环城公园水域特别是包公池（现称为包河）本身就是很有价值的文物古迹，护城河水域创建于哪个年代，我还没有机会考证，仅从清嘉庆八年到现在，已经快达200年了，历经沧桑，保存到现在，不仅未遭淤塞，而且得到整治保存，升华为美丽的园林景观，陶冶人们的智慧情操，在历史的长河中注入了新的人文民主内容。这应说是历代（特别是现代）地方治理人员的智慧，他们保存了文物史迹，优化了环境，给人们营建了悠闲的城市空间，功不可没。这看起来没有什么了不起，但真能做到的却不多见，不少以水景观为主题的名都胜迹，遭到侵占填淤，一些三角洲城市水网体系，大运河沿岸的水网体系。其营造水网景观的潜质，不亚于世界有名的水都威尼斯，但难逃淤塞断流的厄运，相对于合肥环城公园水域得到保存优化更觉其难能可贵。这一成功的实例，将可构成抗议破坏城市水域景观的强人呼声，建立制止这些破坏行为的法制。

营建优美的自我内在整合空间，激发人们对社会主义创造激情。合肥环城公园的规划设计，利用旧护城河水域，"抱旧城于怀，又融新城于其中"，"城园交融，浑然一体"，为市民营造方便的工作环境，又配合优美的空间，满足市民工作与休闲两种生活方式的需求。人们不仅要有便利的工作和社会交往的环境，也需要幽静的休闲空间。这里所谓的休闲，并不是指庸俗的吃喝玩乐和比工作、社交还要喧闹的环境，而是一个和工作、社交拉开一定距离，寻求一定自我自足的空间，在此进行内在的整合，使外来的形象，被自我消化。这种自我内在的整合的作用在于孕育唤醒和激发人们对社会主义创作的激情。我看环城公园的规划设计，具体说明它的空间正好担负了这一作用。[①]

从莫伯治写下的上述文字里人们可以看出，他的见解与其多年来探索、从事、总结的岭南建筑风格是一脉相传、十分深刻、颇为有益的。它对有关城市的建筑设计肯定会大有启迪。事实上，只要我们比较一下，以黄山、婺源、西递、宏村为代表的许多"徽派"建筑，与岭南园林建筑都"英雄所见略同"，有异曲同工之妙。可见，莫伯治等岭南风格的主张和实践是很有普遍意义的。

在南方一些城市考察的过程中，当地一些建筑同行时常不乏幽默地对他说："使劲喝风吧，水一样干净，这里没有雾霾。"

兼收并蓄，学无止境，使莫伯治及其团队经常承接国内的重大建筑设计任务。

1997年，莫伯治又把他这些年到全国各地考察之后的心得体会进行综合归纳，提炼升华成论文《现代建筑与超前意识》。[②]

---

① 见2003年4月由广东科技出版社出版的《莫伯治文集》271页。
② 见2012年7月由中国建筑工业出版社出版的《莫伯治文集》297页。

十、通过设计广州地铁控制中心，探索、演绎和表达建筑内涵

1996年，广州地铁建设部门和设计部门，委托莫伯治和莫京、俞水根、莫旭、张庆令、李志斌等组成的团队，对广州地铁控制中心建筑的体型意象进行研究和设计。

他们没有凭以往的经验重复过去和草率从事，而是从下列三个阶段进行了认真的思考：

一是探索审美形象的内涵要素

广州地铁控制中心与地下铁路网对应的是一号、二号两线的交汇点。控制中心是露出表面部分，令人联想到地下铁龙到此奋然掀土而起，象征着广州市民积极参加现代化建设的奋斗精神。

在广州的城市交通网络中，地铁控制中心处于市区南北轴（起义路）与东西主轴（中山路）交会点的东南角。其北面是市政府前院大门，门前分列两旁的有两栋40多层的大厦，与控制中心建筑南北相对，构成有机的组合。在建筑审美上，控制中心需要足够的分量与周边的大厦抗衡。

地铁控制中心南临广州起义纪念馆，这一带是当年中国共产党领导革命群众浴血奋战的战场，因此其建筑风格会令人联想到注入密斯·凡·德·罗设计的卢森堡纪念碑的某些审美要素。这些内涵要素，都需要透过建筑形象来演绎和表现，需要从建筑本质范畴内探索解决。

二是迎接客观条件极大的挑战

广州地铁控制中心的建筑用地是狭长地带（约120米×12米），难以构成厚而带有立体雕塑感的体型。

基于文物部门的严格规定，在120米的长度内分段为8层、5层和3层高度，不可逾越。

委托设计的提供条件，包括功能分布、构造处理等均有规定，只能作少量调整。

三是演绎和表达建筑内涵的对策

建筑体型的构图手法不受古典梁柱系统架构系统完整性的构图手法影响，着意于功能空间分离的构图要素，使体型组合更活泼自由，格调可以协调自然。

寻求表达不同层次的建筑内涵诸多元素的共性，运用这些带有共性的构件将会组成表达具有审美内涵的建筑。如控制中心将由下列带有共性的元素构成，其具体表现为：

1. 大尺度简单的几何块体表达现代的造型，群体的尺度感表现改革开放的气势。

2. 鲜明的色调，有反差的色块构图，表现革命的激情。

3. 动态的组合体型，错位与扭曲结合，异向的虚实安排，表达迅猛的发展、澎湃的浪潮。

他们循着上述步骤反复推敲，在体型意象上尽量减弱古典梁柱系统架构完整性构图手法的影响，寻求对建筑的时代感有更强烈的表现力。

实践证明，莫伯治等的探索是十分成功的。

他们认为未来城市的公共建筑首先在功能上应该是混合的，它不应该像传统的那些车站、机场那种唯一的交通功能,它应该是一个混合的建筑,一个城市空间,这样的空间除了功能性之外,还应该有文化性,有精神性。

事后,著名建筑学家、清华大学教授吴焕如评论说:

人们带我看了广州一条街道边上的一个地铁控制中心。那是一个不同几何形体的组合,它们互相撞接、穿插、咬合、错动,又分别呈现黄、白、棕、蓝等明亮的颜色。强烈、突兀、抽象、怪异,匪夷所思。它是不是莫伯治的手笔?我还不清楚,但既然出自莫伯治建筑事务所,他必已首肯。

商代的成汤在沐浴的盆子上铭刻自警之词"苟日新,日日新,又日新"。莫伯治实践了这一条。他为什么能做到这一点呢?我看到他的办公室里堆满了书,新书新刊还不断送到。除了中外建筑书刊之外,又有美术、考古等方面的书报。他每年都去国外旅行和小住。他的儿子兼助手莫京说,莫伯治在国外参观之外就是钻图书馆,真个是活到老学到老。用时兴的话说,他是在不断地"充电"啊!

近代广东出了多位倡导变法、维新、革命的贤人,如孙中山、康有为、梁启超。得风气之先,开风气之先是岭南人文品格的重要方面。莫伯治身上承继了这一种品格。

……我想可以借用晋代陆机《文赋》中的两句话概括莫伯治的建筑创作,即"其为物也多姿,其为体也屡迁。"[①]

当莫伯治的又一创新作品广州地铁控制中心展现在世人面前时,依然格外引人注目。

他在完成这一创新作品的过程中特意写下一首创意诗:

[①] 见2004年9月暨南大学出版社出版的《岭南建筑艺术之光》一书中的《解读莫伯治》。

> 潜龙掀土奋飞扬，竟是当年血战场。
> 吐尽不平存正气，白云珠海闪豪光。[①]

十一、巧妙利用地形，使初看很洋的馆舍具有中华民族品格

1999年12月20日零时，在中葡两国元首的见证下，第127任澳门总督韦奇立和第1任澳门特别行政区行政长官何厚铧在澳门新口岸交接仪式会场内交接了澳门政权。

翌日（12月21日）早上，澳门群众欢迎中国人民解放军驻澳部队进驻澳门；至此，中华人民共和国正式恢复了对澳门行使主权。

中国承诺对澳门实行一国两制，保障澳门人享有"澳人治澳、高度自治"的权利。

在这400余年间，中欧文化的融合共存使澳门成为一个独特的城市：既有古色古香的传统庙宇，又有庄严肃穆的天主圣堂，还有众多的历史文化遗产以及沿岸优美的海滨胜景。

临近澳门回归祖国的日子，澳门特区到处喜气洋洋。在澳门各大报刊上天天都刊登着各式各样的庆回归消息，营造出热烈欢欣的节日气氛。

政通人和、社会稳定、族群和谐，是今日澳门的真实写照。

这个面积仅27.3平方千米的小城，居住着多个种族和民族，融汇了中西文化，共存着多种宗教。

澳门是著名的中西文化交会点，文化的多样性和各种文化交流

---

① 见2012年7月由中国建筑工业出版社出版的《莫伯治文集》295页。

碰撞出的火花培养了澳门人的创新意识。

　　1997—1998年，莫伯治建筑师事务所承接设计的澳门新竹苑是新华社的会所，是澳门回归祖国过程中和回归祖国之后澳门有关机构和人士的一处重要活动场所。

　　它地处澳门竹苑，2370平方米的总建筑面积，5379平方米的容积率。原有街道狭窄。前面近海，但被一高层公寓挡住视线；背靠山林，有借景山林的条件。底层设大堂、客厅及内部办公室；二、三、四层为会议、餐厅和公共活动场所；五、六层设客房共18套，其中有2套高级套房。内设中庭，中塑石、流泉及花木，层层跌落，具岭南庭园风韵，使楼层上、下空间得以沟通，并向上、向外透视后山林木景色。中庭岩壁上镌刻的一个大字——"归"，更抒发、记录了迎接澳门回归祖国的历史情怀，表达了澳门人民回归祖国大家庭的亲切感情。压低临街立面高度，以与狭窄的街道相适应，沿街保留原有6米高的石墙，整个建筑依山筑于高台之上。沿街为凹入之外廊，门廊采用岭南民居大门形式，以红砂岩装修，新竹苑三字阴刻扫绿。整个外观显得端庄雅朴，具有山林之趣。室内装修风格与中庭气氛相融合，并以镶嵌玻璃屏门及彩色玻璃花窗等再现岭南建筑风采。在借景山林、塑造绿化中庭、安排地方风格的门廊、大门和室内装修方面，于现代氛围中再现岭南建筑与庭园特色，以人们所熟悉的建筑语言展现岭南风韵和亲人团聚的融洽气氛。

　　以莫伯治、莫克、莫旭、张庆令为主要设计人的澳门新竹苑，虽然用地局促，建筑体量不大，但因巧妙地利用地形设计了一个以山岩为主题的内庭，进门见山，使这个初看很洋的馆舍具有了中国的民族品格。

　　1999年，澳门新华社新竹苑的设计荣获了广州市优秀设计一等奖和广东省优秀设计一等奖。

　　两千年前，古罗马建筑师维特鲁威在给恺撒皇帝的《建筑十书》中说："哲学可使建筑师气宇宏阔，使其成为不骄不傲而又温

"归"字抒发了迎接澳门回归祖国的历史情怀

文有礼,昭有信义,淡泊无欲的人,这是无与伦比的啊!因为没有信义和廉洁,确实不能做出任何作品来的。"他还说:"建筑师的知识要具备许多学科和种种技艺。"

我们要评说建筑,就不能不去评说设计建筑的人——建筑师。

文如其人，建筑作品在很大程度上亦如其人。而人——建筑师又都无一例外地在一定的环境条件下成长和创作。如果贝多芬生在我国西北黄土高原上或者东北夹皮沟那样的山野中，断不可能谱出《田园交响曲》。

同样，当代中国岭南建筑风格的主将莫伯治若不是长期生活在岭南，若没有广州那样的创作环境（包括前有市长朱光，后有副市长林西），也不可能设计出那么多令人倾倒的岭南风格建筑。

然而，生活在广州环境条件下的建筑师不止莫伯治一人，为什么岭南风格主将（当然还有别人也是主将）的花环却被人们奉献给了莫伯治？

对此，建筑专家杨永生1996年在《文如其人，大器晚成》一文中阐述：

除了他的学科和技艺知识之外，莫伯治有他自己独特的品格。他有气宇宏阔的胸怀。只有胸中能装下岭南风光和对家乡无限热爱的人，才能创造出"故乡水"那样脍炙人口的作品。他是一位不骄不躁的建筑师，虚怀若谷，善于听取别人的意见，当年在《建筑师》上字里行间几句批评的话，他都记得一清二楚。他是一位不断进取的建筑师。纵观他近20多年的作品，即可明显地证实这一点。他是一位淡泊名利的人，不为金钱所驱动，在金钱和标准（建筑）之间，孰轻孰重，他能度量。他还是一位善于抓住机遇，善于说服别人（包括业主）的建筑师。20世纪70年代后期，他没有休假日，利用星期六晚间和星期日去广州附近的县城指导正在施工的由他设计的小工程，我曾有幸跟随他去过一次。他曾说，别小看这些工程，我可以从中积累经验，好处是这里没有干扰。他还说这里的甲方对他无限信任。我看到，他对施工中的每一块砌石，每一条花间小路都十分认真。20多年过去了，这种精益求精、一丝不苟的建筑师风范，始终是我难以忘怀的。我认为，假如没有那些小工程的实践，就不会有他近20年来的成功之作。……

莫伯治的（包括与别人合作的）13件作品荣获全国性各种奖励，其中有9件是50岁以后创作的。可以说，莫伯治是厚积薄发，大器晚成。少年得志成功者少，对于需要掌握多学科知识和生活积累的建筑师来说，不无道理。青年建筑师切莫急于成就自己而淡于在砖头瓦块中磨炼自己，在书籍的海洋中充实自己。

在39件作品中有13件获奖，而在中国建筑学会评出的70件1953—1992年优秀作品中，他（包括与别人合作的）却独占1/10。这不能不归功于莫伯治的精品意识。纵然不能苛求建筑师的每一件作品都是精品，但是作为一名建筑师，对自己设计的每座建筑都要真心实意忘我地投入。建筑作品应当是理性的创作，而不是随心所欲的抄袭。建筑界也要提倡精品意识。[①]

十二、红线女艺术中心是他建筑艺术上的一次重大变法

在每一项建筑项目的设计过程中，莫伯治始终保持着对工程的敬畏之心，总是酝酿良久方肯落笔。他认为当今时代，生活的变化实在是日新月异，似乎每一天都会出现新元素，同时也在淘汰着一些旧事物，因此总要马不停蹄地向前走。

莫伯治设计的红线女艺术中心位于广州珠江新城，是一幢非常美丽的艺术建筑，是广州市政府为表彰红线女对中华优秀文化艺术的卓越贡献而投资兴建的。

时光还要追溯至1995年，那时70岁的红线女仍担任着红豆粤

---

① 见暨南大学出版社2004年9月出版的《岭南建筑艺术之光》第72页。

剧团的团长。

在第八届全国人大代表的一次会议上，时任东莞市委书记李近维向她发出邀请，要在东莞建一个"红线女阵地"。他希望借这个"阵地"，培养粤剧人才，展示粤剧艺术，同时增加东莞市的文化气息。

当时的广州市长是黎子流，这个消息被同去参会的他得知，有些"着急"，对李近维说："你不要跟我争了，她长期都在广州，是我们广州出色的艺术家。"

在接下来的广州市政府常务会议上，黎子流市长提出关于建设红线女艺术中心的建议，获得通过。

负责建筑设计的是莫伯治，红线女本人也参与其中。

莫伯治热爱一切美好的事物。广州红线女艺术中心建筑外形的灵感，来自戏服扬起的"水袖"，在珠江新城如今林立的高层建筑中，它成为点缀的明珠。而最早的思路是，整个建筑从高空俯视，形成一个巨大的"红"字，但由于工程设计难度太大，遂放弃。

建筑设计稿历经数次修改。在一封写给莫伯治的信中，红线女阐述了自己的意见:[1]

我在北京开会时，让同事约莫旭、莫京两位于本月23日一起商量，但他们都不在。是的，大家都在忙，包括我这个人也忙得病了。幸亏那天我把我所有的意见都向李工说了，我的意见仍是：

1. 尽量体现民族特色，外面不足，内里再想办法。

2. 这个建筑物，一如您的意愿，让人家通过建筑物看到红线女艺术的风格。所以我和莫京商议，用火炬、莲花苞和彩带取代那个红围架，让人看到一位秀气庄重的女演员的气质。

---

[1] 见暨南大学出版社2004年9月出版的《岭南建筑艺术之光》第91页。

3. 要保持建筑物的风格。

把原图的大门石级当中的圆形铺地去掉，使这块地形成绿化草地，有点花树之美，让红线女剧中人物的塑像立于其间，让人感觉到这个"红线女艺术中心"的前沿氛围。车路由右而进，首先现于人前的就是一个直条写的"红线女艺术中心"几个字，车到中门而止，让车开到车库或停车场地。我想这小小改变，合情合理，您是会同意的，是吗？

莫伯，我在您的面前，什么时候都是带着一点后辈孺慕之情敬重您的。听同事说您约我面谈，我真想马上就来，可惜我工作太忙，都得病了，后面还有大量的事情要做，请您原谅我这一次向您请假了，让我的同事谢友良、刘毅宣、秦永喜三位来作代表好吗？谢谢您，谢谢莫旭和莫京二兄的支持。祝身体健康，万事如意！

红线女
1997年3月27日

广州红线女艺术中心整个建筑的修建历时3年。至于花费，据黎子流回忆，光建筑设计和建设，就已耗资近7千万元。根据资料，在红线女艺术中心成立之时，定位为收藏、展览、展演红线女艺术成就，研究红派艺术、开展国内外艺术交流的具有审美和实用价值的文化设施。

这一艺术中心为广州市文广新局下属事业单位，每年政府下拨经费200万元，用于人员工资和日常运营开支等。

1998年12月25日，红线女73岁生日之际，红线女艺术中心举行落成典礼，任仲夷、林若、梁灵光、黄华华和黎子流等广东省、广州市许多领导人，中国文艺界的许多名家以及各界嘉宾数百人前来出席落成典礼，并参加市委、市政府主办的红线女从艺60周年庆贺活动，在社会上产生强烈的反响。

红线女获此殊荣当之无愧。

"粤剧"，又称"广府大戏"，发源于佛山，其源流可溯到明嘉靖年间。旧时，佛山的粤剧戏班有一个惯例：每年六七月份，在外演出的各个戏班都会返回佛山，解散旧班底，重组新班。而新班的首场戏定要在祖庙万福台上演，审阅通过之后，新班才可以乘着红船下到广东四乡演出。

周恩来总理说过："昆曲是江南的兰花，粤剧是南国的红豆。"

谈粤剧离不开红线女。海内外的广东人都知道，哪里有粤语，哪里就有红线女的"红派"曲腔。

红线女从艺60年，在前人的基础上不断开拓、创新，创造了享誉海内外的"红派"艺术，她所塑造的一个个光彩夺目的舞台形象——王昭君、李香君、刘胡兰、焦桂英、崔莺娘……在粤剧史上留下了绚丽篇章。她所独有的以声带情、炉火纯青的唱腔艺术将长远地流传下去。红线女的艺术代表着当代粤剧旦角艺术的最高成就，被誉为岭南文化瑰宝。

红线女为了粤剧事业的兴旺发达，呕心沥血致力于培养粤剧接班人，取得了可喜的成果，她对粤剧艺术的执着追求、精益求精、顽强拼搏的精神，赢得了广大观众、广大艺术同行的尊重和敬佩。她是广大文艺工作者尤其是他们中年轻一代学习的典范。

红线女青年时代曾在香港主演了70多部电影，表演风格自然、生动，出色地塑造了众多各种类型的性格迥异的女性形象，成为香港电影史上光彩照人的明星。

几十年来，红线女获奖无数，其中有1957年在莫斯科荣获第六届世界青年联欢节东方古典歌曲比赛金质奖章；1985年荣获联合国亚洲表演艺术协会授予的"杰出艺人奖"和联合国交响乐协会授予的"表演艺术奖"；1990年广东省政府通令嘉奖；1998年获"霍英东成就奖"；2001年获纽约文化事务部和美华艺术协会颁发的"粤剧终身成就奖"和广东省政府颁发的唯一"粤剧杰出成就奖"；2002年获文化部颁发首届"造型和表演艺术创作研究成就奖"，红线女与全国10位文艺界泰斗同获此奖。

作为广东人，莫伯治对粤剧、红线女都不陌生，曾经多次观赏过红线女参演的粤剧。

细想起来，他的故乡东莞麻涌就有积淀百年的粤剧文化，其底蕴的深厚非同寻常——早在20世纪初叶，红线女等著名粤剧表演艺术家就曾经到麻涌水乡的舞台上演出过不少剧目。她和马师曾等联袂推出的《屈原》《班超》《满江红》《关汉卿》《搜书院》《李香君》《山乡风云》等都已成为粤剧艺术的经典。坐落在麻涌一处处河边的舞台上或凉棚里，往往先是粤剧的慢板悠悠荡荡、如泣如诉，继而又如火如荼、壮怀激烈，最终以一句开阔高昂的散板炸雷般地结束，让听众们不由得一惊，心一下提到嗓子眼儿……毋庸讳言，粤剧经典曲目里的英雄人物，显然十分大气，催人奋进。

在东莞市文广新局、袁崇焕博物馆有关领导和专家的大力支持、指导与共同努力下，麻涌镇漳澎村甚至在一处碧水旁建成一座"小英雄粤剧博物馆"。

莫伯治知道，家乡"麻涌小英雄少儿粤剧团"的历史，可以追溯到1926年横空出世的"小英雄戏班"。是此戏班在广州太平戏院一炮走红，顿时声名鹊起，几十年来涌现出几十位名家。这个"少儿粤剧团"的成立，本身就充满着奋斗、进取、薪火相传的英雄情结，为麻涌、东莞乃至整个珠三角的粤剧爱好者提供了很好的参观、学习、交流的平台。

树立现代化国际大都市的崭新文化形象，不仅需要建设具有现代化水平的标志性文化设施，而且更加需要培养和造就越来越多的像红线女这样出类拔萃的文艺家。红线女艺术中心的成立，将通过对红线女60多年艺术实践和艺术成就的整理和总结，把这笔极其珍贵的艺术财富一代一代地传下去。红线女艺术中心将不仅是红线女一人的成就标志，而是粤剧事业后继有人振兴、繁荣的新的标志。

如今建筑与戏曲相遇，莫伯治致力于以新的视角创新设计手法和表现方式，通过传统与现代的碰撞融合，展现建筑与戏曲艺术的魅力。

由莫伯治设计的红线女艺术中心占地面积3000平方米，建筑面积5000多平方米，是一座以展览厅、小剧场为主体的综合性现代化建筑，是收藏、展示、展演红线女艺术成就，开展国内外艺术交流、学术探讨和培训粤剧人才的专门场所，是广州文化建设的一个独具一格的景点，一道亮丽的风景线。它造型独特，整个建筑内外上下，弯曲翻卷，与红线女的艺术追求非常吻合。其设计独特之处在于，高低处设计逆向思维，不拘泥于一般的设计风格，用结构来体现其作品，用不规则的变化来体现其创作的一种新颖，用建筑的语言来表现艺术。

它力求以一种富有动感的建筑造型和空间来表现建筑的主题：在门厅（展厅）与排练厅（观众厅）的过渡带上空插入天窗，丰富室内空间，并使建筑正面墙体上不开窗，保证了整个建筑雕塑造型的完整性。整个建筑物是一个空间复合体，外形上则以错位、组合、扭转为构图手法，使戏剧艺术与建筑艺术在观感和意念上达到融合与沟通。正立面上半圆形斜向玻璃入口形式是乐器和乐声的象征，舒卷开合、高低错落的白色墙体（是民间山墙的演绎变体）的回旋形式是中国戏剧表演中飘动的服饰和水袖的摹写，也是对婉转轻柔的乐音的一种阐释。这是以建筑艺术语言表现戏剧艺术家的创造与激情的一次尝试。

因此，在这座建筑里，审美层面具有共通性的中国戏曲与民族园林实现了融合。原本根植于岭南大地的粤剧艺术，借助红线女艺术中心的树木楼台、游廊流水，褪掉现代剧场施加在其身上的层层包装，在亲近着民间土壤，以质朴面貌释放魅力。

步入红线女艺术中心，人们仿佛能在隔空穿越中感受到粤剧真金般的壮美。假如向历史深处探寻，又会恍如置身一个永不谢幕的历史活剧剧场。

红线女艺术中心记录着红线女艺术道路的一个个脚印与业绩。走进大堂、迎面镌刻着一代伟人毛泽东雄浑苍劲的手迹："活着，再活着，更活着，变成了劳动人民的红线女"（摘自毛泽东写给红线女的一封信），大堂里还摆放着六尊两米高由著名雕塑家潘鹤、黎明、吴雅琳等雕塑的红线女艺术形象——王昭君、李香君、翠莲、朱廉秀、刘琴、沉洁。每尊雕塑质材上佳（汉白玉、青铜），做工精致，栩栩如生。

大堂左侧和二楼六厅近千平方米布有"红线女艺术之路"图片展，几百幅珍贵的图片展示了红线女多姿多彩的艺术人生和她在戏剧、电影等领域所取得的辉煌业绩。观众还可以看到她与毛泽东、周恩来、江泽民、朱镕基、陈毅、贺龙、叶剑英等党和国家领导人在一起的情景。看到她与中国文艺界名流以及马师曾、薛觉先等粤剧同行之间深厚的情谊。

二楼展厅展示着毛泽东为红线女题写的鲁迅诗句"横眉冷对千夫指，俯首甘为孺子牛"，胡耀邦写给红线女的题词"祖国的骄傲"，巴金为红线女题写的"艺术为人民放光彩"，曹禺题写的"红线女艺术中心——一代艺术丰碑"，还坐落十尊真人大小的人物造型，她们都是红线女饰演过的角色，如昭君公主、凤霞公主、三娘、刘胡兰、焦桂英、崔莺娘等，上述人物造型所着服饰全是红线女在舞台上用过的，极具收藏、审美价值。

红线女艺术中心小剧场座席舒适，设备先进，是专业演出、艺术交流、举行会议等各种活动的理想场所。

每一位前来参观访问的观众、宾客还可以在小剧场观赏内容生动、翔实的大型纪录片《红线女艺术之路》，跟随主持人黄霑深入了解红线女艺术人生。

红线女艺术中心数据库是省特级档案管理达标单位，收藏了红线女各时期的音像、图片、文字、实物等大量资料；三楼的录音室备有先进的数码录音设备，可为需要者提供专业的录音服务；还有多功能厅、会议厅、演员休息室、接待厅、艺术作品展销部等场所，为演出团体和参观者提供服务。

弘扬祖国优秀文化艺术，保存和发展"红派"艺术，为广东的精神文明建设增光添彩，是红线女艺术中心的宗旨。

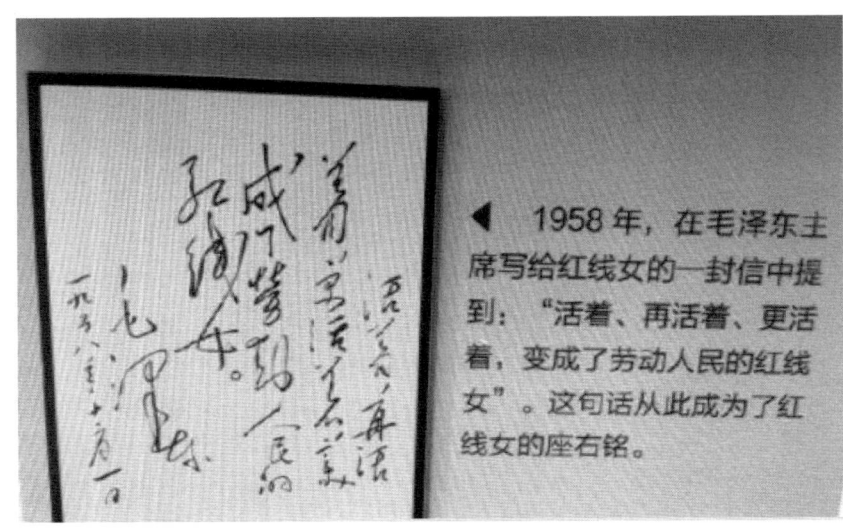

◀ 1958年，在毛泽东主席写给红线女的一封信中提到："活着、再活着、更活着，变成了劳动人民的红线女"。这句话从此成为了红线女的座右铭。

著名建筑学家、清华大学教授吴焕加说：

我在广州参观了红线女艺术中心。如果它是某位中青年建筑师的作品，那很容易理解，但它竟出自莫伯之手，这不能不令人惊讶了。此前莫伯治的建筑基本上都采取方正的姿式，规矩、明确，容易辨清。红线女艺术中心的造型完全是另一种路数。里外上下，弯曲翻卷，空间绵延，流运不定，变化无常。莫伯治的其他作品属普通几何学，这个艺术中心则属于拓扑学的范畴。人到了那里面好似进入另一个境界，离开那里，才复归到日常的生活世界中来。显然，这种布置同红线女的表演艺术相当匹配，无怪乎她一看到莫伯治的方案便非常满意了。

这是莫伯治建筑艺术上的一次重大的变法。而这时莫伯已年逾八旬。试看今日之域中，高龄变法如莫伯者能有几人！①

在设计实践中，莫伯治心潮澎湃地写下《红线女艺术中心建筑

---

① 见2004年9月暨南大学出版社出版的《岭南建筑艺术之光》一书中之《解读莫伯治》一文第1页。

设计创意诗》：

> 流水高山寄越声，形神优孟最传情；
> 观音百态多禅意，露洒人间见爱心。[①]

居里夫人有句名言："人民的愉快就是我的报酬。"莫伯治内心里也如是观。

作为广州的文化地标之一，这座建筑多年来始终讲述其传奇经历和广州这座大都市的文化故事，展示这座值得被一再欣赏的建筑的无穷魅力。

十三、设计广州的"文化地标"和精神殿堂

进入 21 世纪，年逾八旬的莫伯治依然保持着旺盛的创作热情，对自己的创作状态信心满满，接连设计出了几部崭新的作品。他像一棵老树，历经岁月的沧桑洗礼，呈现出枝繁叶茂的盛景。

2000 年，莫伯治又主持设计了广州艺术博物院。由他设计的这片建筑收藏了越来越多珍贵的艺术品，而广州艺术博物院本身也作为艺术品，优雅地接受着世界各地来宾的赞叹。

有专家认为：城市不仅需要公园绿地提供物质上的氧气，也需要精神上的吐故纳新，而博物馆正肩负着这样的使命。人们从古今文物中形成更多解读专项文物的灵感，进而将这种灵感迁移进他们自己的生活，其实正是在实现博物馆作为"都市之肺"的价值。

[①] 见 2012 年 7 月由中国建筑工业出版社出版的《莫伯治文集》295 页。

广州艺术博物院

还有专家认为：如今艺术展览能否受到欢迎，很大程度上取决于该展览馆与展品能否提供令人惊艳的视觉效果。当代文化从语言为中心向展品（包括图像）为中心的转变，也在一定程度上推动了美术馆事业的蓬勃发展，催生出数量越来越多的美术馆与展览。眼下显而易见的事实是，人们愿意去美术馆看展览胜过去图书馆看书。对于大部分人来说，看展览更轻松，毕竟展品（包括图象）是比文字更浅显、更通俗的语言。更何况，看展览还可以打卡拍照，发朋友圈或者在抖音上美美地晒一下。

在当代生活和文化中，对于视觉效果的要求越来越高，已经成为压倒一切的目标。判别一个展览是否值得去看，一个地方是否值得到此一游，就是看它能否以精美的展品和耀眼的景观吸引别人的关注与欣赏，进而转化为流量，转化为这个数字时代最强悍的统计指标。对此，法国当代思想家居伊·德波曾说，生活的每个细节几乎都已经被异化成景观的形式："所有活生生的东西都仅仅成了表征。"正是在这个意义上，产生了所谓的"眼球经济"和"注意力经济"。

广州艺术博物院这座艺术殿堂位于白云山脚的麓湖岸边，总投资近两亿元人民币。它是全国独有的集多位艺术家名人馆、专题展览馆、交流展览馆于一体的现代化大型艺术类博物院（馆）。岭南画派的大师关山月、赵少昂、黎雄才、杨善深、杨之光，书画艺术大家赖少其、廖冰兄，收藏大家欧初、赵泰来，在广州艺术博物院都有以其名字命名的专门名人馆。

莫伯治既志在把它设计成为广州市的"文化地标"，同时又认为它不应该仅仅停留在"文化地标"的属性上，更应该成为城市的精神殿堂，使人们透过里面展示的一件件艺术作品，能够窥得这座城市的文化气质和精神追求。

在世界艺术史上，让艺术博物院的展品从最初作为文化象征的符号到承载艺术观念的突破，作为意识形态的诗意表达、哲学的思考，都始终与建筑设计者的水平休戚相关。

一个人该有怎样的深情厚谊，才能将自己全部奉献给这一片土地？

广州艺术博物院作品本身的元素并不复杂，但各个角度都得到了相当完美的构成图案，在追求空间连续性上体现着严谨的造型逻辑。整个建筑将岭南建筑与园林融为一体，又发扬时代精神，形成一个轮廓丰富、塔楼矗立、庭院山水、雕饰精致的建筑群体。

在广州艺术博物院的正面中间设有文塔，塔身的建筑细部有"羊"和"丰"字的隐喻，点明羊城、穗城的地方名题。

文塔南面的红砂岩墙上是构图丰满的史前岩画浮雕，以表现岭南文化悠久的历史。

文塔北边是展览馆的入口大门，三对实木雕花大门，名贵高雅，气派非凡。在建筑空间上采用了传统庭院空间，应地势的高低、地形的广狭，四栋建筑分别四边围合成院落。交接部分采用不同体型的塔楼过渡，建筑群体高低错落，细部上采用饶有岭南地方特色的风火山墙、汉唐檐口、猪头龙石雕装饰等，以表现岭南地区的风格和文化。

广州艺术博物院设立的长期陈列馆有中国历代绘画馆、中国历代书法馆、佛山陶艺馆、专题陈列馆、雕塑展区等。首批展出的各类艺术品共1027件，实物1289件，艺术种类涵盖国画、书法、油画、水粉画、水彩画、版画、素描、速写、雕塑和碑刻、拓片、唐卡、铜器等上万件艺术品。收藏之丰富精美，位居全国艺术博物馆前列。

广州艺术博物院第一层是中国历代绘画馆，陈列着广州美术馆数十年来汇集的中国历代绘画精品。这些绘画藏品的年代上起宋、元，下至当代，其中不乏珍贵的国家一、二级文物。

展览聚焦的古今艺术作品，涵盖了众名家的重要之作，仿佛是艺术家们一次次独行求索之旅，使观者能够从这些无言之物中更有趣地认识这丰富的世界，激发出创作灵感。

在广州艺术博物院的筹建过程中，曾经赢得赖少其先生及夫人曾菲捐赠的书画275件；关山月先生捐赠的书画106件；黎雄才先生捐赠的书画154件；赵少昂先生及亲属赵之干、赵之泰捐赠的画作1490件；杨善深先生捐赠的书画121件；杨之光先生捐赠的国画、书法、速写、创作草稿649件；欧初先生捐赠的诸家合璧国画84件、文房四宝213件、陶瓷127件；赵泰来先生捐赠的铜器451件、唐卡61件、书画一批；香港杨铨先生捐赠的古画796件。还有陈树人、黄少强、司徒乔、符罗飞、黄般若、胡根天等人家属捐赠的书画。收藏有高剑父先生的书画一批，清代海山仙馆历代名人法书碑石百余块。

特别值得一提的是从1956—1979年，容庚先生先后将其珍藏的字画1088件，分四次捐赠给国家（包括前广州美术馆和广州艺术博物院），其中国画629件，书法410件，日本画5件，拓片8件，其他类文物31件。这是国家接受个人捐赠古代书画的最大宗之一。

此后，容庚（及其家属）陆续向多家单位捐出其藏品（包括其作品）。容庚先生曾说："聚实不易，散则何难？与其身后任其散失，不如现在就完整地献给国家，让更多的人在前人的基础上做出更好的成绩来。"拳拳之心，溢于言表。

莫伯治的同乡容庚先生1894年9月5日出生于东莞县城外旨亭街。跟莫伯治家相仿，容家也是一个书香世家。容庚的祖父、外祖父都是清朝的进士，父亲是1897年的贡生，二叔容祖椿是名画家。容庚的父亲37岁卒后不久，16岁的容庚就被母亲邓琼送到广州，在启明小学堂读书，并与四舅邓尔雅同住。邓尔雅是近代广东有名的多面才子，在金石、古文、书画等领域都有很深的造诣。容庚师从邓尔雅治《说文》及刻印，大获益处。

容庚的三弟容肇祖曾写道，容庚1916年于东莞中学毕业后即逐渐专心致志地学习文字学，资料日累，写成《金文编》。1922年离开任教的东莞中学赴京，途经天津时，他所携的《金文编》稿被近代学术大家罗振玉见到，大为好评，并向北京大学金石学教授马衡推荐。马衡读过《金文编》稿后，决定不予考试，破格录取他为北京大学研究所国学门研究生。

容庚曾先后任教于燕京大学、北京大学、岭南大学、中山大学。专著包括《金文编》《商周彝器通考》等在内的30多种，发表论文70多篇。"人有存没而学不息，世有变故而书不亡"，是中华文明屡经磨难却绵延至今的精神内核。容庚的学术经历正是其最佳注脚。

可见是东莞、广州、广东、岭南文化中一个极为闪亮的"符号"。他在一个世纪前即着手编著的《金文编》，至今仍是人们辨识青铜器上那些宛如"天书"般的古文字之最准确完备的工具书之一。这位古文字学家、金石家、考古学家，也是一位收藏大家。而他将毕生所藏的青铜器、甲骨、书画、拓片、古籍和珍贵文献悉数捐赠给国家的壮举，更令人动容。

容庚旧藏中捐赠给广州艺术博物院的精品包括两件国家一级文物——南宋佚名的《云山图》、明代林良的《秋树聚禽图》，此外还有明代文徵明的《醉翁亭记书画合卷》、董其昌的《草书右丞律诗卷》等名作，亦有容庚先生自己创作的绘画作品、书法作品。

容庚将毕生收藏的近 200 件青铜器悉数捐赠给了国家，不仅是迄今向国家捐赠青铜器数量最多的个人，而且质量高，春秋晋国错金铭文栾书缶、越王剑、父癸簋、示敖鼎等为国家一级文物。在当代大规模、科学性的考古发现之前，岭南地区的先秦青铜器资料是相当缺乏的。容庚先生前后收藏约 200 件商周青铜器，不仅奠定了他一代青铜收藏大家的地位，更为国家保存了一批国宝，使之免遭流散。

实际上，"容庚"这个名字"出圈"并不是第一次。1956 年、1986 年、1994 年、2009 年广州博物馆，2020 年中国美术馆都曾专题展示过容庚先生的旧藏。

这里，我们不妨依次细览一下广州艺术博物院的若干展品：

在第一层，关山月艺术馆——

关山月是广东省阳江市人，系岭南画派的主要代表人物。这个馆内陈列的代表作品有《塞上冰河》《红棉飞雀》等。

赖少其艺术馆——

赖少其是广东省普宁市人，系"新徽派"版画的主要创始人、新四军老战士、安徽省文联的负责人。这个馆内陈列的代表作品有《抗战门神》《群花》等。

黎雄才艺术馆——

黎雄才是广东省肇庆市人，系岭南画派的代表人物。他创造了"黎家山水"风格。这个馆内陈列的代表作品有《山居读易图》《日本华严瀑》等。

赵少昂艺术馆——

赵少昂是广东省番禺县人，系岭南画派的代表人物。这个馆内陈列的代表作品有《桂林暮色》《群鱼逐落花》等。

廖冰兄艺术馆——

廖冰兄生于广州市，系中国著名漫画家。这个馆内陈列的代表作品有《自嘲》《禁鸣》等。

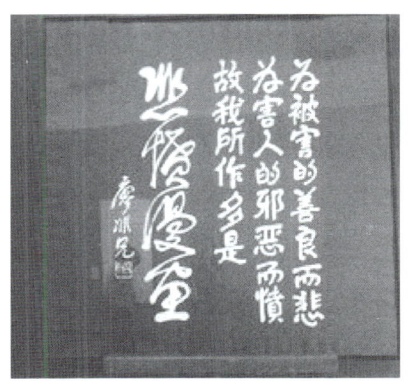

雕塑展区则展示了20世纪以来中国的雕塑家在中西交融基础上所做的种种尝试。

第二层是专题陈列馆,曾经举办各类短期的专题展览。

第三层是赵泰来收藏馆——

赵泰来是旅英华侨、祖籍广东东莞的艺术收藏家。这个馆内陈列的展品主要有古今中外的各类文物。

中国历代书法馆——

藏品年代跨度从宋代至当代,而以明、清两代的藏品为大宗。

广州艺术博物院的藏品是以广州美术馆收藏国画为主的藏品基础上再扩大征集,有不少是价值连城的艺术瑰宝。

广州艺术博物院的"镇院之宝"是北宋文同的《墨竹图》、明代林良的《秋树聚禽图》和清代弘仁的《黄山始信峰》等。

其中,《墨竹图》弥足珍贵。流传至今并被认定为文同的画作只有3幅,一幅在北京中国国家博物馆,一幅在我国的台北故宫博物院,一幅就在广州艺术博物院。

此外,明代戴进的《山高水长》,卷全长20多米,为全国之最。

在征集文物和艺术品方面,广州艺术博物院得到老艺术家关山月、黎雄才、赖少其、赵少昂、廖冰兄等人及其家属的支持。

特别值得一提的是,旅英收藏家赵泰来先后3次向广州艺术博物院捐赠文物，其数量之巨、品种之全为新中国成立以来所罕见。他捐赠的西藏唐卡，论质量、品级仅次于拉萨布达拉宫的收藏。这些唐卡是当年从西藏流散到国外在伦敦进行拍卖时赵泰来用重金买下来的。

从20世纪50年代起，国内外众多人士陆续向广州美术馆捐赠，其中有陶铸、朱光、蒋光鼐、吴南生等领导同志和叶恭绰先生等知名人士。

广州艺术博物院的珍贵藏品还有：

李孔修《驴背吟诗图轴》——

李孔修（1436—1526），字子长，自号抱真子。广东顺德人，侨居广州。工诗能画，尤善绘事。善画翎毛、走兽、山水。

款识：子长。

题跋：贾岛当年遇文公，骑骡道上思未融。只因鸟宿池边句，推字无如敲字工。石斋书。

印章：子长（白文方印）石斋（白文方印）

明初，朱子学被定于一尊地位，随着三部《大全》的纂修和颁布，学界被程式化后的朱子学所扼制。八股取士的流风，遂大兴于天下。物极必反，陈白沙倡言"自得"，开辟了明代心学道路，自此学风为之一变。白沙学派的书画，也以"书即心、心即理"为追求。

李孔修是陈白沙的得意弟子，素以生性刚直著称。《广东通志》载，李孔修善画猫，公卿王侯以重金求画，李孔修不画，反而送些给樵夫等平民百姓。在画史上，李孔修以擅画动物、尤其是画猫而出名。民间传说，李孔修画的猫毛发和骨头都像真的一样，老鼠一见就被吓走，于是不少百姓都求李孔修画一幅猫来防鼠患。又传说李孔修曾作禽鸟图，一次遭遇火灾，画中的鸟顷刻变成真鸟飞走，"人见其从烟飞去"。李孔修的猫画现已不见，广州艺术博物院现存《驴背吟诗图轴》代表了他人物画的水平。画面只画一人、一驴和山石一角，却生动讲述了唐代诗人贾岛骑驴吟诗的故事，蕴含着物我浑化的情致。

汪肇《杨柳水禽图轴》——

汪肇（明，公元15世纪末至16世纪初），字德初，号海云。休宁（今属安徽）人。擅山水、人物、花鸟。多用粗笔水墨，风格接近吴伟、张路，画面多动荡之势。

画的右侧有一柳树，树干苍古，笔墨厚重。作者以垂柳、水禽、带活了画面，又以树干、坡石增强了画面的厚重质感，整幅画面动静结合，生动有趣，自然天成，给观者带来一种心灵的享受，使人领悟到春天的气息。

陈栝《五色蜀葵图轴》——

陈栝（明，生卒年不详，约活动于公元16世纪），字子正，号沱江，长洲（今江苏吴县）人。陈淳之子，画擅花鸟，其画有父风。

文徵明《桐云草堂图轴》——

款识：琅玕翠结草堂阴，尽日啼莺倒客尊。日落尽船箫鼓散，桐云闲闭绿萝门。徵明画并题。

印章：徵明（朱文联珠方印）容庚秘箧（白文方印）颂斋（朱文方印）吟芬馆（白文方印）

广州艺术博物院现为爱国主义教育基地，对外免费开放，2015年已经入选为第二批国家重点美术馆。参观者进得展厅，确实都不会失望。

著名建筑学家、清华大学教授吴焕如说：

我国的大型公共建筑物，包括博物馆、美术馆在内，一向喜欢采用方正、规则、对称的形体和布局，多多少少有一种正统的或庙堂的气势。北京的中国历史博物馆、中国美术馆，西安的陕西历史博物馆都是。莫伯治的新作——广州艺术博物院突破了这种惯用的模式，别具一格。

广州艺术博物院的平面形状很不规整，这与用地条件有关，但也与设计者的倾向与追求有关，后者甚至还起着决定性的作用。广美的各个立面都不对称，体型高低错落，参差不齐。大门附近有一些对称的部分，稍往里去，形势就变了。在西安陕西历史博物馆参观的人，很容易弄清那里的轴线、主次和方位。而初次到广州艺博的人，进馆以后往往摸不到门路，弄不清去向。展厅虽然围着庭院布置，然而那庭院却不方不正，有一只角斜伸出去，成一锐角，整个院子的平面呈不规则的多边形。这样"不正经"的院子在中国的正规建筑中实属罕见。院子周围的房屋及廊子又是多种多样。有正方体、长方体、圆柱体、半圆体，廊子有空的、有半空的，有的连顶也没有，只是空架子。周围的这些建筑物高度不一，长短不一，凸凹不一。形体之间有的正交，有的斜插，相互之间硬碰、硬撞、硬接。周围的屋顶及檐口也是各色各样。有简单的平顶，有坡顶，有官式琉璃檐口，有岭南老式建筑的封火山墙，等等，不一而足。广州艺术博物馆的正入口有几扇黑漆大木门，进门即是小天井，那一块地方有广东祠堂的味道。而有些地方却像20年代的欧洲现代派建筑，另一些区段又类似'后现代'建筑。这岂不乱了吗！乱还是不乱，如何评价视阁下的审美观念而定。我以为那里有点'乱'但并未'大乱'。未大乱是由于该博物院有相当大的规模，能容纳多样成分。说有点'乱'是从正统美学的角度看的。换一种角度看，却未必不好。在一定条件下，变化多端，出其不意，不太规整，还是产生特别艺术效果的一种方法。其实中国古人早已注意到这一点，在建筑以外的艺术门类中有过许多论述。中国的文论与画论中讨论的'奇正'，'参伍以变''物一无文'等问题即与此有关。①

---

① 见2004年9月暨南大学出版社出版的《岭南建筑艺术之光》一书《解读莫伯治》一文。

的确，古代诗文中类似论述颇多，如：

宋·朱熹："文字奇而稳方好，不奇而稳，只是大！"（《朱子语类论文上》）

宋·姜夔："波澜开合，如在江湖中，一波未平，一波已作。如兵家之阵，方以为正，又复是奇；方以为奇，忽复是正。出入变化，不可纪极，而法度不可乱。"（《白石诗说》）

清·刘大槐："文贵变。《易》曰：'虎变文炳，豹变文蔚。'又曰：'物相杂，故曰文。'故文者，变之谓也。一集之中，篇篇变，一篇之中段段变，一段之中句句变，神变，气变，境变，音节变，字句变，惟昌黎能之。"（《论文偶记》）

清·刘熙载："起有分合缓急，收有虚实顺逆，对有反正平串，接有远近曲直，欲穷律法之变，必先于是求之。"（《艺概诗概》）

清·但明伦评《聊斋志异·葛巾》有一段话，说得很细："此篇纯用迷离闪烁，天矫变幻之笔，不唯笔笔转，直句句转，且字字转矣。文忌直，转则曲；文忌弱，转则健；文忌腐，转则新；文忌平，转则峭；文忌窘，转则宽；文忌散，转则聚；文忌松，转则紧，文忌复，转则开；文忌熟，转则生；文忌板，转则活；文忌硬，转则圆；文忌浅，转则深；文忌涩，转则畅；文忌闷，转则醒；求转笔于此文，思过半也。"

今人梁实秋论写文章时也有类似的话，他说写文章"该转的地方，硬转；该接的地方，硬接。文章便显着朴拙而有力。"（《梁实秋散文》）第一集322）

吴焕加认为：

广州艺术博物院在"杂""变""转""奇"等方面做得很充分，但同时又以大的统一的尺度控制整体，用两种主色（红砂石与白墙面）贯通全局，使美术馆在建筑艺术上实现多样统一。

虽然如此，广州艺术博物院建筑中体现的美学观念同正统的建筑美学观念（如陕西历史博物馆所体现的）有很大的差别。打比喻的话，一个是正楷，一个是行草；一个是庙堂音乐，一个是圆舞曲；一个立正，一个稍息；一个正襟危坐，一个潇洒休闲。广州艺术博物院内院这座岭南艺术殿堂突破常规，"法无定法"，脱去庙堂气息。

差别的出现显示事情有了某种变化。什么变化？建筑艺术风尚的变化！而它的后面是社会审美心理的变化，根源是社会文化生活在变化。这些情形在发达国家先已发生，在我们这里现在逐渐显露出来。

我头一次参观艺博时，施工尚未结束，后来的一次已布置好展品。在那里参观，单是建筑本身就让我有"山阴道上，应接不暇"和"山穷水尽疑无路，柳暗花明又一村"之感。那个看来似乎随意的庭院里，有水池，有山石，有花木，很有岭南风韵。水流入地洞，人跟着踏步下去，便进入了地下展览空间，真正别有洞天。人在这个艺术殿堂的庭院里，却好似走到了乡镇中未经建筑师设计而自发形成的广场上，没有拘束感，身心都能放松。

做这样的建筑作品，不用遵循先在的模式，有很多的自由，但并不意味着更容易。四川新都宝光寺大雄宝殿门上挂着一副对联，上联是"世外人法无定法然后知非法法也。"下联曰"天下事犹未了何妨以不了了之。"我们不去管它的全部含意，但觉得"法无定法"这句话表示着艺术家创作的一种很高的境界。法无定法，自由创造，全看你的水平和功力了。而真要达到"非法法也"的地步，也不是一般人轻易做得到的。

不论人们赞赏也好，不喜欢也好，无论如何，莫伯治这一次是在大型文化建筑的设计中，别开生面，另立新宗。[1]

---

[1] 见2004年9月暨南大学出版社出版的《岭南建筑艺术之光》一书中《解读莫伯治》一文。

广州艺术博物馆是一个规模宏大、内容充实的市民艺术活动中心。它通过建筑本身以及各种艺术品的展示和艺术交流活动，既表现传统文化，又表现现代精神。其建筑创作构思没有局限于某一个主义或某一种手法，而是将岭南建筑与岭南园林，传统与现代，以至表现主义熔于一炉。既有地方风格，又有表现主义手法润色其中。形成轮廓丰富、塔楼矗立、庭园山水、雕饰精雅的建筑群体，自然地融合在公园绿地和城郊的自然景观之中。在上面所表述的三个阶段中的实践经验与思维成果，均或多或少或强或弱地体现在这个作品中，正好说明建筑艺术创作的多样性和适应性，以及当代岭南建筑的活力和继续发展、创新的可能性。

十四、小项目仍然体现出建筑艺术创作的多样性和创新的可能性

莫伯治在建筑艺术创作中既重视大项目，也不忽视各类"小"项目。

2002年，莫伯治带领儿子莫京等负责设计了广东省新会市茶坑村的梁启超纪念馆、广州番禺的长隆酒店、汕头市中级人民法院新楼等三个项目并投入使用。

他总是在各种不同的项目设计中竭心尽力，努力取得成绩。

岭南气候闷热潮湿，适合各种植物生长，一年四季，绿叶婆娑可人。园林式、开放式等各式各样的建筑设计在这里找到了合宜的土壤，是为天时。

莫伯治在珠江三角洲的东莞麻涌农村度过童年、少年时代，然后到广州读书。他的建筑生涯也是在这块土地上展开的。他熟悉和

热爱这块土地。他的语音词汇、审美习惯形成于岭南，用之于岭南，是为地利。

莫伯治在广州市的设计院和规划局长期担任总工程师，上对省市领导，下对部属同事，横对业主厂商，是为人和。

这种天时、地利、人和悉数具备的优越条件，使他不仅能在许多大项目的设计上如鱼得水，而且在许多小项目的设计上也体现出建筑艺术创作的多样性和创新的可能性。

莫伯治2000年设计并动工兴建的新会梁启超纪念馆，虽也是一个小项目，但仍然体现着这种多样性和可能性。它既与原有环境相沟通，又引用梁氏所在时代岭南已经引进的西洋建筑形式，体现了其特殊的时代意蕴。

莫伯治于1999年设计的广州番禺长隆酒店，
荣获了全国鲁班奖和广州市优秀设计一等奖

莫伯治与同事们研究长隆动物园酒店的施工方案

莫伯治于 2000 年设计的长隆酒店，荣获了全国鲁班奖和云南省优秀设计一等奖

莫伯治于2000年设计的汕头市中级人民法院新楼，荣获了广州市优秀设计一等奖

梁启超纪念馆

2001年是梁启超先生诞辰128周年，是梁思成先生百年冥寿。想起这两位岭南人，莫伯治就为这个纪念馆的创作添加了更深切、更生动的人间情愫。

上述这些建筑物在形象塑造和表现方面都多少具有表现主义建筑的某些特征，但与历史上曾经出现的表现主义作品存在区别：

其一，它们不是建筑师个人的自我表现，而是注意到人们的生活经验和审美习惯，创造出为广大群众所能认同和理解的具有时代特色和时代精神的形象和空间。

其二，技术发展提供了新的造型的可能性，摆脱了砖承重墙或结构体系完整性的限制。

其三，以经济合理的手段达到艺术表现的目的。

总之，这些建筑形象和表现不再是建筑师随心所欲和异想天开的设计，因此可称之为新表现主义。

在几十年的建筑创作实践中，从岭南建筑、岭南庭园的结合，到现代主义的引进，再到新的表现主义的尝试、思维和实践的发展具有阶段性，但并不是以后阶段的实践和思考去否定和终止前阶段的实践和思考，而是以后者丰富前者，前后互为增益，有所发展，有所前进，在艺术上显得更为丰富多彩，不至于停滞在一个已有的模式中。

由此可见，建筑的功能以及材料、结构的规定性是不可忽视的，但是建筑形式的表现在不同作品中却存在着多样性和创新的可能性。在某些建筑作品中，其形式和形象被赋予特定的思想内容并给人们带来一定的联想，不仅是可能的，而且是艺术多样化的合理要求。如莫伯治设计的西汉南越王墓博物馆、岭南画派纪念馆、广州地铁控制中心和红线女艺术中心的创作和思考中，为了强调它们的个性，表现它们的特有内涵，分别采用了特殊的造型和夸张的构图手法，都是从表现主义的建筑作品中得到了某些启示。

十五、更上一层楼与"岭南建筑之光"

唐代诗人王维有一名句:"红豆生南国,春来发几枝。"时隔1200年,众多优异的建筑作品出现在岭南,它们像红豆一样点缀着南国大地,莫伯治在这中间做出了很大的贡献,人们称他和他的作品是"岭南建筑之光"。

的确,现当代建筑学界有眼界、有观点、有项目、有作品、有威望的建筑师不少,但称得上"有境界"的比较罕见。所谓境界,很微妙,难于度量明说,但可以意会,从修为、格局与气度等方面去理解。

这些年来,莫伯治一直在用心设计,带着他对岭南的感情,爬梳史料,考稽典章,带着他对生活细微之处的洞察,也带着他对群众生活丰富性和多元性的理解。心怀壮志的他乘着时代的浪头飞出了自己小小的设计室,驶向了广阔世界。"总是在路上",既是莫伯治的创作状态,也是他带领岭南建筑师队伍奋力前行的状态。尽管依然从早到晚奔忙,莫伯治变得清瘦了,但相对有规律的生活,让他更富有朝气和活力,多了几分干练,走路的步伐也快了,人也更加开朗豁达,一个接一个代表中国建筑水平的新建筑让他肩上多了沉甸甸的责任,也让他的脚步多了一份沉稳,走过时光和岁月,没有了繁复冗杂,知性而利索,犹如他每座新建筑的模样。创作的确是艰辛又寂寞的过程,像他这样的建筑师,时间和空间极其有限,都是挤时间构思、创作。

莫伯治被选进省人大担任了一定职务。他结合自己近几年的观察与调研,呼吁政府有关部门,继续加大对广大群众美育教育的重视程度,将美育工作纳入具体的政府职能之中,"从小学、中学、大学,到基层的工厂、街道、社区,实行联动,全社会系统性地开展艺术教育普及工作,引导观众的审美取向,提高其审美能力,进而提升国民人文素养。"

在分组讨论会上,拿出笔和本子,认真记笔记、聆听其他委员发言,是莫伯治做得最多的事。

西藏自治区有一位政协领导来广州参观,莫伯治整整接待了他3天。这位藏族同胞十分感动,临别时特意赠送给莫伯治珍贵的藏药"救命丹"。

莫伯治喜欢自称东莞人。

作为土生土长的东莞人,他对东莞有一份特殊的感情。

莫伯治喜欢东莞。这里有他喜欢的老房子、各种绿色的植物、干净的街道。自他离开家乡之后,从不掩饰内心的牵挂,常想着法子回来走一走。每次回来,村民与他毫不见外。当头发丛斑白,身形壮硕的莫伯治出现在家乡的村道上时,乡亲们都停下脚步,热情地跟他打招呼,像久别重逢。自家人不说两家话。

当麻涌的乡亲们邀请他亲自设计镇政府的办公楼时,莫伯治高兴地回到麻涌。

从事建筑设计几十载,莫伯治依然如孩童一般好奇地打量着生活的美好。呈现在他眼前的水乡覆盖了好几处记忆中的细节。

天蓝、水清、土净,是一个乡镇的生态环境底线。麻涌守牢这个底线,让绿色宜居的乡镇品质成为它的美好具象。

麻涌与许多岭南水乡一样,靠若干条小河贯穿,繁衍生息,河旁时常搭有风雨凉棚,供人遮阳避雨,歇脚闲聊。河上有一座座石桥,或如石梁,或如彩虹。

"我们的家乡在希望的田野上""走在乡间的小路上""亲不够的故乡土,恋不够的家乡水""乡情唱不尽,故事说不完"……这些歌词总能激起莫伯治的乡土情怀；总有一个旋律，能荡起他心底的乡愁。

莫伯治晓得为乡镇设计，与为大城市设计不同，更应倡导人与土地和谐共生、顺应自然、因地制宜、取用有度的中国式生活美学。为乡镇设计，需要见人见物见生活的智慧，更需要尊重地方生活系统的多样性，坚持绿色可持续发展理念。为乡镇设计，还要发挥设计整合、协同创新的作用，按照"产业兴旺、生态宜居、乡风文明、治理有效、生活富裕"的要求，用设计将乡镇的发展资源转化为生命力，绘就乡镇美好图景。

这就要巧用乡镇资源。产业兴旺是乡镇振兴的重点。依托乡镇历史文化、风土人情、地方物产等独特的自然、人文资源，将乡土的内生智慧与创意设计相结合，将乡镇文化传承与特色产业发展相结合，通过对乡土文化进行视觉层面发掘以及品牌构建、提升，让地域知识可视化，让乡土资源活起来。

莫伯治看到勤劳勇敢的乡亲们正依托岭南水乡的地缘优势、民俗资源和文化传统，在脱贫攻坚的路上不断实现着从"旧村"到"新村"的转变——干净的街道、参差的民居在阳光下安然恬静。与大小河水相互环绕的田野上，一些乡亲或劳作，或健身，水边的树丛里不时传来几声清脆的鸟鸣。

晚间，品一杯飘着清香的普洱茶，啜一口古法酿制的农家米酒，坐在小船上沿着河涌缓流而下，细看岸边来来往往的散步人群，听着熟悉的乡音中隐约夹杂着岸边悦耳的广东音乐……莫伯治被家乡的林木秀水及浓厚的生活气息深深吸引。

因为有了大小河水的温婉如玉，麻涌，这座温暖的水乡村落便闪动着熠熠神韵，更激荡着奋发向上的灵魂。

"在这样的环境里生活，我们心里能不高兴吗？村委会就在这河边上，有什么问题马上就能直接找村干部反映。"一位老者脸上漾起憨厚的笑容。

莫伯治认为故乡在自己这些人小时候就定义了文化认同最核心的范畴，这里面有亲缘的联系，有语言的维系，还有共同的生活目标。若干年后，当自己的后人深情地说出"家在麻涌"，这就表示他们知道自己从哪里来，又要回到哪里去。故乡的意义在于找到归属、找到认同，原乡的意义在于找到故乡的意义。如今更多的人希望在乡镇享受青山绿水和惬意生活的同时，也能享受大城市的便利服务。为让乡镇生活更美好，他投身于小而美的公共文化空间设计，着力探索"空间+产业+社群"多维度、多层面的系统设计。

而建设一个有岭南特色的水乡小镇，发展乡村产业，是实施乡村振兴战略、培育乡村发展新动能的重要抓手。在这样一个小镇的建设进程中，建筑艺术发挥着独特作用，不仅可以把现代美学引入传统村落，提升乡村生活品质，而且能够以设计激活创意引擎，带动传统经济转型升级。

一天清晨，莫伯治乘车经过几条乡间小路，发现自己的车开在一台拖拉机后面。每走二三十米，拖拉机司机就会停下来和别人聊几句。因为路又窄又弯，莫伯治乘的车没办法超越，虽然那些对话每次也就几十秒钟，只够打个招呼或交流一下新鲜事儿。莫伯治就跟在拖拉机后面，一面不无心急地想着自己今天要办的事，一面等着拖拉机司机结束对话。突然，莫伯治领悟到：这个拖拉机司机每过几米就停下来并非有意对自己无礼，他只是在确认自己活络的人际关系，在确认自己的归属感。的确，归属感是人的一种基本需求。莫伯治禁不住也问自己：我属于什么？我是谁？我属于国家，也属于家乡、社会的某个家庭、某个专业领域，这种归属关系定义了自己，给了自己存在的理由。没有这种归属感，自己就会感到虚无。所以归属感是基本的需求，类似于人们对食物、水或住房的需求。归属感就是感到自己和某个群体在生理、心理和精神上产生联系，它是自己幸福的一个必要因素。自己必须遵从那个集体的文化，服从占主导地位的思想，遵从其生活方式、工作方式以及对文化的喜好等。

在家乡，莫伯治常对乡亲们说，家乡的建筑文化并非单一的、囿于地域而生成的文化，而是在漫长的时间里，在各种流变与文化汇集碰撞蜕变后融汇生成的，聚集了历史的风烟、时间的沉淀、雨露阳光电闪雷鸣的洗礼，才成就了家乡建筑文化的本土属性，此中况味，不深入探寻思考，不认真廓清谬误，是很难把握其中真谛的。

美丽乡村的建设，亟待构建一种新的乡村美学与乡村生活。相比人口稠密的都市，乡村更具有极富张力的自然环境与丰富多彩的文化遗产，它们构成乡土文化的重要内容，于无声中熏陶着人们的精神世界。构建新的乡村美学与乡村生活，需要对乡土文化进行重新认识，即重寻人地关系的和谐、追寻乡土文化的基因、发掘乡土文化的个性等。作为参与文化生活的重要场所——乡村，其公共文化空间成为连接人与人、人与社会、人与文化的重要桥梁。重寻乡土人文之美，是乡村公共文化空间营建的基点。

实际上，每个村落都由于适应特殊的自然和人文环境，积累了颇多因地制宜的生活智慧和日用常识。建筑设计师应通过对其借用，把传统智慧变成现代人可学习、借鉴的创意思维，既展现这些乡村小镇生活的理性之美，亦充沛了现代人的生活智慧。

其实，中国的城镇建设已经成为世界上一道十分亮丽的风景。如果把今天麻涌等一些乡镇的建筑格局风貌拍下来，放进一个时间胶囊传给后世，一百年后的人们也会对它的情调和色彩叹为观止。古色古香的乡镇中融合了现代的风采，是一个美好的综合体。

近年来，随着旅游经济的发展，人们越来越关注旅游地的文化历史开发，麻涌镇深厚的历史底蕴再度得到人们的重视。不少专家前来考察，无不被它的村容村貌吸引住了，认为这个乡镇依然还保留着秀丽的水乡田园风貌，还保持着旧时基本的格局及内部街区肌理；他们也无不被它的历史文化所吸引住，像这样肌理保存完整的乡镇是十分可贵的，堪称"乡镇化石"；当然他们也被麻涌的人物吸引，这里不仅有勤劳的人民、著名的人物，还有他们许许多多的生动故事，这些人物形象活灵活现，惟妙惟肖，于是重整历史古镇纳入了一级级政府的规划。

清晨，在麻涌河旁，听水流潺潺，闻小鸟啁啾。有农家夏种的忙碌身影，也有垂钓者的怡然闲情。"漠漠水田飞白鹭，阴阴夏木啭黄鹂"。云淡风轻，只是潺潺流水与偶尔来往的电动车，留下一些动静。

一条乡间公路依河而建，是镇政府近来提升水乡的惠民举措。沿道而行，能牵连起一个个景点和故事。莫伯治心想，在风景层面，中国村落是承载着诗与远方的田园"明信片"；在文化层面，它又是安放着家与眷恋的乡愁"备忘录"。无论是出于对历史遗产保护的要求、是出于美化居住环境的诉求，还是出于发展旅游的需求……中国的传统村落都在再造之中。我们不仅要坚持创新、协调、绿色、开放、共享的发展新理念，更要懂得传承和延续，从中国传统乡村文化中汲取精华。

莫伯治见到比较熟悉的乡亲就跟他们交谈："我生在麻涌，根儿在麻涌，后来虽然上学、工作离开了麻涌，但我的心并没有因离开而忘记麻涌。我最喜爱家乡人。我的不少朋友都在麻涌，都是些非常实在的人。我们有酒同喝，有肉同吃。先前和我一块儿在家乡玩水的那些小伙伴们现在也都老了，但同窗几载，成为好友；一块儿参军抗日活动，成为一生的战友；一块儿躲灾避难，成为难忘的难友；一块儿谈婚论娶，成为感情融洽的朋友，留下一辈子的幸福回忆。我一进入你们的茌屋，见到正面墙上贴着毛主席像，心里就热乎乎的，感到整个房间都充满春意。我高兴地说'有毛主席他老人家护佑着我们，我们就有幸福、安全。'你们都会意地点头笑了，找出红纸、墨汁和毛笔，让写一副对联：'翻身不忘共产党，幸福不忘毛主席'，把它贴到主席像两边。你们羡慕我老了老了，还天天搞设计，坚持工作；我很羡慕你们唱唱粤曲，打打麻将，过得无忧无虑，都是非常有生气活力的一家家人啊！其实我们多么需要把散沙似的农民都组织起来、一心一意跟着党、艰难险阻都不怕、有家乡这样一个放松心情的环境啊！你们无论如何都要活得结结实实啊！"

在麻涌河附近，一片片错落有致的建筑群出现在莫伯治面前。能看得出，它们都刚刚建起不久。莫伯治见到一位村干部，问他："动员村民旧房改造的最大困难是什么？"

村干部说："就是如何让他们没有后顾之忧，心能安下来。你得一户户地做工作，用自己的智慧和能力，真正尊重和理解他们的想法，去实现他们的梦想。""然后就是坚持，很多时候你觉得你做得很好，仍然有这样那样的问题随时会击溃你，这时乐观的心态就很重要。还有就是情怀，把老乡的事当成自己的事，才能够吸引周围的人都来支持你。"

村干部的一席话，让莫伯治看到了家乡多少像他们一样的人，为村民们共同富裕，真心真情奔跑在水乡的河流与田野间。

莫伯治对镇领导说："乡村是很多中国人情感的归宿。一个小小的村落，既能勾画出民间艺术的博大精深，又触及人类学、社会学等学科的千丝万缕。如果有一座建筑，一看到就能让人想到家和温暖，这样的作品就是成功的新乡村建筑。"

莫伯治既善于从古老的民居风格中获得灵感，也善于从新兴的欧洲文化中汲取养分。

他认为工程技术有底，文化没有底，因此从不由于曾经取得的成就而墨守成规，在深得岭南风韵真髓的同时，他不忘将眼光投向更广阔的世界范围。他说："建筑不能过于强调以'中'为本，心理的历史包袱太重，又不接触西方的东西，这不好。"他在深厚的文化修养的支撑下，不断吸收国外新思想、新技术，越到晚年，他的思维越活跃，建筑作品也佳作迭出。

他在家乡没过多久,就设计出受乡亲们欢迎、喜爱的麻涌镇政府的办公楼。

这些建筑的落成,不仅集中展现了岭南乡村的自然人文风貌,还借鉴了诸多现代元素,体现了城乡协同、乡土资源与现代生活需求协同,最大可能地释放了乡镇生活的张力和弹性,尽力呈现出中国乡镇之美,发挥了积极的美育功能。

麻涌镇人民政府办公大楼外景

其实,莫伯治的每一成功之作,都是不着痕迹地将地方建筑特点及西方现代建筑融汇在一起,并赋予强烈的新时代的生命力。

有一种顽固的传统,认为美须是完美,即须合乎该传统所命定之道德,才具备价值。其实,美不是完美,而是真,包括真切实用、真情实感。

第六章
老骥伏枥，志在千里

一、不断创新的历程还没有结束

2002年4月17日,莫伯治在广州一个座谈会上的发言中提出了一个"创新的全面的"概念。

那天,只见他没有写稿,仅凭手持的一个发言提纲便侃侃而谈:

广州城市的发展,必须走"科技创新"之路,形成一个适应国际竞争、适应于持续发展的总体环境。

要调整城市布局,发展工业园区,促进产业结构优化。

要优化城市环境,形成有利于吸引人才和人才成长的生产、生活环境。

生产、生活环境的规划、营造,要有精品意识,包括行政体制、生态环境、人居条件、发展教育、提高市民素质诸方面,都要体现出"大变"的内涵。"大变"是一个创新的、全面的概念。

莫伯治还引经据典地论述:

宋·朱熹《朱子语类·论文上》说:"文字奇而稳方好,不奇而稳,只是闶(音"代"字)撒(音代字)。"

清·刘大櫆《论文偶记》说:"文贵变。《易》曰:'虎变文炳,豹变文蔚。'又曰:'物相杂,故曰文。'故文者,变之谓也。一集之中篇篇变,一篇之中段段变,一段之中句句变。神变,气变,境变。音节变，字句变，惟昌黎能之。"[1]

莫伯治的发言给了与会者很大的启发。

2003年1月27日，中国工程院院士、全国著名工程设计大师莫伯治90岁寿辰。有关领导将"老骥伏枥，志在千里"的题词和亲自题写的书名《莫伯治文集》赠送给莫老，并代表广州市委、市政府衷心祝贺莫老"身体健康，福寿双全"。

活到老，学到老，做到老。莫伯治的作品虽然屡屡获奖，但他淡然处之，为人谦和，从不因盛名而吆喝，更不唯权重而低眉，创新的脚步永不停歇。

越是成熟的稻穗，越是懂得弯腰。真正有能力、有水平的人，不会也不需要张扬，从来都是谦逊的。倒是那些只有"半瓶子水"的人才往往自以为了不起，动辄做别人的老师，出言就是教训别人。

---

[1] 见《莫伯治文集》第348页，2012年7月由中国建筑工业出版社出版。

莫伯治（左）与所在单位党委书记在一起

大家也许都知道莫伯治曾设计过很多具有岭南风格的建筑，但未必知道莫伯治作为一个学者，他在学术研究上也取得很大的研究成果，主要集中在《广州行商庭园（18世纪中期至19世纪）》一文中。这篇文章图文并茂，对广州五家行商庭园逐一进行回顾和分析，是研究岭南庭园发展的宝贵材料。

据叶荣贵教授介绍，由于莫伯治在岭南园林、行商庭园方面深厚而扎实的研究，有出版社十多年前就想约他出书。当时，很多研究者都纷纷撰写这方面的文章。但莫伯治一不跟风，二不着急，他胸有成竹，一方面扎扎实实做自己的研究工作，到实地去考察，另一方面利用各种关系联系行商的后人找资料。他平日里忙于业务和社会工作，但一直关注这方面的研究，到国外泡图书馆时不忘搜索一些零散而珍贵的资料。然而，直到他逝世，他这方面的专著都没问世，这不能不令人感到遗憾。

但叶荣贵教授提到，莫伯治逝世后，人们却意外发现了他在没告诉任何人的情况下写了一个《岭南园林》的剧本。令人惊讶的是,这个剧本不是个大纲,而是有着非常翔实的内容,从镜头的运用、拍摄的角度等,都逐一作了说明。叶荣贵教授坦言,这么详细的剧本他第一次见,莫伯治没有受过专业的拍摄训练,如果不是对拍摄的对象——岭南园林有这么深刻的了解、本身对拍摄有一定了解,他不可能做到这一点。

莫伯治和年轻同事谈岭南园林

20世纪70年代,中国建筑界设计思想受到严重的禁锢。"横线条是资本主义,竖线条是社会主义",意识形态对建筑的干预随处可见。莫伯治在主持白云宾馆的设计过程中就遇到各种阻力。他在研究中发现,"横线条"的结构,可以解决超高层建筑窗台向室内渗漏雨水的实际问题,他以此顶住了压力,坚持自己的设计主张。

因此,今天我们看到的白云宾馆,仍以"横线条"为主。叶荣贵教授介绍,作为全国第一幢高层旅游建筑,白云宾馆不仅尽量地保留了原有的环境,巧妙利用了庭隅的三株古榕树丰富了中庭的空间层次,而且坚持保留宾馆前面的"小山"设一个小庭院,既屏蔽了外来的嘈杂又使整个宾馆的绿化内外延续,自然而富有变化。

曾昭奋教授在20世纪80年代初白天鹅宾馆兴建时才与莫伯治认识,但在此之前,在清华大学任教的他已经开始关注莫老及广州的建筑。他对莫伯治主持设计的白天鹅等高层宾馆颇为推崇。

"自20世纪50年代初开始,广州就已陆续出现了一些具有南方特色的作品,现在看来,它们也许还显得不那么完美,但是,一种新的风格已在一些建筑师的笔下孕育。如今我们清楚地看到这几十年来广州建筑设计形成了一条明显的主线,我称之为广派风格,莫伯治是广派的代表人物。"曾昭奋教授说。

曾昭奋教授把我国建筑分为京派、海派、广派,他认为广派的特色是:较为自由、自然的平面安排;明快开朗的立面和体型;与园林绿化和城市或地域环境的有机结合。

"莫伯治的许多作品,有很高的文化内涵。岭南文化不是抽象的、干巴巴的,莫老深厚的文化素质,使他的作品中体现出岭南文化的底蕴。读万卷书,走万里路,正是民族的和世界的、古典的和现代的文化修养,使他的创作和思想永远呈现不断丰富、不断前进的姿态。"

二、建筑学界的楷模

莫伯治是岭南园林建筑设计的杰出代表之一,一生把追求建筑设计创新当作一种追求幸福的生活方式。他是一个将设计目标制定得很高的建筑师，因为他有驾驭高难度课题的能力。半个多世纪以来，莫伯治主持设计了许多优秀建筑作品。

20世纪60年代，莫伯治设计泮溪酒家、广州白云山山庄旅舍、白云山双溪别墅获得1993年"中国建筑学会优秀建筑创作奖"；20世纪70年代，他设计的广州矿泉别墅、广州市白云宾馆分别获得全国优秀建筑设计一等奖和中国建筑学会优秀建筑创作奖；20世纪80年代，他设计白天鹅宾馆、广州中山温泉宾馆别墅，获得中国建筑学会优秀建筑创作奖；20世纪90年代，他设计的广州南越王墓及广州岭南画派纪念馆分别获全国优秀建筑设计一等奖、中国优秀建筑创作奖和国家教育委员会建筑设计一等奖、全国优秀建筑设计三等奖；2001年他获得第一届梁思成建筑奖。

在建筑学界，众多权威、大咖对莫伯治的赞誉甚多、甚高。

如中国工程院院士、中国建筑设计院副院长兼总建筑师崔恺谈到莫伯治时说：莫老设计的广州白云宾馆、广州白天鹅宾馆是我们这一代人上研究生时做宾馆项目必须朝拜的对象。1950年以后，现代主义建筑被作为资产阶级腐朽没落的货色，遭到了不停的批评，只是在改革开放的新形势下，才开始受到实事求是的对待。由于现代主义建筑注重功能，主张新技术、新材料的应用，并已有了长足的发展，早已成为全世界，尤其在西方世界占主要地位的建筑流派。莫老对中国现代建筑，特别是岭南建筑的发展起着引领的作用，莫老始终保持建筑创作的热情，他开放，不固守，善于吸收外来文化，敢于"拿来主义"，这对当下中国建筑的发展有着积极的借鉴与启发作用。莫老建筑创作的精神与风格是现代的，其内涵是岭南的。建筑形式的表现在不同作品中却存在着多样性和创新的可能性。在某些建筑作品中，其形式和形象被赋予特定的思想内容并给人们带来一定的联想，这不仅是现代的，而且是艺术多样化的合理要求。在广州西汉南越王墓博物馆、广州岭南画派纪念馆、广州地铁控制中心、广州红线女艺术中心的创作和思考中，莫老为了强调它们的个性，表现它们特有的内涵，分别采用了特殊的造型和夸张的构图手法。这是新的表现主义的探索和尝试。岭南建筑是祖国丰富文化遗产的一个重要组成部分，也是当代我国建筑艺术发展中一个主要的流派之一。莫老一生淡泊名利，其人缘极好，是做人做事做学问的楷模。

清华大学建筑学院的教授栗德祥说：莫老平易近人，没有架子，对晚辈关怀备至。当现代主义走向死胡同、国际式、千城一面时，莫老却始终保持着创新精神，这很值得我们大家学习。在广州宾馆、广州白云宾馆、广州白天鹅宾馆等的设计中，莫老明确引进了现代主义的理念，强调现代生活、功能、技术在建筑中的主导作用，努力摆脱学院派和复古主义创作思想的影响，力求建筑功能的合理性和投资的经济性，同时也仍然重视由于地区、气候和人民生活习惯的不同而形成的岭南建筑的地方特色和地方传统，体现岭南地方风格与现代主义的有机结合。

中国建筑学会副理事长兼秘书长、《建筑学报》主编周畅说：1980年，中国建筑学会副理事长王华彬主管《建筑学报》工作，负责组建第三届《建筑学报》编委会，南方方面的编委，他首先点名推荐了莫伯治先生。在此后到本世纪初，莫伯治先生担任《建筑学报》编委会委员、名誉委员。20多年来，他积极参加历次学报编委会的会议和活动；从1958年开始至2002年，在《建筑学报》上都刊登有莫老的文章，这些文章介绍的作品和创作观点起着引导的作用，成为广大读者关注、喜爱的内容。1993年中国建筑学会成立40周年之际，首次颁发了建筑创作奖70项，莫伯治先生主持设计的就有7项；2000年由中国建筑学会发起的"梁思成建筑奖"，首批评选出9位获奖者，莫老就是其中之一，由此可以看出，莫伯治大师对我国建筑学界做出了卓越的贡献。

广州莫伯治建筑师事务所总建筑师、莫伯治之子莫京说：父亲体现了一代岭南建筑师创作的追求，展示了一代岭南建筑师的修养和对职业道德的坚守，诚如他自己所讲，"我在建筑创作中强调地域特色，也注重现代主义的引进，并且始终坚持着，这无疑是正确的。"这对我们今天的建筑创作与理论思考同样有着现实的和深远的历史意义。

清华大学建筑设计院顾问、总建筑师、教授胡绍学说：我们对莫老的作品非常熟悉，像广州矿泉别墅、广州白云山双溪别墅、广州白天鹅宾馆、广州白云宾馆等。莫老的作品一度引领国内风气之先。莫老把西方经典现代化的东西与岭南园林结合起来，运用流动空间手法，创造了新的岭南建筑流派。莫老的设计随社会和时代的发展而变化，与时俱进，不断探索与创新，这永远值得我们去学习和领会。

中国电子设计院顾问、总建筑师黄星元说：中国改革开放之初，大家都羡慕岭南建筑的发展，建筑创作在广东十分活跃。像广州白天鹅宾馆，身临其境给人心震撼的感觉。地域特色、传统文化如何与现代建筑结合，这是需要我们去研讨与思考的理论问题。

关肇邺院士曾指出："中国建筑实践缺少现代主义建筑的洗礼，而岭南建筑影响之大，在理论与实践方面，开创了中国改革开放的新起点。"当下建筑师，特别是青年建筑师应向莫老学习，一方面要认真做好手头的建筑创作实践；另一方面要认真总结建筑创作的心得，形成自己的建筑创作理念。

苏州工业园区原总规划师、苏州科技大学教授时匡说：莫老的建筑创作既表现传统文化，又体现现代精神，其创作构思没有局限于某一个主义或某一种手法，而是将岭南建筑与岭南园林，传统与现代，以至表现主义熔于一炉，既有地方风格，又有表现主义手法润泽其中，形成一个轮廓丰富、塔楼矗立、庭园山水、雕饰精雅的建筑群体，自然地融合在公园绿地和城郊的自然景观之中。莫老讲过，"对建筑师创作思维的广度和深度的开掘和拓展，是十分必要的，也是没有止境的。"当下建筑创作中往往缺乏大智慧，缺乏像莫老这样的综合能力与全面修养。我们的许多建筑师只立足于建筑的一张皮，其内涵却远远不够。当下建筑师对中国文化、中国历史的尊敬很不够，这值得我们大家去认真反思。

南京大学建筑与规划学院教授鲍家声说：莫老是中国第二代建筑师的杰出代表，是中国现代建筑的开拓者、实践者。中国有自己建筑创作实践理念的真正建筑师不是太多。莫老有大的建筑观，这涵盖了城市规划、建筑学、风景园林等学科。他始终坚守"适用、经济、美观"的建筑创作原则。莫老做设计尊重历史、尊重文化、尊重自然。他1974年做的广州白云宾馆，就很好地保留了环境中的一棵大树。

著名的建筑评论家、清华大学教授曾昭奋，与莫伯治是20多年的同行好友。他认为：莫伯治的转型并不是偶然，他具有一般建筑师并不一定具有的传统文化底子，加上他知识基础深厚，知识面广，善于学习，不断拓宽视野，这使本来学土木工程的他在转向建筑设计后得心应手，深深领悟岭南建筑的精髓，并发扬光大。

深秋的南国，依然叶绿花红。

白天鹅宾馆标志着莫伯治将传统韵味与现代建筑创意结合的设计技巧达到了炉火纯青的地步。

那年，他正走过人生第68载。到了知天命晓人事的耳顺之年，该闲居闹市，养花弄草，含饴弄孙，颐养天年了吧？莫伯治摇头。

一过60岁，莫伯治说戒就戒掉抽了几十年的烟、喝了大半辈子的酒，从此连碰都不碰。他说人上年纪，最怕惹上长年卧床的毛病，自己苦，家人也苦。被划入老人群体，莫伯治偏偏躲避老人聚会。在喝茶、打麻将中消遣生命，容易嗅到衰老的气息，莫伯治更乐意去华南理工大学做兼职教授带研究生，更喜欢与年轻的同行交流讨论、拉家常，感受青春无羁的活力。

他英文很好，家里有很多英文书，有时就以这些书的内容与年轻人讨论。他要竭力把手里的火炬交给后面的年轻人。

莫伯治常爱跟自己的研究生倪阳聊天。

有一段时间,他发现倪阳有日子没来,便直截了当地问他:"你怎么最近没来看我呀?"倪阳有些不好意思地说:"我最近各和杂七杂八的事儿太多了,因此没顾上去您那里。"莫伯治不乏幽默地说:"这好办,你把来看我放在你要办的那些事儿里不就成了吗?"说罢,师生俩都不由得会心地笑了起来。

有好长一段时间,莫伯治每天都要匆匆地从家里赶往城市另一端的白天鹅宾馆去"上班"。宾馆的服务员们每天都微笑着满怀敬意地迎接这位因长年伏案有点佝偻的老人,看着莫伯治步履从容地走进宾馆里属于他的那间工作室,开始永远也忙不完的忙碌。他们称:"莫老总是在那里忙碌,不是工作,就是出去办事,是一个一天到晚忙得不得了的人。他不仅工作很忙,而且做事情从不拖沓,今日事就今日做,不拖拉,不懒散。受莫老影响,我们这里的许多年轻人也都养成这种习惯,没有人懒懒散散的,干活的干活,学习的学习,都是抓紧时间在做事情。虽然莫老的事业做得很大,外头认识人也很多,但他是一个非常谦和的人,从来没见过他盛气凌人、自以为是的样子。这对我们在为人处世方面都是一种潜移默化的教育。"

建筑设计创作就是一场漫长的马拉松。1986年,莫伯治整理出版了《莫伯治文集》。稍后,一部总结他一生经验和体会的《岭南庭园》即将脱稿,地铁工程沿线建筑的设计有他参与,广州艺术博物院的方案正在推敲,广州建设国际化大都市需要他出招。

偶尔,莫伯治来到大堂吧台叫一杯可以免费添加的咖啡,或一壶加热的柠檬可乐,坐在临窗的位子上慢慢地啜饮。他的思绪常常飘得很远,远得连最了解父亲的儿子偶尔也会纳闷。

莫京承继父业,留学美国,已在彼岸开起自己的事务所,父子经常谈起世界建筑发展的话题。儿子每每惊奇地发现,那些连自己都认为是怪诞前卫的建筑,竟能被父亲理解和接受。

近年来，莫伯治先后推出两款纪念性建筑，一洗庭园风格的痕迹，只用简练的建筑语言讲述自己对世界的理解，让觉得已经很熟知他的同行目瞪口呆。

受老友关山月的委托，岭南画派纪念馆由他担纲设计。莫伯治很费去一些时日，寻找能与岭南画派艺术精神对话的建筑语言，终于从19世纪的"新艺术运动"中得到灵感，用刻意扭曲变形的混凝土，使整个建筑都在放射岭南画派求新求变反传统精神的信号，能理解的人叫好，看不懂的人喊怪，很像岭南画派当年得到的评价。

应文化部门邀请，他主持西汉南越王墓博物馆的设计，用最简单的六面体、锥体、方形、三角形来阐述那个时代的浑厚和拙朴，在红砂石的厚重和高台阶的深远中还原了一条历史的隧道。新作一出，再次震动建筑界。

莫伯治老先生果然到了"从心所欲，不逾矩"的境界，他把幼年给了父母，壮年时期给了国家社会，到了老年才把自己还给自己——他开始用建筑来讲述自我的感悟，说心里的话，随便掷出一句，都是洞彻人生的真理。

对于这样一位睿智知性的老人而言，人生是一条不停波动的永远新鲜的河流，老去的只是时间，他有理由轻轻推开上下楼梯时伸来搀扶的手。

虽然功成名就，九十高龄的莫伯治依然活跃在建筑界，生命不息，奋斗不止。他在建筑艺术上的追求一刻也没有停息。

很多人只看到莫伯治年逾九旬还可以新作不断，却看不到他辉煌背后几十年如一日的勤奋坚持。

莫伯治在建筑设计理论上有很深的造诣，著有《莫伯治工作集》。他独特的岭南园林建筑理论使中国古典园林意境升华到一个崭新的高度。冷漠无情的现代化建筑被莫伯治赋予了回归自然的内涵，使他在国内外主持设计的工程均得到建筑界的好评。莫伯治多次荣获国家级和省部级的奖励，为我国建筑事业做出了重大贡献。

莫伯治是著名的全国设计大师，是岭南园林建筑设计独特风格的主要代表之一。他除了曾任广州市城市规划局总工程师、广州市珠江实业总公司总建筑师、广州市人大常委会副主任之外，还担任了广州市城市规划局总高级技术顾问、华南理工大学兼职教授，享受着国家特殊津贴等荣誉。

莫伯治从事建筑设计工作近六十年，在建筑设计创作领域中进行理论的探索，并能结合创作实践从抽象到具象，做到两者融会贯通，形神合一。他认为建筑设计是为人们创造优美的存在空间的创作艺术。明代文震亨对"室庐"的设计要求指出，要"令居之者忘老，寓之者忘归，游之者忘倦"。莫伯治的建筑风格是多姿多彩的，举凡反映古今中外文化的建筑词汇，他都可以糅合融冶，独创新风。必须能够表达现代功能、新材料和新技术的内涵，才能不落前人或别人的俗套，这是莫伯治创作的座右铭。他长期的建筑创作中重大成就和特色就是把岭南庭园融合于岭南建筑之中，并从实践上、理论上都推进了岭南建筑和岭南园林的同步发展。

2003年《莫伯治文集》出版。

一部学者的文集，就是一位学者的成长史、精神史与成就史。这套《莫伯治文集》对于莫伯治这样一位杰出的建筑师来说，无疑是总结，是探讨，也是启迪，是召唤。

广州市城市规划局的领导施红平在序言中，详尽地归纳了莫伯治的人生道路、学术成就和模范事迹：

前些日子，当我从莫老手中接过他近半个世纪的文集文稿时，沉甸甸的书稿真使我感到历史的分量，莫老对事业永不言休、执著追求的情感，久久震撼着我的心灵！真是时光如梭，岁月连绵。不知不觉，我和莫伯（我们晚辈都爱称呼他"莫伯"）相识共事，受他的教诲指导竟也整整30年了，往事历历在目。

1973年春，组织安排我到华南工学院（现华南理工大学）建筑学系学习的同时又调我到刚刚组建不久的白云宾馆设计组实习。在淘金坑一个小山包上，树阴下一座小平房里，我第一次认识了莫伯，一位两鬓已经斑白、年近花甲的老人，慈祥而又话语不多的学者，对我这个毛头小伙愣头青，目光里总是充满关爱和期望。就这样，我一边在高等学府学习建筑学的基础理论，一边在当年全国第一高楼的施工棚里在莫伯和他的同事指导下，从建筑工程设计ABC做起。"文革"对我们这一代青年造成的学业荒芜，使我对知识的渴望就像一块久干的海绵，贪婪地吸吮着我所接触的一切。建筑学、城市规划学的理论不再是枯燥无味、不可触摸的了。平时一下课，我就骑自行车从华工返回白云宾馆工地，在设计组里东摸摸，西瞧瞧，或埋头完成莫伯和他的同事交给我的"作业"，或坐在一边，静静地听着莫伯和他的同事如吴威亮、林兆璋、陈伟廉、李慧仁的讨论。我记得，光主楼立面方案就做了十几二十个。当时的设计思想还受到严重的禁锢，什么"横线条是资本主义，竖线条是社会主义"，最终，由于考虑到高层外窗防雨材料不成熟，还是决定采用了以横线条为主，局部竖线条的立面方案。我记得，为如何保留主楼南面的小山包，保留裙楼中的那株大榕树，也进行了多方案的比较和讨论。我还记得，为了70米长的主楼不设伸缩缝（当时国家规范是建筑物长度超过50米时须设伸缩缝），为了缩短工期，第一次推广使用滑模施工技术，建筑设计与结构设计的大师们反复讨论和磨合……这一切，一次次点拨着我的心窍，开阔着我的视野。从小喜好美术的我，很快就对建筑设计和城市规划着迷了。在课余和假日里，我和同学们一起走街串巷，触摸着广州这座古老城市的建筑肌理和文化内涵。西关的青砖大屋，东山的红砖洋楼，"上下九"的骑楼街，西堤的海关邮局。当然，还有莫伯和他的同事们的作品，从白云山树阴下的双溪别墅和山庄旅舍，到食客踵至的北园酒家和泮溪酒家；从幽雅怡静的华侨新村，到高耸云天的广州宾馆。我不仅一次次领略了城市规划与建筑艺术的魅力与神奇，还一次次领悟到蕴藏在莫伯和他的同事们脑子里对岭南建筑理论的理解探索、融会运用的智慧与灵气！三年的学习是紧张而又充实的，白云宾馆的实习生活，使我从一个比较高的起点切入到城市规划工作中，真是终身受益。我一辈子都不会忘记，莫伯和他的同事们是我走进广州市城市规划建设工作的启蒙老师。

以历史文化名城广州为代表的岭南地区是我国的一块风水宝地，较为宽松的环境和长期与外域通商交流，孕育了极富特色的地方文化与民俗，包括岭南画派、广州菜肴、岭南园艺、广东音乐，当然还有岭南建筑。40年前，莫伯就和我国建筑界的老前辈夏昌世教授共同研究岭南庭园，挖掘和抢救散藏在民间的岭南造园技艺。长期研究的心得又融合在莫伯的作品创作之中。如泮溪、北园酒家，精心构思的曲廊庭园、山石水景，再加上巧妙设置从民间搜集的"满洲窗"套色玻璃屏门窗扇，使食客同时获得视觉和味觉的享受。又如白云山山庄旅舍、双溪别墅，建筑与景物空间交错组合，互相渗透，依山设庭，竹径通幽，庭内见崖，流泉溅玉，真是"相地合宜，构园得体"、"巧于因借，精在体宜"（《园冶》）。

当然、岭南建筑学派的生命力不仅仅在于她那富有个性的过去，还在于她有敢于海纳百川的亲和力和与时俱进的创新精神。随着国家城市建设的发展和开放改革，岭南建筑理论在莫伯的作品中不断得到升华和弘扬。如矿泉别墅那豁然开朗的支柱层和飘逸的飞梯；如白天鹅宾馆中庭那峭壁寒潭、飞瀑鸣谷的故乡水摩崖；又如广州美术学院岭南画派纪念馆，运用具象与抽象的建筑手法，体现了岭南画派与岭南建筑学派的内涵和神韵的统一；再如广州艺术博物院巧妙地利用地形高差让出了宽阔的前庭，轻巧灵活的布局和庭院组合，错落有致，丰富的岭南建筑要素与雕塑艺术的结合，现代主义理念和表现主义手法的融会贯通，使其建筑与展品都成为广州文化艺术的瑰宝。当然，莫老建筑设计硕果累累，遍及珠三角和岭南地区，甚至走出国门，在澳洲、日本、泰国生根，而且莫老的理论研究同样是硕果累累，既有作品创作后的心得总结，也有对岭南建筑、庭园设计的系统研究，还有对城市观划、建设和管理的真知灼见。2001年3月，莫老在纪念梁思成先生百年诞辰的文章《一个岭南建筑师的怀念与敬意》中写道："这是一个不断创作、不断创新的历程，我已八八高龄，而这个历程还没有结束。"莫伯仍在执著地辛勤耕耘着，可以说，莫老是我国唯一以九十高龄仍活跃在建筑设计和理论研究第一线的大师，是当今岭南建筑理论研究和实践发展的领头羊。著名雕塑家钱绍武先生说过一句话，"老老实实集中西之擅，堂堂正正立一家之言"。用诸莫老，实不为过……

莫伯常道"我是广州市规划局的人"规划局能在莫老九十高寿时为他出书，应该、值得、幸甚。我作为晚辈，祝愿莫伯老树常青，新作层出。

三、和谐恩爱的家庭生活

莫伯治的夫人名叫张玉双。他俩相识于抗日战争的洪流中。

20世纪40年代初期，年轻的莫伯治积极投身抗日战争所需要的工程建设，在四川结识了张万久的妹妹张玉双。两人"三观"相同，一见倾心，经过一段时间的相互了解，遂在1943年喜结连理。

张玉双是个典型的贤妻良母，不仅做得一手好饭菜，还认真抚养孩子，操持家务，把家中里里外外的事情都打理得井井有条。

她与莫伯治风雨同舟数十载，共同面对、渡过了一个个难关。

张玉双曾经学过医，因为抗日战争爆发被迫中止了学业。

莫伯治和张玉双共生育有5个子女：1945年有了长女莫珍蕾，后来在外国当医生；次女莫小蕾因病不幸在1957年过世；三子是继承父业的莫京，一直打理着莫伯治建筑师事务所，大约对半时间在国内、国外；四子莫旭亦已经不幸去世；五妹叫莫新蕾，也在国外生活。

莫伯治夫妇和儿子莫旭（左）、莫京（右）

20世纪50年代，生活渐渐平稳了下来。莫伯治开始手把手地教妻子画图，鼓励她走出家门，参加社会工作。

张玉双学了几个月画图后，终于在丈夫的支持下到当时的轻工局设计室工作，后来又调到广州钟厂担任了设计员。

不少朋友都知道莫伯治有一套"怕老婆"的哲学。他经常跟朋友说："怕老婆是男人的美德。我经常在外东奔西跑的，家里的事都是太太一个人在照顾。她其实很辛苦，所以我很尊重她，什么事都听她的，希望她能生活得更加开心。"

莫伯治每个月发了工资，总是很自觉地放在抽屉里，由妻子负责支配。以致有时候他出去吃饭、应酬，还得向妻子'借钱'"。

尽管作为"名人"的莫伯治社会活动多，应酬也多，但他凡是能推掉的无谓应酬都尽量推掉，争取每天回家吃妻子煮的"住家饭"。每当想起妻子那些絮絮叨叨的"抱怨"，都感到那是一种难得的幸福。

他常常对朋友说:"我其实不是真'怕老婆',而是给她面子。这样她才能给你面子。真正的夫妻平等实际上是指双方互相尊重,平等相待,互相帮助,共同进步,这应该是社会和家庭中夫妻互利共赢的平等和谐状态。我认为'妻管严'是个有利有弊、或者贬大于褒的词汇。在现实生活中,夫妻彼此恩爱和尊重,这对家庭和睦和子女教育更有利。"

每当说到自己的这些观点,莫伯治都会情不自禁地笑起来,笑得那个开心,仿佛整个屋里的空气都跟着笑开了花儿。

莫伯治对亲戚、朋友的事情都是能帮就帮。他和姐姐莫藻红是"龙凤胎"。莫藻红抗日战争时期是东江纵队的老战士,不幸因病早逝。他便让其遗孤住到自己家中,视若己出,抚养成人。

在儿子莫京的记忆中,父亲是个再平凡不过的老人。他的性格的一大特点是豁达。无论身处哪种环境,他都能以乐观的心态去应对。父亲的一生是否有过彷徨,是否经历过焦灼、失落,我们都不很了解,只是发现他看着自己身后一天天多起来的新建筑,回望自己走过的路,他的内心显然是欢喜而踏实的。

父亲的谈吐同其为人一样,淳朴、淡泊,如行云流水,但却十分的睿智,幽默。莫伯治在误受"冲击"时,曾经被要求去扫街道。但他一点儿也不沮丧,反而自称是"扫地僧",把挥帚扫街道当成锻炼身体的机会和方式。

"乌云密布之处,还会有阳光照耀的地方"——这是莫伯治总用来鼓励儿子们的话。

20世纪50年代初,由于种种复杂的原因,莫伯治曾被隔离审查过一段时间。这种精神上的折磨使很多人意志消沉,一蹶不振,但莫伯治却利用这段时间重读了高等数学、自学了俄语。"文化大革命"期间,莫伯治又一次被迫停止了建筑设计的创作,扫街、修防空洞成了其主要的工作。

莫京回忆，父亲在被"监管"期间，他们送日用品给父亲，父亲的脸上总是充满期望的眼神，从没流露出悲观的情绪。"每次运动就像一场戏，总要有正反两种角色，戏才能继续。没有我演'反派'，戏就演不起来。"这是莫伯治在政治运动中遭受不平等对待的另一种解释。

20世纪80年代，西汉南越王博物馆引起国内外同行的关注，在国际大奖中夺得金奖。然而，在广州市的建筑评选中，它却只被评为二等奖。其他人都替莫伯治鸣不平，他却幽默地说："广州对建筑的要求比国际更严格。"

莫伯治认为，建筑师分两种，一种是创作型，另一种是炒作型。"建筑师要用作品说话"，这是他的信条。

莫京回忆，曾经有人冒认父亲的建筑作为自己设计的作品。莫伯治并不生气，又发挥他的幽默思维说："有人冒认，说明大家认为这个是好作品，不好的怎么会有人冒认？"

莫伯治认真对待自己的每一件作品，希望自己设计的作品"人人说好"，对于别人是否知道他是设计者，他一点也不介意。

莫伯治设计的建筑物一再成为焦点，人却很少曝光。当他提着菜篮在菜场上转悠时，没有谁知道眼前这位头发已白耳朵不太好使的老人在塑造自己生活的这座城市的形象方面有着多重大的意义。

在中国，优秀的建筑师不像出色的画家、作家一样得到社会尊崇，更不敢奢望像美国建筑师怀特那样，头像连同他设计的草原别墅一起被印在25元面额的美钞上。在海外，勒·柯布西耶与朗香教堂，伍重与悉尼歌剧院，贝聿铭与香港中银大厦一起为我们熟知，中国的建筑师却一直被淡忘在建筑背后，以致广州在进行近现代文物建筑登记时，不少建筑的设计者一栏只能填上"佚名"的字样。

中国建筑师注定要用平常心态来承受这一特殊的现实。莫伯治像是安慰自己也是激励自己："不知道就不知道罢，楼房盖起来就好。"

莫伯治的知识十分渊博。在莫京眼中，父亲是一个不折不扣的"书虫"。回到家，大部分时间，都能看到父亲在专心致志地看书。到了晚年，莫伯治有时早上四五点钟就醒了，他也不做别的事，而是把灯打开，认真地看书。因此，在莫伯治床边、床头等伸手可及的地方，都放了很多的书。他除了阅读、进行建筑设计，似乎没有什么其他爱好，很少参与意义不大的社交活动，甚至一直不会打牌、摸麻将什么的。

"很多人都认为我爸爸是有名的建筑设计师，家里的陈设装修一定很特别，所以他们还专程'慕名'来到我家里参观，结果都失望而归——因为我们家，家具陈旧，摆设简单，唯一的特点就是到处都是书。"莫京说，"有一次，家里被人偷了，由于除了大量的书之外，没有任何值钱东西，所以没有任何损失。让人哭笑不得的是，反倒是家里的保姆很不幸地被偷了放在床底的5000元钱。"

建筑大师莫伯治的家并无独特之处。

没有用心装修过的三室一厅，不配套的家具暴露出购买时的经济背景。唯一赶时尚的是台大屏幕彩电，那是儿子对父母的孝心，可惜莫伯治很少有时间去看。摊开的图纸、散乱的资料、连架的书籍挤得大师之家有点乱。随意与自然是莫伯治的治家原则。朋友送的工艺品不分大小贵贱，一律用心地排列在博古架上。

也许正因为生存空间太拥塞，莫伯治在建筑设计中才致力追求空灵通透，更执著于创造建筑空间的丰富活跃。

即使是莫伯治相交多年的老友，也说不上莫老哪里有点先锋的气质。

与真朋友肝胆相照，又始终保持如水之交，坚持不介入朋友私生活的原则；与官员富豪都有相识，却始终保持距离淡然处之，说是不去凑热闹。

莫伯治就是这么一个谦谦君子。与他一块去吃过大排档的年轻人说，"莫伯是一个如孩子般坦诚无遮的好老头。"

莫伯治的不凡因此成了一个谜。被缠不过时，他透露给年轻建筑师的秘诀是读书，多读史书。

也许是由于哥哥莫伯骥是个藏书家，莫伯治近水楼台，读了不少文言的、白话的、各式各样的书。古典是人性的学校，就在明朝文震亨所著《长物志》里，莫伯治找到了自己设计建筑的最高境界——"令居之者忘老，寓之者忘归，游之者忘倦"。这句话，他足足记了一辈子。

渐上年纪，莫伯治越发觉读书最过瘾。他去美国看儿子，带得最多的是书，回国时买得最多的还是书。每次去美国，莫伯治都是空着箱子去，然而回国的时候总是满载着一箱子书籍而返。

有花有风的阳台上放着莫伯治读书时坐的竹椅，被磨得越来越光滑。晚上10点就寝，凌晨4点起床阅读的习惯已养成多年。

在广泛涉猎的阅读、没有停顿的实践、深刻反复的内省中，莫伯治的眼光和功力一步步提升。40多年殚精竭虑，莫伯治主持和指导创作了一系列的建筑设计精品，带领和团结羊城两代建筑师在建筑实践中形成了岭南建筑流派的典型风格。那就是——自由、自然，符合生活规律的安排；明快、开朗、形式多样的立面和造型；与园林、绿化和城市或地域环境有机结合。岭南建筑从此堪与京派、海派建筑平分秋色。广州更成为全国各地建筑系师生的实习课堂。

20世纪八九十年代，莫旭（莫伯治的大儿子）、莫京移居美国，莫伯治有时会去看望他们。莫京笑着说："爸爸是个很容易照顾的人，因为他在美国只做3件事：看建筑物、去图书馆看书和去书店买书。"

在美国，通常是儿子们一早把莫伯治带到大学的图书馆里，之后莫伯治便一头扎进书海里查资料、看书，一坐就是一天。到下班的时候，儿子们再把莫伯治接回家就行了。

莫伯治不仅学识渊博，还精通多门外语，英语的听、说都很流利，俄语、日语、德语的阅读能力也很强。他阅读范围广泛，古今中外无所不包。

莫伯治仙逝后，亲人整理他的书籍，发现他在一些书里夹了一些小纸片，是读书时有感而发的古诗词。"这些古诗数量不少，而且体现了爸爸深厚的文学功底，将来有机会我们还打算替爸爸出一本诗集。"莫京说。

莫伯治对新事物持一种开放的态度，广泛吸收新知识，接受新思想，这是他的建筑作品始终走在潮流前面的原因之一，比如他晚年的作品之———广州地铁控制中心，色彩运用大胆前卫，令不少年轻设计师都自叹不如。

莫伯治是个典型的实干家。除了读书，他最喜欢做的事情是到各地去实地调研、考察。莫京回忆，父亲的身体一直很好，足迹不仅遍布祖国各地，而且三访埃及，遍游欧亚美。83岁高龄时，莫伯治还去埃及帝王谷进行调研。帝王谷位于尼罗河西岸的沙漠里，气温高达四五十摄氏度，但他仍然坚持了下来。

莫京说，父亲做学问重视实地调研，即使是书上所说的，他也要到现场去证实、观摩一番。有一次，他看到有资料介绍香港的大浪湾附近有原始的岩画，便强烈要求儿子带他去那里。那里人迹罕至，连博物馆的工作人员也不知具体位置，但他还是坚持要去。最后租了橡皮艇，在海里颠簸了许久才找到。第二次去香港，他还要去那里，因为天气实在太恶劣了，风急浪高，在儿子不断劝说下，他才作罢。

2003年8月，莫伯治逝世前一个月，他还前往东莞蚝岗贝丘遗址现场进行考察，莫伯治不顾盛夏的炎热，坚持拖着已经不很灵便的腿脚，一步一步登上岗顶。"这应该是他最后一次到现场了。"莫京说。

"父亲一生热爱建筑设计，但他从来没有刻意要我们走同样的路。他没怎么骂我们，我们的关系是平等的。"莫京说。"虽然如此，在父亲潜移默化的影响下，他们还是对建筑产生了浓厚的兴趣。"

莫京小时候经常站在父亲旁边帮他削铅笔，父亲在灯光下画图的专注对他影响很大。由于经常要到施工现场，父亲待在家里的时间不是很多，但一有空，莫伯治就会给子女们讲故事，讲他在云贵高原上怎么抢修公路，讲他在西南行走时见到的民风民俗。

"父亲对我们影响最大的还是他为人处世谦逊低调的作风。"莫京说。在搬进新居之前，他们住在荔湾区简陋的旧房子里，一张桌子，既用来吃饭，又用来工作。虽然条件这样艰苦，父亲勤奋工作之余，热情地接待向他请教的年轻人、同行、朋友、学生等。父亲的朋友很多，他不仅与艺术家、教授、学者往来，与普通的师傅、工人也平等相待。

在好朋友眼中，莫伯治的突出特点是做事真、做人诚。

叶荣贵教授与莫伯治很有缘。他们由于业务上的联系相识、结交成为好朋友，一晃眼20多年过去了。

他俩还有另一层关系：叶荣贵教授是莫京的老师。莫京"文化大革命"后在广东省业余科技大学建筑班学习，叶荣贵教授当班主任。

叶荣贵教授比莫伯治小十多岁，莫伯治到了晚年，经常找他聊天，成了"什么都可以谈"的好朋友。

"无论是在建筑创作，还是为人处世，莫伯治都有很多地方值得我们学习。他给我印象最深的是他做人很'真'。这个'真'，一是指真实，二是指真诚。所谓真实，是指实事求是的处事原则。他对朋友很信任，但不是没有原则性的包容，能坚持原则。所谓真诚，是指他待人接物是出自内心的挚诚。"叶荣贵教授说。

有一次，一个自学成才的建筑师，抱怨自己在级别评定时遭受到不公平的对待。有记者也为他打抱不平，一时间社会上非议声四起。

莫伯治虽然也认识这位建筑师，但他不刻意迎合公众舆论，而对他的作品进行客观评价，认为他并没有达到相应的标准。

莫伯治曾担任华工建筑设计院的兼职教授，由于他的地位，一些相熟的老师找他"办事"，然而莫伯治根据自己的原则，一是一，二是二，他不会说一些四平八稳的话，更不会做违背自己良心的事。

20世纪80年代中后期，莫伯治主持莲花山的规划，当时一起合作的还有我国著名雕塑家潘鹤。

来自不同领域的两位专家，虽然在一些问题上观点相去甚远，但他们仍相互尊重，相互包容。莫伯治从不以自己比潘老年长，或以权威自居，两个人合作得很好。叶荣贵教授当时也参加了这个项目。他回忆，在商讨总体规划时，莫伯治总是坦率地谈出自己的看法，但也尊重其他合作者的意见，尊重有关部门，即使他的有些看法在后来看是对的，在没有取得共识前，他决不作出结论。

当时，莲花山有个项目，是打通一个山洞连接不同的景点。当时这个洞里留下了一根"支撑柱"。虽然对于整个项目，这根柱子只是个小问题，但在研究洞内的主题和营造手法时，莫伯治并不为这项工程极小又无效益而随便应付。他引经据典，从古代建筑的法则讲起，与合作者讨论如何从传统中吸收营养……

"这只是其中一个例子。莫伯治在规划设计中总是根据要求，因地制宜，他做每件事都有根有据，而不是随心所欲。每个细节他都认真对待。"叶荣贵教授说。据莫伯治所带的研究生回忆，设计南越王博物馆时，莫伯治做事很认真细致，从设计到装修，每个环节都直接参与。

叶荣贵教授回忆，老年的莫伯治有点返老还童，像一个小孩子。比如他爱吃木瓜，喜欢到其他地方实地考察或看望老朋友，只可惜天不与人以寿。

曾昭奋教授曾经谈道：

莫伯不仅与年长的人（如夏昌世）合作，与平辈（如佘畯南）合作，而且与后辈中年人、青年人合作。不是短期，而是长期合作；不是貌合神离，而是真诚合作。这既是学术上的志同道合，也反映了莫伯'海纳百川'的宽阔胸襟。他与佘畯南的合作，是两位大师之间的合作，极富典范性。即使在以集体主义为号召的我国，像莫伯这样，与年龄跨度这么大的、水平与阅历各不相同的建筑同行的富有成效的合作，似乎还没有听说过。①

莫伯治的身体一直不错，直到逝世前七八年，腿脚开始变得不太灵便，脚步变得沉重。有一次从电梯出来还有几级楼梯要走，别人要搀扶他，他委婉地拒绝了，说："如果你扶我一次，我以后就要依赖你；如果我用拐杖，以后就要依赖一根木头，可以的话，我要用自己的能力照顾自己。"而据他的儿子莫京回忆，有一次，有个广西的朋友要送父亲一根拐杖，平日里很随和的父亲突然很生气，拒绝之余还把这个朋友骂了一顿……

"莫老就是那样一个真诚而有独立思想的人。"叶荣贵教授说。

根据有关规定，只有国家建设部认定的建筑大师可以开办以个人名义挂牌的事务所，作为按世界通行的经济模式组织设计市场的试点，这有可能是建筑师名利兼收的起点。机遇充满诱惑但也是严峻的考验，因为真正的市场竞争不看过去的背景只看现在的实力。

广州有资格开个人事务所的建筑师只有3位。

80岁的莫伯治没有义务，也没有压力，非搅这个烫手的山芋不可。可他在晚年初打定主意，试上一把。旅美多年的两个儿子应召回国，帮助父亲打理筹办事宜。

---

① 见暨南大学出版社2004年9月出版《岭南建筑艺术之光》第43页。

莫伯治替老伴挽菜篮子的时间更少了。与他相濡以沫走过金婚的老伴一如既往全力以赴，烧好莫老爱吃的饭菜。多年来，她就是以这种方式，给了莫伯治最切实也最温暖的支持。

耄耋之年下海弄潮，与市场牵手，似乎太冒险，事务所毕竟不是单纯的设计，还有经营、管理、服务诸多烦心事，一身学究气的莫老，扛得动吗？

莫伯治成竹在胸："我有信心。"

他的信心源于达观的生活态度。没有谁预先知道一生中能翻过几座山头，关键是要不停顿一直走下去。他就是这么走过来的。

四、带着思乡之情离世

人间最美，最美是故乡；一生最爱，最爱是故乡。在故乡麻一村乃至全麻涌人的心口，莫伯治是一位平凡而又朴实的人。乡亲们常回忆起这位建筑大师在故乡走街串巷时的举手投足、音容笑貌，有的人还会带着骄傲和自豪，指着莫伯治的故居说：莫伯治这位岭南建筑界泰斗在这里度过了童年和少年时期，且成了他生活与事业不可磨灭的美好时光。

莫伯治生前多次回过故乡东莞市和麻涌镇，与水乡人民一起共商家乡建设与发展事宜，并谆谆教诲子孙们不要忘记为家乡的发展尽心尽力。

他看到一些长年生活在家乡的老人，脸上都是安享寂寞也自得其乐的表情。一些老人在悠闲地打牌，完全无视往来路人的探望驻足；一些老人则身子就伴着麻涌河水，闲坐在凉棚里或摆龙门阵或自弹自唱。

乡亲们请他随意地喝茶。简朴的茶席，衬着拙朴的木头茶桌，上面搁的一只只茶盅好似一段曼妙的和弦，匍匐在主旋律中。

莫伯治喜欢徜徉在故园田塍阡陌间。阳光似钢琴明亮的音色涂抹在大地和树木的枝丫间，铺上和谐而又高贵的色泽。他漫步于水草摇曳的河畔，凝望流水蓝天。

成熟的庄稼等待乡亲们沐浴醇香。这时节，月亮如碾如盘，菱藕鲜嫩爽脆，稻穗在秋风中款款起舞，荡起金灿灿的波浪。

黎明，乡亲们挥动银镰，稻子齐刷刷地倒下来，温顺地躺在脚边，凝望着天地间的动人之舞。打谷场上挑把的、脱粒的、翻晒的、扬场的、堆草的，男女老少干得热火朝天。

故园到处弥漫着米酒的清香和螃蟹的鲜味。桂花连同它自身的芬芳完全地溶解到酒液中，以一汪金黄色的温情诱惑着我的味蕾，牵动着莫伯治的乡愁，给他带来丰盈的喜悦和清欢。村庄色调饱满，村庄激情亢奋，村庄被秋阳亲吻，涅槃成一种生命必不可少的羁绊，脐带一般系住莫伯治的一生。在这寥廓而温情的季节里，他尽情陶醉于乡间秋韵，乡情随意流淌，内心丰盈而滋润。

晚饭后莫伯治与乡亲们散步，会到村里蹓一圈。犬吠鸡鸣倒也不是他稀罕的，只是村口那几片芭蕉，破天荒地好看。当的是恣野泼茂，蔚为壮观。森林般，又是无人管理的，老翁牵孙子，高低错落，汇成渊深的野性气息。莫伯治走在芭蕉丛里，恍惚感到自己沉在森绿的海里，藏身其间的虫叫声好像鱼在吐泡泡。无意间天上一块乌云捎来一阵雨，起先轻轻滴答，慢慢渐骤，"疾澍澎湃之声，如数百万金鼓"。他们听雨打芭蕉，确乎消暑惬意。

享誉世界的华人建筑大师贝聿铭的一段话对他很有启发："我一生都活跃在建筑界。1990年我从贝聿铭建筑事务所退休，在这之后的两年时间里都没做什么。于是我开始变得有点烦躁，所以就决定还是要做些事情。"

综合莫伯治的建筑创作，可以看出他一直都在创新，"既不后于世界之思潮，仍弗失固有之血脉"。

许多专家认为如果对他做个简单的小结，则可对后人有诸多启迪：

其一，中国的新建筑应该有现代性民族性和地域性。莫伯治的许多作品都达到了这个要求。他用作品告诉我们做到三合一的一种有效途径，给出了榜样。（按：当然，并非一切建筑物都得三性俱全，大多数的房屋有一个现代性就很可以了，少数房屋需要二性，极少数房屋才需要三性。）

其二，尊重并遵循现代主义的建筑原则。重要的是莫伯治没有教条主义地对待现代主义，很早就超越西方现代主义的片面性和狭隘性，并在实践中加以修正。

其三，尊重中国传统建筑和造园艺术，采取扬弃的态度，有因有革。

其四，非全盘西化论，非华夏中心论，非文化保守主义。

其五，莫伯治集学者、艺术家、工程师、建筑师四种才干于一身。

其六，莫伯治在建筑艺术上，"摸索具有广泛认同意义的建筑审美观。""塑造出为人们所欣赏的作品。""不仅仅是建筑师个人的自我表现。"

其七，莫伯治一直在走建筑文化综合创新之路。

其八，莫伯治许多作品达到了鲁迅所说的"外之既不后于世界之思潮，内之仍弗失固有之血脉。"（《鲁迅全集·文化偏至论》第一卷53页）[①]

（[②]以上参看著名建筑学家、清华大学教授吴焕如的归纳，见《解读莫伯治》一文，被收入2004年9月暨南大学出版社出版的

[①] 《鲁迅全集·文化偏至论》第一卷53页。
[②] 以上参看著名建筑学家、清华大学教授吴焕如的归纳，见《解读莫伯治》一文，被收入2004年9月暨南大学出版社出版的《岭南建筑艺术之光》一书。

《岭南建筑艺术之光》一书）

莫伯治一生好学，从未止息。就在他去世前一个月的 2003 年 8 月，得知东莞要建蚝岗遗址博物馆的消息后，不顾 90 高龄亲自前往遗址考察，并为博物馆的规划设计提出指导意见和设计创意。他要求设计方案做到保护遗址以及原有环境，虽然处于城市中心区，但要保持本身的特殊风格，既经济又合理。

莫伯治去世前几天，还请潘广庆到他在白天鹅宾馆的住所内喝咖啡，谈白天鹅宾馆的"三自方针"（自己设计、自己施工、自己管理）。

莫伯治还根据自己在白天鹅宾馆从设计到建成使用的 20 年里程，写下一首诗：

> 东来紫气起琼楼，环拱芳村与绿洲。
> 潮涨鹅潭三水注，春风竞秀拔先筹。

2003 年 9 月 30 日，莫伯治在毫无征兆的情况下，在他主持设计的广州白天鹅宾馆的住所内永远闭上了眼睛，享年 91 岁。他将一腔热血奉献给了自己所挚爱的建筑设计事业，用一个个作品为世间留下斑斓色彩。那一个个和他的名字紧密相连的经典建筑形象，将经久不息，永恒流传。莫伯治给广州、东莞以及整个广东筑下了无数当代岭南建筑的代表作和里程碑；对岭南建筑理论的理解探索、融会运用的智慧和灵气更使其终成中国建筑界一座让人仰望的高峰。

莫伯治临去世前仍在孜孜不倦地汲取着知识。

据他的小儿子莫京回忆，父亲逝世前的深夜，大哥莫旭曾到父亲的房间，看到房间里电视正开着，父亲似在沉沉入睡，便轻轻地要为他关电视。然而轻微的动作却让父亲醒了过来，他起来继续观看电视节目。当时，电视里正在播放一个介绍非洲原始艺术的节

2003年8月莫伯治深入施工现场

目。应当说人"走"得平静,也是一种幸福。

只可叹死神为什么突然间就展开双翼,遮蔽了莫伯治生命的天空,留给建筑学界无法弥补的遗憾。

他的猝然离世,社会各界诸多人士扼腕唏嘘,深切怀念。家乡人民更是悲痛万分,纷纷前往悼念送别。人们说,莫伯治在"故乡水"景观的白天鹅宾馆升入天堂,是带着思乡之情回到了故乡麻涌水乡。莫伯治的后人谨遵父训,积极为家乡做贡献,2008年,当听说麻涌要建造一座岭南水乡民俗博物馆时,莫伯治设计师事务所以最快的速度设计出了建筑方案,那带着莫伯治智慧和灵气的设计方案,成为了岭南建筑之光照亮家乡永不消失的光芒。

2009年8月5日,"走进东莞文明"系列活动之一的名人故事——《莫伯治与岭南建筑艺术展》回到了莫伯治的故乡麻涌进行展出。展览共分四大部分,第一部分为莫伯治生平;第二部分为岭南建筑与岭南庭园的结合;第三部分为现代主义与岭南建筑的有机

第六章 老骥伏枥,志在千里

结合；第四部分为新表现主义的探索与尝试，并配有序言与尾声。活动现场主要展出莫伯治先生在各个时期创作的著名作品的图片资料，介绍了莫伯治先生的生平事迹。同时展出了莫伯治生平使用的若干实物：手稿（笔记）5本，工程图纸一张，相机一部。《莫伯治与岭南建筑艺术展》先后在麻涌镇文化广场、麻涌一中等地巡回展览，展览的最后一站是在麻一村的莫氏祠堂。莫伯治这位中国建筑设计师、中国工程院院士，终于在实现了"一生建设新中国"的人生愿望后，回到了生他养他的地方——那个如诗如画又如梦幻般美好的"故乡水"。

在中国工程院，在莫伯治的母校华南理工大学，在莫伯治的故乡东莞市麻涌镇，痛苦的巨浪在人们心头一排排掀起，又猝然间落下。排山倒海般的巨浪间，一次次浮现出莫伯治清癯的脸庞。

莫伯治夫人两眼一黑，腿软得仿佛抽了筋骨，热辣辣的泪水从脸颊上流下。

闻讯从各地匆匆赶来奔丧的莫京等儿女，早已哭得昏天黑地。在他们眼里，父亲尽管已是老人，但印象中他只是年老，而没有大病，以父亲的身体状态，肯定能再活几年。然而不幸的消息还是传来了，他们顿时陷入深深的哀思之中。

莫伯治院士的其他亲属们，不管能否赶到广州，闻讯后无不双手蒙面，泪水糊满了手掌。他们心里都在呼喊：亲人啊，你绝对不会死！或许你正躺在一个医院的床上。我们不是还商议过要在故乡麻涌全家团聚一次吗？在医院里，你依然像以往每次住院一样，总不安分地想让医生允许自己一边治疗，一边工作……

子女们重温父亲的文字，再次感受那些字里行间散发的青春、热血和激情。阅读中，他们再次被父亲学问之精深敬佩之至，被他治学之严谨深深感动，眼前不由得又出现父亲埋头写作的画面，他如此专注，聚精会神，孜孜不倦。外界的任何动静、噪声、干扰都难以撼动他。莫伯治的理想王国始终在指引他前行……

院士的学生们听到这一噩耗后无不如五雷轰顶，呆若木鸡。待他们清醒过来后，一些女学生哭得泪人似的。一些男学生也一阵心痛鼻酸，眼眶中噙着两颗亮晶晶的泪珠。

他们无不满心悲伤地喃喃自语："教授啊，您不能走！您老正处在科研事业的青春期呀！您千万不要走！"

一些学校的领导和兽医研究所的领导们听到这一噩耗，泪水顿时汹涌地冲出他们的眼眶。教授啊，你不可能死！眼下，研究、讲学、写论文、带研究生、开会、国际交流……有多少事情在等着你去做啊！你那蓬勃鲜活的生命，怎么可能在世界上消失呢？

——也许这只是一场错觉。你那精悍的身躯，不知会在什么时候蓦然重现在人们面前。

所有知道他的人都认为，我们中华民族正需要千千万万个像莫伯治这样的人，是他们支撑着祖国的大地。

人们内心紧张地做着各种设想——所有这些设想的前提都是莫伯治还活着。

是的，他怎么能死呢？他怎么会死呢？莫伯治可是岭南建筑界的脊梁啊！他的建筑艺术作品连同他这个人，早已幻化为一座岭南建筑艺术的纪念碑。他的地位和作用，在短时间内是难以弥补的！他显然仍在用毕生的建筑设计实践和经验告诉人们：建筑设计，只有在丰沃的生活泥土里才能刨到创作的"金刚钻"；建筑设计学，只有在人民创造历史的伟大实践中才能获得鲜活的生命。

人们都无法相信，莫伯治院士那充满活力的生命的的确确是从这个世界上消失了。

在整个治丧活动中，人们都倾注出自己的满腹真情。

麻涌人为莫伯治点亮思念的烛，烛光里有着家乡人对他深深的思念和永远的牵挂！

就让我们化悲痛为力量，化哀思为坚持，继承遗志，踏着你的足迹继续前行。

经历过生死离别的人，更懂得爱和珍惜。所以，我们活着的人，都要好好善待和把握与人相处的日子，让生命不再留下遗憾！

全国政协副主席、中国工程院院长徐匡迪向广州市城市规划局莫伯治院士治丧办公室发来唁电：

惊悉莫伯治院士不幸去世，深表悲痛。我谨代表中国工程院并以我个人的名义，向你们并通过你们向莫伯治院士的家属致以沉痛哀悼！

莫伯治院士是我国著名的建筑设计专家。在长期的建筑创作中，他把岭南庭园融合于岭南建筑之中，从实践和理论的结合上，推进岭南建筑和岭南园林的同步发展，形成了自己独特的岭南建筑园林设计风格。他在20世纪50年代设计的广州北园、泮溪等酒家曾得到梁思成先生的高度评价；70年代初主持设计的矿泉别墅把传统庭园布局与现代主义内庭相互融合，使整个别墅既有传统内涵又有现实主义气质；80年代初期主持设计的白天鹅宾馆，进一步把岭南庭园与现代建筑紧密结合，升华了独特的建筑风格；80年代后期主持设计的南越王墓博物馆、岭南画派纪念馆等建筑，更表现了勇于开拓、与时俱进的精神。

莫伯治院士的逝世是中国工程院的重大损失，也是我国建筑界的重大损失，他的业绩和精神将永远铭刻于中国建筑工程史册中。

莫伯治先生千古！

全国政协副主席
中国工程院院长
徐匡迪
2003年10月8日

中国科学院院士、中国工程院院士、清华大学建筑学院教授吴良镛写来挽词：

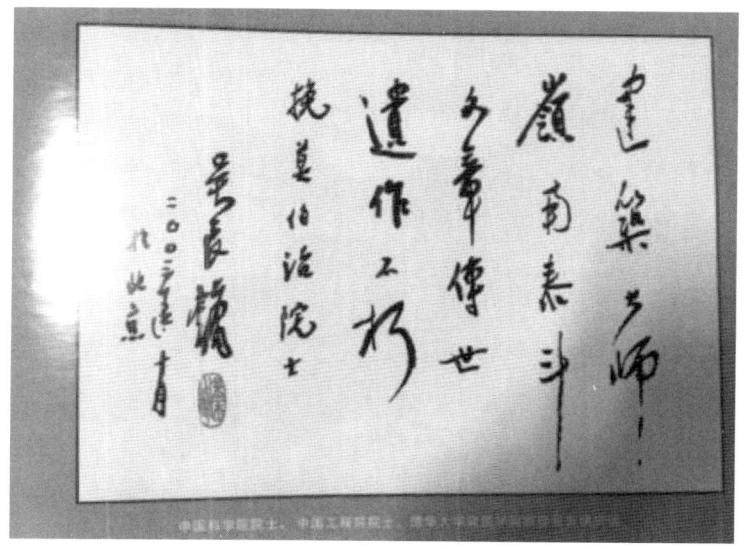

建筑大师

岭南泰斗

文章传世

遗作不朽

挽莫伯治院士

吴良镛

2003 年 10 月于北京

中国科学院院士、中国工程院院士、建设部原副部长周干峙向广州市城市规划局发来唁电：

惊悉莫伯治同志逝世。莫老为新中国建筑事业作出了杰出贡献，谨表深切哀悼！

周干峙

2003 年 10 月 9 日

中国科学院院士、设计大师、东南大学建筑系教授齐康向广州市城市规划局发来唁电：

惊悉莫伯治先生逝世，深表悲痛。莫老是我们这代人仰慕的建筑老人，他在现代岭南建筑的开拓上起了重要的作用。他的创作思想、创作精神和务实的工作态度是世代建筑人学习的楷模。谨对莫老的逝世表示非常沉痛的哀悼，并请代向莫老家属表示深切的慰问。

齐 康
2003 年 10 月 12 日

中国科学院院士、设计大师、天津大学建筑学院教授彭一刚向广州市城市规划局发来唁电：

惊悉我国工程院资深院士、中国工程设计大师莫伯治先生不幸逝世，深感悲痛。

我谨代表聂兰生教授、邹德侬教授、曾坚教授以及天津大学建筑学院全体师生，并以我个人名义对莫伯治先生的逝世表示哀悼，并向贵局及莫先生的家属表示深切的慰问。

彭一刚
2003 年 10 月 8 日

中国工程院院士、设计大师、东南大学建筑系教授钟训正向广州市城市规划局发来唁电：

惊悉中国工程院资深院士、设计大师莫伯治先生仙逝，不胜悲痛，谨向你们及莫先生的家人致以深切的慰问！

莫伯治先生治学严谨，勇于探索，硕果累累，为中国建筑事业的发展作出了突出的贡献，并被后人奉为楷模。我们当继续莫先生一生为之奉献的事业，并不断有所开拓，有所发展。

尊敬的莫先生，安息吧！

钟训正

2003 年 10 月 10 日

中国工程院院士、设计大师、清华大学建筑学院教授、中国建筑西北设计院总建筑师张锦秋发来唁电：

惊悉莫老仙逝，悲不自胜。他老人家数十年如一日辛勤耕耘于城市建设、建筑和园林创作的园地，为岭南的建设作出了贡献。他尊重传统、勇于创新、诲人不倦、提携后进，是我们晚辈建筑师的良师益友。他的敬业精神将永远是我学习的榜样，他和善长者的音容笑貌将永留我的心口。

好人黄泉亦安，尊敬的莫老安息吧。

晚学

张锦秋

2003 年 10 月 9 日

中国工程院院士、设计大师、北京市建筑设计研究院总建筑师马国馨博士向广州市城市规划局发来唁函：

惊悉莫伯治院士逝世，我们十分悲痛。莫先生是老一辈的建筑学家，他的创作和思想在新中国建筑发展史上占有重要地位。他的去世，不仅是广州市的损失，也是中国建筑界的巨大损失。

因工作关系，我和莫老有多次接触，并很了解他的一些想法，对我们是难得的学习机会。借此也望转达对于家属的慰问。

顺致

敬礼

马国馨

敬上

2003年10月9日

设计大师、云南省设计院总建筑师饶维纯向莫旭、莫京先生发来唁电：

痛悉令尊莫伯治院士与世长辞，特致以沉痛的哀悼与深切的慰问！

饶维纯

2003年10月9日

设计大师、深圳市陈世民建筑师事务所董事长陈世民发来唁函：

惊悉中国工程院资深院士、中国工程设计大师莫伯治先生去世，深感悲痛。莫先生一生为中国建筑事业的发展作出了贡献，他几十年的建筑创作实践和理论探索成果，对当代岭南建筑和岭南庭园的推进产生了积极的影响。他勤于思考、富于开拓、实践创新、建树显著。他生前为人师表,生后鼓舞来人。

我和我们事务所全体同仁将学习这种精神,发展中国建筑设计事业,并谨向其亲属表示最沉痛的哀悼。

陈世民
暨深圳市陈世民建筑师事务所全体同仁
2003年10月10日

设计大师、中国航天建筑设计院总建筑师赵祖望发来唁函:

惊悉莫老在广州突然辞世,不胜哀痛!

莫老是岭南建筑文化的光辉代表,他的建筑创作和建筑理论已成为当代中国文化中的宝贵财富,他的业绩和名字将为后辈所谨记。

向莫老学习,学到老,做到老,为中国建筑事业继续努力奋斗!

谨向莫老的亲属转达深深的悼念,并望节哀。

赵祖望
2003年10月9日

华南理工大学发来唁函——

莫伯治同志治丧办公室并转莫伯治同志亲属:

惊悉莫伯治同志病逝噩耗,至深哀悼!中国工程院资深院士、中国工程设计大师、原广州市人大常委会副主任、原广州市城市规划局总工程师莫伯治同志一生兢兢业业,任劳任怨,为我国的建设事业作出了重要贡献。莫伯治同志的业绩和精神令我们深切缅怀。望莫伯治同志亲属节哀。

肃此电达

华南理工大学
2003 年 10 月 10 日

华中科技大学唁电——

莫伯治先生治丧委员会：

惊悉莫伯治先生去世，深为悼念，特电致唁。

莫伯治先生是我国著名的工程设计大师，中国工程院资深院士。莫老是岭南园林建筑设计的杰出代表之一。他不仅把岭南园林建筑推向世界，同时也对中国建筑作出了巨大贡献，在中国建筑界享有盛誉。他以严谨的治学态度和高尚的品德受到大家的敬重。他的逝世，是我国建筑界的重大损失，我们深感悲痛和惋惜。

请向他的家属转达我们的哀悼之情，并望他们节哀。

华中科技大学
2003 年 10 月 10 日

武汉理工大学唁电——

广州市城市规划局：

惊悉莫伯治院士不幸去世，深感悲痛。

莫院士是我国工程设计界的泰斗，治学严谨，成果丰硕，为我国工程建设作出了卓越贡献。长期以来，莫院士对我校的教学科研给予了热情帮助和指导，他的去世是我国科学界的一大损失，也使我校失去了一位良师。

请向其家属转达我校的慰问，并望节哀。

武汉理工大学
2003 年 10 月 10 日

同济大学唁电——

莫伯治院士治丧小组并转莫伯治院士家属：

惊悉莫伯治院士不幸辞世，深感悲痛，特此致电，以表哀思。

被誉为"岭南庭园建筑风格的杰出代表"的莫伯治院士，终生献身于中国工程设计事业，为新中国建筑事业的崛起起到了巨大推动作用。莫伯治院士的逝世是我国建筑设计事业的莫大损失，莫院士的治学精神与光辉业绩永远是我们学习的榜样。

请莫伯治院士的家属节哀。

同济大学
2003 年 10 月 10 日

同济大学建筑与城市规划学院唁电——

广州市城市规划局：

惊悉中国工程院资深院士、中国工程设计大师、原广州市人大常委会副主任、原广州市城市规划局总工程师莫伯治先生逝世，谨向贵局及莫先生的家属表示最诚挚的哀悼和问候。莫院士是我国建筑界的老前辈，曾为我国的建筑业作出了卓越的贡献，我们将永远怀念莫院士。

同济大学建筑与城市规划学院
2003 年 10 月 10 日

清华大学建筑学院的唁电——

广州市城市规划局：

惊悉建筑设计大师莫伯治院士不幸逝世，我院师生深表哀悼。

莫伯治先生在半个多世纪的建筑创作中，将建筑的现代性、地域性与民族性熔为一炉，其作品既得现代主义之神，又具中国传统之骨，兼采岭南建筑之韵，融会百家，不拘一格，独成一派。早在二十世纪五六十年代，莫教授设计的广州北园酒家、泮溪酒家、白云山山庄旅舍等作品就已蜚声遐迩，而七八十年代创作的广州白云宾馆与白天鹅宾馆等作品更是开创中国现代建筑的一代新风；九十年代以来，莫老不断变法创新，勇于超越自我，超越时代，创作了广州南越王墓博物馆、红线女艺术中心、梁启超纪念馆、岭南画派纪念馆、广州艺术博物院等一个又一个令人耳目一新的作品，堪称中国当代建筑的瑰宝奇珍。

作为中国现代建筑的一代宗师哲匠，莫伯治先生集学者、艺术家、工程师与建筑师于一身，理论与实践融通古今，萃贯中西，为海内外所仰止。他的道德文章，为人民服务的精神，堪为后学楷模。莫老的猝然离去，不仅是中国建筑界，而且是中国艺术界、文化界的一个重大损失。他所留下的巨大空白，在很长时间内将无人填补，他所登临的高度，在很长时间内也无人可及。

追悼先贤，临风洒泪。谨以最沉痛的心情，遥寄哀思，并请向莫伯治先生的家人转致我们最深切的慰问。

清华大学建筑学院
2003 年 10 月 9 日

东南大学建筑系的唁电——

广州市城市规划局：

惊悉中国工程院资深院士、中国工程设计大师，我们尊敬的师长莫伯治先生仙逝，我们东南大学建筑系全体师生深感悲痛，谨向莫先生的家属致以亲切的慰问！

莫伯治先生是我国建筑学领域的著名专家，对建筑设计及城市规划有很深的造诣，五十多年来为新中国创作设计了许多优秀的建筑作品并培养了许多人才，为祖国的建设作出了应有的贡献。

莫先生一生勤奋刻苦，学以致用，德高望重，硕果累累，是我们学习的榜样，我们将学习先生的优秀品质，为建筑学的开拓和发展努力学习和工作。

尊敬的莫先生，安息吧！

东南大学建筑系
2003 年 10 月 9 日

浙江大学建筑工程学院的唁电——

广州市城市规划局：

惊悉中国工程院院士莫伯治先生不幸仙逝，不胜悲痛。

莫伯治先生的逝世是我国规划事业的重大损失，也使我们规划界失去了一位真挚的朋友。

特致电吊唁，并请代向其家属表示诚挚的慰问。

浙江大学建筑工程学院
2003 年 10 月 10 日

《建筑学报》报道了名誉编委莫伯治逝世的消息：

《建筑学报》名誉编委莫伯治先生于 2003 年 9 月 30 日在广州去世，享年 90 岁。

莫伯治先生 1936 年毕业于中山大学土木建筑系，1953 年起历任广州市城市规划局总工程师、广州市珠江实业总公司设计院总建筑师、广州市人大常委会副主任、广州市城市规划局高级顾问、华南理工大学兼职教授等职。

莫伯治先生是全国著名的设计大师，是岭南园林建筑设计风格的主要代表人物之一。在多年的设计生涯中，他致力于在建筑创作中进行理论探索。他的建筑风格多姿多彩，为世人留下了大量优秀建筑作品和理论著述。他的作品从 20 世纪 50 年代的广州北园酒家、泮溪酒家到 70 年代的矿泉别墅、广州白云宾馆，80 年代的白天鹅宾馆至 90 年代的广州南越王墓博物馆以及岭南画派纪念馆等均为国内外极有影响的精品力作。

莫伯治先生从 1981 年起担任《建筑学报》编委，为本刊的发展作出了积极贡献。他的逝世是建筑界的一大损失。

（2003 年第 11 期）

《世界建筑》报道莫伯治院士逝世的消息：

中国工程院资深院士、设计大师、原广州市人大常委会副主任、原广州市城市规划局总工程师莫伯治同志于 2003 年 9 月 30 日在广州去世，享年 90 岁。

莫伯治 1914 年 3 月出生于广东省东莞县。1936 年毕业于广州中山大学工学院土木建筑系，获学士学位。曾任中国建筑学会理事会理事、《建筑学报》编辑委员会委员、华南理工大学兼职教授、华南理工大学建筑设计研究院总建筑师、广州市规划协会名誉会长等职。

莫伯治先生在半个多世纪的建筑创作中，将建筑的现代性、地域性与民族性熔为一炉，其作品既得现代主义之神，又具中国传统之骨，兼采岭南建筑之韵，融会百家，不拘一格，独成一派。早在 20 世纪五六十年代，莫教授设计的广州北园酒家、泮溪酒家、白云山山庄旅舍等作品就已蜚声遐迩，而七八十年代创作的广州白云宾馆与白天鹅宾馆等作品更是开创中国现代建筑的一代新风。九十年代以来，莫老不断变法创新，勇于超越自我和时代，拿出了广州南越王墓博物馆、红线女艺术中心、梁启超纪念馆、岭南画派纪念馆、广州艺术博物院等一个又一个令人耳目一新的作品。

莫先生是在实践上和理论上将岭南建筑与岭南庭园相结合并大大向前推进的一代宗师，是读万卷书、走万里路、永不言休的智慧的圣者。9 月 29 日他照常上班、读书、会友，30 日清晨在睡梦中辞世。

（2003 年第 11 期）

《院士通讯》专稿介绍了莫伯治院士的主要成就和贡献：

莫伯治同志是全国著名的设计大师，是岭南园林建筑设计独特风格的主要代表之一。曾任广州市城市规划局总工程师、广州市珠江实业总公司总建筑师、广州市人大常委会副主任。现任广州市城市规划局高级技术总顾问、华南理工大学兼职教授，享受国家特殊津贴。

莫伯治同志从事建筑设计工作近60年，在建筑设计创作领域中从事理论的探索，并能结合创作实践从抽象到具象，做到两者融会贯通，形神合一。他认为建筑设计是为人们创造优美的存在空间的创作艺术。明代文震亨对"室庐"的设计要求指出，要"令居之者忘老，寓之者忘归，游之者忘倦"。他的建筑风格是多姿多彩的，举凡反映古今中外文化的建筑词汇，都可以糅合融冶，独创新风，但必须能够表达现代功能和新材料、新技术的内涵，才能不落前人或别人的俗套，这是莫伯治同志创作的座右铭。他长期建筑创作中的重大成就和特色，就是把岭南庭园融合于岭南建筑之中，并从实践上和理论上推进岭南建筑和岭南园林的同步发展。早在20世纪50年代广州北园、泮溪等园林酒家之创作就受到梁思成大师的高度评价。

1972年他主持矿泉别墅设计，把传统庭园布局与现代主义的内庭相互融合，使整个别墅既有传统的内涵又有现代主义的气质，该项目分获全国优秀设计奖和广东省基本建设优秀项目奖。

1976年莫伯治主持广州白云宾馆设计工程，体现了他在改革开放政策之前已敏锐地感到世界建筑潮流的脉搏，探索着如何把国外现代建筑文化与中国传统的建筑文化以及岭南地方建筑文化相结合。

1983年他主持珠海宾馆设计，担任工程总顾问，该工程获国家优秀设计奖。

1987年莫伯治主持设计广州西汉南越王墓博物馆，莫伯治遵循现代主义原则，探索古今中外这类建筑体型风格的共性，巧妙地运用传统的重台叠阶、汉代石阙甚至埃及大庙的阀门，用现代手法表现其纪念性和传译两千多年前的历史文化，实为现代建筑的精品。该项目获1991年建设部优秀设计一等奖、1991年国家教委优秀设计一等奖和1991年国家优秀设计金质奖。

1989年他主持设计岭南画派纪念馆，运用欧洲新艺术建筑风格词汇，说明岭南画派提倡对国画改革创新的运动。在纪念馆造型与风格的表现上，运用新艺术运动的建筑词汇，可见莫伯治同志设计手法能在历史和地域很大的跨度内自由驰骋而游刃有余的功夫。该工程获1993年国家教委设计一等奖。

1991年我国有37座建筑物首次被载入英国出版的《建筑史》，其中有广州白云宾馆、广州白天鹅宾馆和广州矿泉别墅。莫伯治同志是负责主持设计这三个项目的总建筑师。

莫伯治同志近些年参与主持设计的国外工程有：澳洲布里斯班市中国华侨城设计，澳大利亚中国大使馆设计，日本福冈市中国领事馆设计等等。这些工程均得到国外建筑界的好评。

莫伯治同志具有很高的专业技术水平，他主持设计的项目曾多次获得国家级和省级奖励，为我国建筑事业作出了重大的贡献。莫伯治同志的优秀论文多次在《建筑学报》发表并著有《莫伯治集》和《莫伯治文集》。莫伯治同志在建筑设计上有很高深的造诣，特别是园林景色结合建筑设计，创造出岭南园林建筑设计的独特风格，在国内外建筑界均有一定的影响，在东南亚地区享有较高的声誉。

（2003年第12期）

白天鹅宾馆专门写了题为《永恒的怀念》的文章：

莫老，您走了。我们怎么也不能相信，您就这么永远地离我们远去。我们仿佛还看见您在宾馆各处查看的身影，仿佛还听见您在询问宾馆设施状况和叮嘱维护的话语。

我们知道，"白天鹅"是您最值得骄傲的作品之一。您用中国人的志气，科学家的智慧，在风光旖旎的珠江边耸立起一座美丽的"白天鹅"。在您的笔下，宾馆厅堂空间与庭园空间相互穿插，里外渗透，上下沟通，寒潭峭壁，飞瀑鸣谷，山溪绕流，蕨丛上下。人们站在高台上，读"故乡水"摩崖，有非凡的感染力。您勾勒出的这一美丽画卷，给世人一个展现祖国改革开放政策的窗口，给中外游客一个"居之者忘老，寓之者忘归，游之者忘倦"的环境。"故乡水"，触动了多少海外游子思念故乡的情怀；富于岭南特色的庭园，又使多少往来嘉宾赞叹不已。白天鹅宾馆开业二十年来接待过我国国家领导人邓小平、杨尚昆以及美国前总统尼克松、布什，英国女皇伊丽莎白二世等近300位副总理以上的各国政要，他们无一不对这座凝聚了您毕生心血的杰作称赞有加。

感谢您，莫老，您亲自主笔设计的白天鹅宾馆，为我们增添了许多光彩，在"白天鹅"的荣誉簿上留下了点点闪耀的足迹：1984年，白天鹅宾馆被国家授予全国建筑设计及质量金质奖；1985年，白天鹅工程荣获国家设计、建设、建筑施工三项金质奖；1998年，在广州市开展的"识名城，爱广州"的活动中，一举夺得"我最喜爱的广州现代建筑"第一名；1999年，被羊城市民选为"广州改革开放二十年十大建筑项目"之一。

莫老，您安心地走吧，白天鹅宾馆是您留给世人的不朽的杰作，是人们永恒的怀念。白天鹅人知道如何去珍惜这些来之不易的荣誉，我们将以优质的管理和服务去延续您那"白天鹅"之梦，凭借您绘制的彩图，给中外游客一个无限享受的空间，一种如家的感受。

安息吧，敬爱的莫伯治院士！

（2003年10月7日）

2004年2月，广东省综合勘察设计院的刘志武特别结合恩师莫伯治院士的教导，深刻领悟了一个建筑师应有的修养，探索了恩师莫老的人生哲理：

1. 学者风范、高尚的人生观

建筑师最基本的活动就是要研究世界、研究社会和研究人。因此，如何认识客观世界、如何认识主观世界以及如何分析、摆正各种复杂矛盾的关系并加以解决，是建筑师必要的职业修养。

莫老具有高尚的人生观，他把建筑创作当作终身事业，而对金钱、名利看得很淡。同时，他还教诲我们要树立正确的人生观。记得在1990年夏天的一个晚上，我在导师广州华侨新村的家里，当给我分析完路易斯·康的作品后，他指着书架上的书与我谈到了这个话题："小刘，不要把金钱当作人生追求的目标。人的一生要志向高远，追求事业，追求知识！"从恩师的教导中，我领悟到一个建筑师的人生观是非常重要的。国家注册建筑师从事的是一项为人民服务的事业，这项事业涉及人民的生命财产安全，涉及建设单位投资的合理使用，因此，要求具有高度的责任心和事业心。只有树立正确的人生观，我们才能比较客观地认识、分析事物各种各样的矛盾，处理好建设方、设计院和同事之间的各种关系。一个建筑师的人生观是否正确还直接影响到一个建筑师事业的成功与否。莫老对岭南建筑文化终身求索，至90岁高龄还站在建筑创作的前沿，与青年建筑师一起研究问题，充分地表现出他所具有的"对社会、对人民高度负责，尽心尽力，鞠躬尽瘁"的学者风范。

2. 高尚的职业道德修养和严肃的科学态度

我作为学生参加他设计的南越王墓博物馆二期工程时，已经感觉到他风格的不凡。平常的莫老非常随和，但是在讨论工程项目规划设计时非常严肃。在重大问题上他坚持自己的原则，建设单位有异议时，莫老却能十分认真地听取别人的意见。他具有高尚的职业道德修养，在技术问题上，他坚持科学的态度，不太考虑人为因素的干扰。在执业过程中，他对工作一丝不苟，对建设单位全心全意。在广州东方宾馆改造的装饰设计中，要把原来餐厅的柱子包起来。他要求我们做8个方案来选择。有时候做一个椭圆形的天花，他也要求做多方案的比较，甚至我们都认为基本可行时，莫老还要反复推敲，再做方案。在南越王墓博物馆外墙装饰选择红砂岩的时候，他不辞劳苦，亲自到石场看板选材料，对国家工程极其负责。

莫老曾担任广州市规划局总工程师，做人堂堂正正。20世纪80年代末，广州东湖公园南岸某宾馆改造，经省有关领导同意要建12层高的大厦。如果实施，东湖公园南岸将耸立一堵100多米长，近40米高的大墙，严重影响城市和公园景观。广州市规划局请了一批专家到现场研究，在争论的关键时刻，莫老挺身而出，"这个难题，我来解决"。最后这个宾馆只建了四层。莫老曾在广州、珠海、敦煌等很多城市规划研讨中，本着实事求是和科学的原则提出了许多建设性的意见，反映出他所具有的高尚职业道德修养和严肃的科学态度。

3. 谦虚与客观、诚恳与合作的修养

莫老是中国建筑界的名人，他待人真诚，平易近人，谦虚谨慎，深受岭南人的敬仰。他具有宽阔的胸怀和善于与人合作的精神。任何时候，他都没摆出高人一等的姿态。他以渊博的知识、高尚的文化修养和过人的品德团结了所有的人。曾有三代人先后与他合作过，人人都感到非常愉快。他甚至在送给我们的书上的赠言里，将我们弟子也称为"同行"。不管他和谁交谈，他总是那么谦和。他批评人十分善意，说话非常客观，恰到好处。他总是让不同意见的双方都能接受。他经常教导我们：要谦虚，要老实做人。在后来的实践中，我才逐渐领悟他的教诲。人在世界上生存和发展，并不是以独立的个体方式进行的。人必须参与到社会组合中去，才能得到生存的保障活动的条件和发挥作用的机会，才能实现自己的价值。

建筑设计是一个综合艺术，它的方案形成往往是以一个或少数人的构思为主，而吸收其他多方面的意见补充、完善的结果。同时，这个方案在实践的过程中还要由劳动者或有关人员再进行技术的优化。可以说一座建筑物的建成，凝结着集体的智慧。一个建筑师是一个项目的总负责人，不但应该具有高超的文学、艺术、工程技术和地域经济等综合修养，而且他也应该具备博大的胸怀，与人为善，能听取不同的意见，集思广益的修养。同时，他也应该有较强的组织能力和团队合作精神。恩师的这种修养正是我们新一代建筑师所需要的。

建筑文化——建筑设计之源

恩师的设计生涯中，获奖率相当高。1993年中国建筑学会授予70项建筑创作奖中，他一个人竟获7项，占总数的1/10。建筑创作眼界高，具有理性与超越的创作思维方法。

事物的发展都有内因与外因，外因是条件，内因是根本。建筑师要协调人、建筑、自然空间的关系，不仅要满足人们在物质上的要求，而且要满足人们在精神上的追求。因此，社会生产力与生产关系的变化，政治、文化、宗教、生活习惯等变化，都密切影响建筑的发展。建筑师只有研究透客观条件，加强自身创新意识的修养，才能把握好根本。莫老经常教育我们仅仅研究建筑设计本身固有的技术与艺术是不全面的，我们还要认识和研究地域经济因素、社会环境因素的规律与特征带来的发展与变化，才能全面、正确地认识当今社会建筑师的思维与创作方法。

恩师的一生是对建筑文化求索的一生。在他的身上，我逐步理解了岭南建筑文化的真谛：①岭南文化具有包容性，它能够兼容外界文化；②岭南文化具有功利性。它不断地吸收外来文化的长处，完善自我；③岭南文化具有创造性。它不受太多的陈式制约，谋求自我发展。莫老非常重视历史、考古的资料，善于在考古资料里挖掘"最原始的创造性思维"。他曾拿着一个考古资料中的"陶制房子"跟我讲述岭南建筑文化特点。

把岭南建筑的文化和岭南庭园与建筑创作结合起来是莫老创作第一阶段的创作思维方法，调查、研究、分析、提炼是莫老的工作方法。莫老解放初期回到广州，就开展了岭南庭园和民居与文化的研究工作，而后又和夏昌世教授一起调查研究。岭南庭园以巧妙的借景和充分利用本地区特有的植物，构成幽美的景区而著名。前为庭园，后为居室，空间分区布局适应岭南气候。前部设有水池，有的石砌较规则，带有欧洲的古典风格；有的庭园仿自然式，具南方水乡特色。中式建筑中采用罗马式的拱形门窗，巴洛克的柱头等也反映出中西文化相兼的岭南文化特点。水庭四周布列的船厅和堂、榭廊，缀以木棉、龙眼、朱兰、葡萄、芭蕉、紫藤、玉兰、蓝素馨等，南方风味十足。在这些优良的传统文化中提炼出设计灵感，这就是莫老的高明之处。莫老在广州北园酒家、泮溪酒家、南园酒家等作品中，把岭南庭园中的山、水、植物诸要素以及传统的雕饰、门、窗扇、屏风等装饰构件组织运用到新建筑中去，形成岭南建筑与岭南庭园的有机结合。另外，莫老充分考虑到广东亚热带的气候特点，利用自然的地形地貌，注重新建筑与所在环境的对话与沟通。白云山山庄和双溪别墅的创作中已体现这种思想。莫老的作品注意与历史和环境的对话与沟通，使建筑造型、建筑环境既保持地方特色，又富有新意，体现了新时代的审美意趣，使岭南建筑的创新不断有新的进展。

把现代主义的建筑文化和岭南建筑有机结合是莫老第二阶段的创作思维方法。在我国当代建筑历史上，以什么样的理论指导我国的建筑设计，这个问题在学术界一直争论不休，北京（京派）和广州（广派）走了两条不同的道路。20世纪50年代以后，现代主义建筑被作为资产阶级的货色遭到批判。……莫伯治、佘畯南等岭南的建筑师们冲破当时建筑界的思维定式，结合岭南建筑，引进现代主义理念，建起了广州宾馆、白云宾馆、白天鹅宾馆等建筑，揭开了岭南建筑新的一页。

在这些建筑设计中，莫老等人强调现代主义的生活、功能、技术在建筑中的主导作用，科学地结合了岭南地区的气候和人民生活习惯，力求建筑功能的合理性和投资的经济性。在设计中逐渐引进了现代主义的建筑文化，为探索中国特色的现代主义的建筑创作迈出了一步。白天鹅宾馆的设计紧密地结合珠江白鹅潭的自然环境，平面功能合理，立面造型简洁，设计思维不再停留在传统模式上。白天鹅宾馆的室内环境设计很注意空间序列设计、空间容量设计，强调了环境与人的情感的对话和沟通。大堂中以富有中国文化的"故乡水"点题，再现祖国乡土山水景色，激发归来的海外游子思乡之情。这个点题针对本地区海外侨胞多、归侨多的文化背景而提出，没有任何虚浮的东西，所以，这是白天鹅宾馆创作成功的关键。

吸纳国外有益的建筑文化，不断地丰富提升自己的创作动态思维是莫老近些年的一个特点。记得十多年前写硕士论文时，恩师安排我花了很长时间去研究后现代主义和解构主义的空间。他很关注美国建筑师盖里的作品。看到恩师1998年广州地铁控制中心设计，我能体会他的心情，他的构思。莫老研究国外的建筑时，很注意研究它的历史文化背景以及中国的国情，绝不会盲从什么主义，什么流派。他的重点是分析、吸纳有助于岭南建筑创作的理念。

新表现主义的探索与尝试是莫老创作的第三个阶段。建筑领域里表现主义的浪潮出现在20世纪初期欧洲诸国，它主要的特点是夸张建筑造型和构图手法，塑造超常的、强调动感或怪诞的建筑形象，并表现了建筑师希望赋予建筑物的某些情绪和心理体验，引起人们对建筑形象及其含义的欣赏、猜测与联想。他认为盖里的解构主义的作品是表现主义在现代主义之后的一种新的演绎与表现。西汉南越王墓博物馆、岭南画派纪念馆、红线女艺术中心等作品是莫老对于新的表现主义进行的探索和尝试。他为了强调文化主题，表现南越王墓、岭南画派、红线女等具有的特有内涵，分别采用了特殊的造型和夸张的构图手法。他夸张的造型并不是为形式而形式，而是根据地形、功能、空间和主题表现的实际需要而确定。

莫老善于延承中国传统文化的脉络，融入新表现主义的手法，激起人们的联想。我每次去白天鹅宾馆都仔细听他讲述这些构思。比如，红线女是广东著名的粤剧艺术家，在作品构思中他抓住一个"线"字的造型母题。室内空间又根据参观的流线的组织特点，为通畅的曲形体空间，同时，空间和功能紧紧地契合，绝不会为了造型而丧失功能。曲形体的边角部分处理得非常巧妙，二层和三层的流动空间之间的曲线美表现得极为漂亮，使人们马上联想起红线女舞蹈抛袖的曲线感和女性身材的曲线美；外立面造型和内容、主题相一致，立面造型用低廉的喷涂料和建筑经济性紧紧咬合。可以说这个作品是建筑师学习修养的范本。在这个作品里，我们可以体会到赖特的流动空间，也可以体会到波特曼的中庭空间效果；我们可以体会到功能、空间、主题、内涵、文化、造型、经济之间的关系的处理方式。在这个作品里，我们可以看到建筑师如何在中国文化的土壤里采用自己的艺术语言去唤起人们的联想、与人们沟通情感；看到建筑师如何在传统文化的基础上吸纳外来文化进行创作，走中国建筑师自己的路。

与时俱进，自强不息，不断创新

莫老的设计思维一直处在与时俱进的运动之中。十多年前，我当时还不明白建筑风格与创作思路的关系，我问他：是不是一个建筑师的设计就是一种风格？他回答：不是的。一个建筑师在一段时期可以形成一种风格，但是这个风格的形成受文化、政治、经济的影响很大，这个创作是动态的。回想起导师十多年前的教导，再追踪一下莫老近些年的作品，我感到他的创作思维一直是在不断地探索新的路子。

莫老对城市的生态环境、山水城市建设以及城市的可持续发展等新问题非常关心。前几年我正在从事一项"城市生态绿地"的科研任务，该课题主要瞄准国际生态民居和生态社区发展的新趋势，针对城市居民区生态环境恶化的问题而提出。该项目将生态学的原理运用到城市居住区绿地规划之中，用碳氧平衡理论进行生态绿地规划，对居住区的二氧化碳、二氧化硫、空气温湿度、城市噪声等进行有效控制，研究的目的是要建立21世纪城市人居环境生态绿地系统科学规划的理论。我向他汇报了对这项科学研究的构想，他很高兴。在与他的交谈中我感到莫老对城市的可持续发展、山水城市的问题已进行了深入的思考。与他的谈话使我得到很多启发和帮助。

莫老提倡多学科知识互补，推崇绿色建筑。2002年9月我将主编的《广州岭南花园生态绿地规划的研究》一书给莫老，向他汇报了这两年来调查、实测广州部分住宅区、岭南四大庭园的生态环境时，他非常认真地听。接着他还讲了广州城市的许多发展情况，他提倡多专业、多学科的知识交流，知识互补。最后他带着慈爱的面孔对我说："很好，这是科学！要吸纳更多的学科知识到建筑学里来，你要把这本书作为第一册，再继续研究生态建筑。"通过导师的教诲和启迪，我才逐渐理解吴良镛教授所说的人居环境学的概念。的确，我们正步入一个信息化、数字化、网络化的知识经济时代，传统的建筑学已很难胜任新时代的要求。对建筑学的认识已经需要我们扩展到人居环境、城市、环保、生态等更广阔的知识领域。

莫老的思维非常敏锐，他几十年来不知疲倦地学习中外艺术文化、吸纳外来文化来丰富自己的思维。他是我国唯一的一个90岁高龄仍然站在设计前沿阵地的建筑大师。他自强不息，与时俱进，把研究文化、艺术、历史作为建筑创作的源泉。

总之，莫老有几十年中外艺术、文化作为积淀，有独创的建筑空间理论修养，有地域环境的综合知识修养，有建筑工程的实际经验，有亲自调查研究的岭南建筑资源；有高尚的人生观和事业心，有与人为善的合作精神以及终身求索、顽强拼搏的毅力。这就形成了莫老所特有的质量惯性，"超越"的创造性思维。不管世界上建筑出现什么样的流派，恩师都不会盲目去跟进。他按照自己的修养，对地域文化的理解，根据岭南区域生态特点不断地进行现代建筑的创新。

怀念恩师——不朽的一生，光辉永存

莫伯治院士是我最尊敬的导师，也是我人生道路上的楷模。十多年来导师无论在学术上、技术上还是人品、人格、艺术修养方面都给了我潜心的教导。他光辉的一生，业绩累累，为我们年轻的岭南建筑师指明了前进的方向。他老人家关心年轻一代的高尚情操让人难以忘怀。每次我去探望莫老时，他总要跟我研究一些建筑理论问题，同时，他老人家经常询问我的工作、学习和家庭情况，跟我讲述人生道路和人生观，不断地向我传授设计的一些经验，使我受益匪浅。

2003年9月20日，也就是莫老逝世的前10天，我和家人陪着恩师在白天鹅宾馆大堂喝咖啡，莫老还特意留我们多坐一会儿还要跟我讲他的创作理念和实践，讲述建筑师的修养。可万万没有想到那天竟是我们师徒相见的最后一面。回想起那天，莫老慈祥的面容，对我及家人问长问短、十分关爱晚辈的情形，不禁令我潸然泪下。

莫老的一生是光辉的一生，奋斗的一生，伟大的一生。他的建筑作品代表了先进的岭南文化，同时也展示了他所具有的才华，他所具有的修养。在不同时期的建设形势下，他的作品能把握中国国情的经济"脉络"，为我国的基本建设节省了大量的投资。莫老是我国有影响的建筑大师、中国工程院资深院士，他的建筑创作思想是中国建筑界的宝贵财富。莫老知识面开阔，具有敏锐的学术创新精神，具有辩证唯物论的思维方法。他的教导熏陶了一代又一代的建筑师。莫老为人处世以谦和、求实、客观为贵，淡泊名利，与世无争，处处为他人着想，深受我们岭南人的敬仰。莫老关心年轻一代建筑师成长的胸怀，学者的风范，高尚的情操，优良的品德，是我们年轻建筑师永远学习的榜样。莫老十分关心国家的建设，关心广东和广州的建设，他曾是广州市人大常委会第四届、第五届副主任。他把一生献给了祖国，献给了人民，实现了他青年时代科学报国的梦想。

莫老虽然离开了我们，但他留下的众多杰出的建筑作品，永远镌刻在中国建设的里程碑上。领悟恩师的教诲，探索莫老的建筑创作思想和方法，加强我们新一代建筑师的修养，发扬光大老一辈建筑师的优良传统和敬业精神，为我国的建设事业开创更加美丽的明天。

莫老永远活在中国建筑界的心里，活在岭南人的心里，活在我们学生的心里。

五、悠长的回响
——《莫伯治与岭南建筑艺术》开展

2017年8月22日，《莫伯治与岭南建筑艺术》展览在东莞市可园隆重开展。

展览主要从莫伯治生平、岭南建筑与岭南庭园的结合、现代主义与岭南建筑的结合、新表现主义的探索与尝试以及晚年力作五个部分全面展示莫伯治建筑设计的理念与成就。

重观莫伯治的作品，从建筑中领会他的精神。他们这一代之所以成为中国建筑的承上启下者，固然有世道风云的推波助澜。但他将真心融情韵，全部交给了建筑艺术，对建筑艺术境界中的空、无、虚、情、悟的阐释，达到缥渺无羁的程度，走向"此时无声胜有声"的自由驰骋的境地。

莫伯治是岭南建筑学派的杰出建筑师，也是其中较为重视建筑美学问题的建筑师。莫伯治对建筑美学问题的思考，表现在他的建筑实践中更为重视经营无形的空间体验和建筑意境，因此得以屡屡突破已有样式的禁锢，取得不同风格建筑空间的形神相通，以及传统与现代、东方与西方等建筑文化的和谐统一。莫伯治的建筑作品体现出岭南建筑地域特色的本质所在。

在我国建筑学界，许多权威人士都把我国建筑分为京派、海派、广派，认为广派的特色是：较为自由、自然的平面安排；明快开朗的立面和体型；与园林绿化和城市或地域环境的有机结合。莫伯治无疑是广派建筑的领军人物、灵魂人物。

在治学方面，他行商庭园，独辟蹊径。许多人知道莫伯治曾设计过很多具有岭南风格的建筑，但未必知道莫伯治作为一个学者，在学术研究上也取得很大的成就。

莫伯治在研究岭南园林建筑上很有造诣，特别是广州的行商庭园研究，之前没有人关注，他从20世纪50年代起就开始进行研究，在全国开了先河。

莫伯治关于广州行商庭园的研究成果，主要集中《广州行商庭园（18世纪中期至19世纪）》一文中。这篇文章图文并茂，对广州五家行商庭园逐一进行回顾和分析，是研究岭南庭园发展的宝贵材料。

据叶荣贵教授介绍，由于莫伯治在岭南园林、行商庭园方面深厚而扎实的研究，有出版社十多年前就想约他出书。当时，很多研究者都纷纷撰写这方面的文章。但莫伯治一不跟风，二不着急，他胸有成竹，一方面扎扎实实做自己的研究工作，到实地去考察，另一方面利用各种关系联系行商的后人找资料。他平日里忙于业务和社会工作，但一直关注这方面的研究，到国外泡图书馆时不忘搜索一些零散而珍贵的资料。然而，直到他逝世，他这方面的专著都没问世，这也不能不令人感到遗憾。

但叶教授提到，莫伯治逝世后，人们却意外发现了他在没告诉任何人的情况下写了一个《岭南园林》的剧本。令人惊讶的是，这个剧本不是个大纲，而是有着非常翔实的内容，从镜头的运用、拍摄的角度等，都逐一作了说明。叶教授坦言，这么详细的剧本他第一次见，莫老没有受过专业的拍摄训练，如果不是对拍摄的对象——岭南园林有这么深刻的了解，本身对拍摄有一定了解，他不可能做到这一点。

20世纪70年代，中国建筑界一度万马齐喑，设计思想受到严重的禁锢。不少人认为"横线条是资本主义，竖线条是社会主义"，意识形态对建筑的干预随处可见。莫伯治在主持白云宾馆的设计过程中就遇到各种阻力。他在研究中发现，"线条"的结构，可以解决超高层建筑窗台向室内渗漏雨水的实际问题，他以此顶住了压力，坚持自己的设计主张。

因此，今天人们看到的白云宾馆，仍以"横线条"为主。叶荣贵教授介绍，作为全国第一幢高层旅游建筑，白云宾馆不仅尽量地保留了原有的环境，巧妙利用了庭隅的三株古榕树丰富了中庭的空间层次，而且坚持保留宾馆前面的"小山"设一个小庭院，既屏蔽了外来的嘈杂又使整个宾馆的绿化内外延续，自然而富有变化。

曾昭奋教授在20世纪80年代初白天鹅宾馆兴建时才与莫伯治认识，但在此之前，在清华大学任教的他已经开始关注莫老及广州的建筑。他对莫伯治主持设计的白天鹅等高层宾馆颇为推崇，评论说："20世纪50年代初开始，广州就已陆续出现了一些具有南方特色的作品，现在看来，它们也许还显得不那么完美，但是，一种新的风格已在一些建筑师的笔下孕育。如今我们清楚地看到这几十年来广州建筑设计形成了一条明显的主线，我称之为广派风格，莫伯治是广派的代表人物。"

莫伯治从事建筑设计工作近六十年,在建筑设计创作领域中从事理论的探索,并能结合创作实践从抽象到具象,做到两者融会贯通,形神合一。他认为建筑设计,是为人们创造优美的存在空间的创作艺术。明代文震亨对"室庐"的设计要求指出,要"令居之者忘老,寓之者忘归,游之者忘倦"。

文化艺术的传统是什么?是历史长河中前人创造并流传下来的有造型审美价值的一切物象,以及背后所凝结的时空观念、生命认知、哲学理念、审美体系、情感体验、观察方法和表现方法。莫伯治的建筑风格是多姿多彩的,举凡反映古今中外文化的建筑词汇都可以糅合融治,独创新风,但必须能够表达现代功能、新材料、新技术的内涵,才能不落前人或别人的俗套,这是莫伯治同志创作的座右铭。他长期的建筑创作中的重大成就和特色就是把岭南庭园融合于岭南建筑之中,并从实践上和理论上推进岭南建筑和岭南园林的同步发展。

六、岭南建筑之光永不消失

莫伯治虽然远去了,但人们仿佛依然能听到他爽朗的声音。

在白天鹅宾馆的"莫伯治建筑师事务所"里,至今仍悬挂着莫伯治的一幅黑白肖像,白发苍苍的他,慈祥而安静。大师已逝,然而,关于他的种种事迹,仍在亲人、朋友、同行间口耳相传。窗外,珠江水阔,百舸争流,大师的作品仍在塑造着这个城市的形象,文化不灭,精神长青。

他,是这片红土上的赤子。

莫伯治的声音，是近百年前的岭南水乡麻涌镇河流奔腾时的那悠远而深邃的声音。河水一天天周而复始。如今麻涌镇再一次从黎明中醒来，开放的水乡拥有着无尽的文化魅力迎接八方来客。

莫伯治的声音，是他童年时在堂兄藏书甚丰的书楼里诵读中华经典文化的声音。风抚过枝头，一叶知秋。走过落叶的小径，婆娑树影间闪烁着书楼的光影。莫伯治在这里感受历史的气息，春华秋实，共同演奏着交响乐章。

莫伯治的声音，是抗日战争爆发后一场突如其来的夏雨倾注在这片古老土地上的声音。莫伯治从中山大学的石阶上，迎着暴雨，投身进入人声鼎沸的火热斗争。不屈的羊城仿佛在抗战的暴风骤雨中变得年轻了。

莫伯治的声音，是他1938年在广州火车站为几位青年志士北赴延安送行的声音。路途漫漫，北国的飞雪盖住了这些青年战斗的脚印。他们后来都成长为在领袖身边工作的精英，但寒来暑往中，似乎依然能聆听到莫伯治熟悉的声音。

莫伯治的声音，似在时常传达来自大千世界的讯息。信息交织的时代里，岁月流转，莫伯治的建筑学历史在这里默默走过。

莫伯治的声音，是激越的，是灵动的，是古朴的，是厚重的，亦是现代的，它是典藏与开放之中的传统文化的交响乐，又是站在前沿顺应时代脉搏的当代文化之声。

莫伯治和大多数人一样，都希望自己与家人无忧无虑地活着，满腔热忱地工作，过着简简单单的生活，一日三餐，一年四季，轻松自在，饿了就吃饭，困了就睡觉，能够不依附权势，不贪求金钱，不受他人之气，心静如水，剔除那些无效的、可有可无的、非本质的东西，使自己的心灵没有枷锁和多余的负担，也就少了人性的烦躁与复杂。他认为简单不一定最美，但最美的大体上都很简单，这种司空见惯的简单方式能够化解人生一切大大小小的问题。这些生活中期许的样子，因为简单而散发出一种朴实纯真的自然美。这些普普通通又平凡至极的点滴小事,常常温暖着莫伯治的情感世界。……生活正因为简简单单而释放出最灿烂的光芒。

麻涌镇党委委员黄伟雄(右2)和本书作者咏慷(右3)、李华(右1)、南梅先生(左1)、某村党委书记陈健新(左2)一道研究书稿

莫伯治后人遵循父训继续为家乡做贡献。

莫伯治对儿子莫京寄予厚望,给儿子起名时特意用自己年轻时的曾用名"莫京"名之。

家庭是社会的基本细胞。家风建设是学者、专家的必修课。

莫京受父亲影响,自幼好学,童年即会背诵《三字经》《百家姓》《千字文》《名贤集》等,信守"忠厚传家、诗书继世"的传统。

如果莫京等儿女淘气"犯错",莫伯治也像其他家长一样对他们进行"惩罚";所不同的是每次"惩罚"完,他都要让儿女面壁思过一会儿,然后和他们谈心。

莫京小时候赶上社会动荡,未能顺利地连续学习。莫伯治常对他说:"儿子啊,无论什么时候,有文化总会有用。"

在父亲的影响下,恢复高考后,莫京等兄弟姐妹都相继考上了高等院校。

本书作者咏慷（右二）、李华（右四）、
南梅先生（右一）在麻涌镇政府大楼内采访莫京（右三）

年过花甲的莫京仍然在莫伯治建筑师事务所有限公司忙碌着。

莫京（中）回故乡麻涌镇麻一村考察

许多清晨，莫伯治建筑师事务所的其他人都还没来上班，莫京常常已伏案在他那摊满设计图的桌子上。

莫京告诉来访者，昨晚 11 时他才下班，今天一大早就来到办公室。

现在他每天的工作时间是 16 个小时。

莫京说，父亲 1995 年开这间事务所是希望实现他的很多想法。现在，我和哥哥莫旭正是在努力坚持父亲的建筑理想。

广州莫伯治建筑师事务所有限公司成立于 1995 年 3 月，是具有建筑行业建筑工程甲级设计资质和工程勘察资质、规划资质的单位，2012 年，被中国建筑学会评为"当代中国建筑设计百家名院"。

事务所创始人、中国工程院院士、建筑设计大师莫伯治长期从事建筑工程设计和城市规划工作，有着丰富的理论修养和实践经验。

应当说，在精神追求上，他度过了一个很美满的人生。日常生活上莫伯治应当说也很满足，因为他最主要的就是求知、建筑设计、培养学生。

二十多年来，在莫伯治院士的培育下，事务所由具有教授级高工、国务院政府特殊津贴专家、国家一级注册结构工程师以及莫伯治的硕士研究生等优秀人才组成设计团队。团队继承与发扬了莫伯治院士在建筑设计的创新理论。特别在星级酒店、博物馆、大型综合商场、办公大楼、会堂等公共建筑以及房地产开发项目具有丰富的设计经验。事务所成立以来，共完成数十项公共建筑设计，在历次优秀设计评选中，我所均有项目获得部、省、市级各级奖项，受到建设方、专家与社会的高度评价，充分表现了事务所一向坚持的"创新、环保、生态、经济、适用"的设计理念和工作风格。

"继承传统、坚持创新、精心设计、诚信守约、科学管理"是我事务所一贯宗旨，我所的作品遍及全国各地，大部分建设方都是"慕实际作品"而来。我所具有严格的质量管理体系，工序管理严格、精益求精、让用户满意,自成立以来,我所没有发生过责任事故。

在新的时期,我们以弘扬岭南文化、传承和发扬莫伯治建筑设计大师的设计思想为己任,以带领广州莫伯治建筑师事务所有限公司从优秀走向卓越,从卓越走向基业长青为使命,通过与国际知名设计团队合作交流,多元共存。保持莫伯治建筑师事务所有限公司作为在国内和国际知名建筑设计公司中的领先地位。

几十年来,莫京一直不敢忘记父亲的嘱咐和激励,总想"活得明白"点,不要"白吃饭"。因此无论做什么,他始终抱定这一信念。

著名诗人臧克家曾经写诗纪念鲁迅说:"有的人活着,他已经死了;有的人死了,他还活着。"其实用这诗来说莫伯治先生,也未尝不可。鲁迅是伟大的作家,其作品的研究者多如牛毛,长盛不衰。莫伯治是建筑学家,其创造的作品当然不能与鲁迅同日而语。莫伯治的建筑创作长达几十余年,人生命运丰富多彩,是相当一段历史的见证者、参与者。他的作品,都已经通过建成物质的存在长期矗立在中华大地上。要研究中国岭南建筑的发展史,莫伯治是一个很好的标本。他所终生献身的岭南建筑,在中国建筑史上曾经留下了浓重的一笔,是当今中国建筑史上的一朵奇葩。

人们如果有机会到岭南一带游玩观赏,定会为岭南建筑称赞,从而爱上这种形式的建筑风格。

如宁变勿仿　宁今勿古。

广东人在每一种艺术创作中都刻意追求岭南特色，建筑创作也一样，追求意境，立意在先，处处体现出中国的岭南情调和神韵。

如因借环境　融为一体。

岭南建筑重视选址立基，与环境融为一体，继承了传统建筑的

精华。

如群体布局 组合空间。

岭南建筑结合气候特点，使建筑物具备现代景园特色，而只在门厅、中庭、休息廊、餐厅、走道、卧室之中布置园林花木，赋予环境以大自然的情趣。

如清新明快 千姿百态。

岭南建筑善于利用钢筋混凝土的框架特点，创造通透空间及虚灵形体，塑造清新明快的建筑形象，同时借鉴古代亭台楼阁原型，使新建筑千姿百态，气象万千。

如室内设计 丰富多彩。

岭南建筑在室内设计上利用传统手法,如灰塑、陶塑、砖雕、木雕、洞门景窗、空花博古、贴地铺地、彩色玻璃、镶拼壁画、盆景几架、特色家具、匾名对联等等,使室内景观琳琅满目,美不胜收。

如景园文脉 推陈出新。

岭南建筑最大限度地吸收、借鉴中国古园林空间手法,移植到建筑与城市设计中,从而产生出鲜明的特色。例如白云山、越秀山、流花湖公园、兰圃、烈士陵园、麓湖、东山湖公园等。

如神似之路 殊途同归。

当然这些传统形式并不是莫伯治所提倡的。他认为岭南建筑学派主张新建筑与传统形式风格要神似，不要形似。神似反映了一和文脉意识，对传统精神及集体无意识的关注，对环境整体性及人性空间的尊重，对与世界潮流同步的强烈愿望。

自古岭南地区就以绘画艺术为主要的文化，岭南绘画艺术萌芽于新石器时期。

如今岭南建筑更是建筑史上最为经典的典型，闻名世界，传承了一代又一代。

附录一 莫伯治大事年表

1914年3月2日,莫伯治出生于广东省东莞县麻涌乡麻一村向北坊的一户普通人家。

莫伯治十多岁时考进广州南海中学。

莫伯治以优异的成绩初中毕业后,考入广州市第一中学。

1932年,莫伯治从广州市立第一中学高中毕业,考入国立中山大学工学院土木建筑系(华南工学院建筑系的前身)。

在大学期间莫伯治与曾任国立中山大学土木工程系主任的张万久相识。

1936年,莫伯治从国立中山大学毕业。

1938年10月12日,日本侵略者在广东惠州大亚湾登陆。莫伯治在家乡参加了一些抗日活动。

莫伯治在抗日战争期间,奔走于西南云贵高原、四川等地,参加了道路桥梁的抢修工程和公路、铁路、机场的修建,从施工实践中积累了经验,为其后转向建筑创作作了准备。

1943年,莫伯治与张玉双经过一段相互了解,喜结连理。

1953年,莫伯治应二舅张同久(1938年赴延安的老革命、新中国成立后任广东省卫生厅厅长)转达的铁道部部长滕代远的邀请,从香港回到广东,担任了广州市城市规划局总工程师。

20世纪50年代初,莫伯治与相交多年的老朋友夏昌世教授及其助手们一起对中国南北方特别是岭南的园林和民间建筑进行了广泛调研,发表过多篇学术论文。

1957年,莫伯治设计了广州的南园酒家。紧接着,莫伯治又设计了广州的北园酒家。

1958年，莫伯治与冯树勋合著了《粤中四名园》一文。

1958年夏天，梁思成到广州被问及"你最赏识广州哪幢建筑物之设计？"他毫不迟疑地回答"北园酒家。"

1959年，为迎接新中国成立10周年，建筑科学研究院编辑、出版了《建筑十年》一书。被选入的全国40多个城市的几百个新建筑，被认为是10年来最优秀的，其中有莫伯治设计的北园酒家。

1959年，莫伯治设计了广州泮溪酒家。

1959年，莫伯治为改善广州人民群众的居住条件，写出《广州居住建筑的规划与建设》一文。

20世纪60年代初，莫伯治主持了当时广州最高的建筑物新爱群大厦的设计。

1960年，莫伯治设计了广州南园酒家。

1962年，莫伯治设计了广州大厦白云山庄旅舍。

1972年，莫伯治主持的矿泉别墅设计，荣获20世纪70年代的全国优秀设计奖、1980年度的广东省基本建设优秀项目奖。

1976年年初，莫伯治主持了广州白云宾馆的设计工程。

1983年，莫伯治应邀主持了珠海宾馆的设计，担任工程总顾问。

1983年，莫伯治受霍英东先生委托，设计了广东省首家五星级宾馆——白天鹅宾馆。

1984年8月，白天鹅宾馆获国家建筑设计和质量金质奖、技术进步奖。

1984年，白天鹅宾馆获全国优秀建筑设计一等奖。

1984年八九月间，莫伯治去美国参观了好几个城市，考察了一些高层建筑。

1984—1993年期间，莫伯治陆续游历了希腊、埃及、塞浦路斯等地中海沿岸的历史名城。

1986年，初版的英国B. FLetcher著的《建筑史》，对中国现代建筑只提到3个，分别是莫伯治主持设计的广州白云宾馆、白天鹅宾馆、矿泉别墅。

1987年，莫伯治主持设计了广州西汉南越王墓博物馆。

1989年，莫伯治应关山月、黎雄才等的邀请，主持设计了广州岭南画派纪念馆。

1991年，莫伯治设计的西汉南越王博物馆荣获全国优秀设计一等奖和中国建筑学会建筑创作奖，又被选进世界80个著名博物馆之一。

1993年，中国建筑学会对1953—1988年间全国62项建筑设计授予"优秀建筑创作奖"，对1988—1992年间全国8项建筑设计授予"建筑创作奖"，在这两个奖项中，莫伯治的作品占了7项，占总数70个获奖作品的十分之一。他是这次颁奖活动中获奖项最多的建筑师。

1994年5月，莫伯治去新疆参加了《建筑学报》新老编委座谈会。

1995年，莫伯治被选为中国工程院院士。

1995年，莫伯治去云南参加了《建筑学报》编委会。

1995年，莫伯治通过敦煌航线网络的安排，考察了敦煌。

1995年，为更方便开展自己建筑创作工作，莫伯治开办了"莫伯治建筑设计师事务所"，这是我国最早的一批私营建筑师事务所。当时根据规定，广州有资格开个人事务所的建筑师只有3位。

1996年，广州地铁建设部门和设计部门委托莫伯治和莫京等对广州地铁控制中心建筑的体型意象进行研究和设计。

1997—1998年，莫伯治建筑师事务所承接设计了澳门新竹苑（它是新华社的会所，是澳门回归祖国过程中和回归祖国之后有关机构和人士的一处重要活动场所）。

1998年，莫伯治去安徽考察了全国首批园林城市之一的合肥市，写下论文《合肥市总体规划的启示》。

1998年12月25日，莫伯治设计的红线女艺术中心落成典礼举行。

1999年，澳门新华社新竹苑的设计荣获广州市优秀设计一等奖和广东省优秀设计一等奖。

1999年，莫伯治设计了广州番禺长隆酒店，荣获全国鲁班奖和广州市优秀设计一等奖。

2000年，莫伯治主持设计了广州艺术博物院。

2000年，莫伯治主持设计了昆明邦克大厦，荣获全国鲁班奖和云南省优秀设计一等奖。

2000年，莫伯治主持设计了汕头市中级人民法院新楼，荣获广州市优秀设计一等奖。

2001年，莫伯治获得第一届梁思成建筑奖。

2002年，莫伯治领衔负责设计了广东省新会市茶坑村的梁启超纪念馆、广州番禺的长隆酒店、汕头市中级人民法院新楼等3个项目并投入使用。

2003年8月，莫伯治逝世前一个月还前往东莞蚝岗贝丘遗址现场进行考察。

2003年9月30日，享年90岁的莫伯治在他主持设计的白天鹅宾馆的住所内永远闭上了眼睛，将一腔热血都奉献给了自己所挚爱的建筑设计事业。

2009年8月5日，《莫伯治与岭南建筑艺术展》到莫伯治的故乡麻涌进行展出。

2010年5月21日，白天鹅宾馆荣获首届"中国饭店金星奖"。

2016年9月，白天鹅宾馆入选"首批中国20世纪建筑遗产"名录。

2017年8月22日，《莫伯治与岭南建筑艺术》展览在东莞市可园隆重开展。

附录二 莫伯治岭南建筑设计的主要成果

莫伯治具有很高的专业技术水平，他主持设计的项目曾多次获国家级和省部级的奖励，他主持的广州矿泉别墅、广州白云宾馆、广州白天鹅宾馆三项设计工程被载入英国出版的《世界建筑史》；他的优秀论文多次在《建筑学报》发表并著有《莫伯治文集》。

莫伯治是著名的全国设计大师，在建筑设计上有很高深的造诣，是岭南园林建筑设计独特风格的主要代表之一。他独特的岭南园林建筑理论使中国古典园林意境升华到一个崭新的高度，冷漠无情的现代化建筑被他赋予回归自然的内涵，他在国外主持设计的工程均得到建筑界的好评。莫伯治同志为我国建筑事业做出了重大贡献。

莫伯治曾任广州市城市规划局总工程师、广州市珠江实业总公司总建筑师、广州市人大副主任。1995年当选为中国工程院院士。现任广州市城市规划局高级技术总顾问、华南理工大学兼职教授，享受国家特殊津贴荣誉。

莫伯治从事建筑设计工作近60年，在建筑设计创作领域中从事理论探索，并能结合创作实践从抽象到具象，做到两者融会贯通，形神合一。他认为建筑设计是为人们创造优美的存在空间的创作艺术，其建筑风格是多姿多彩的，举凡反映古今中外文化的建筑词汇，都可以揉合融冶，独创新风，但必须能够表达现代功能，新材料、新技术的内涵，才能不落前人或别人的俗套。他长期的建筑创作中重大成就和特色，就是把岭南庭园融合于岭南建筑之中，并从实践上和理论上推进岭南建筑和岭南园林的同步发展。

莫伯治20世纪50年代广州北园等酒家设计曾受到梁思成大师的高度评价。

1960年，莫伯治通过对中国古庭园、特别是岭南庭园的研究，结合广州旧城改造，把广州的悠久的饮食文化、建筑文明和地方特色融于一炉，将广州泮溪酒家塑造为一座极富岭南特色的现代庭园。

1972年，莫伯治主持矿泉别墅设计，把传统庭园布局与现代主义的内庭相互融合，使整个别墅既有传统的内涵又有现代主义的气质，该项目获70年代全国优秀设计奖，获广东省基本建设1980年优秀项目奖。

1976年，莫伯治主持广州白云宾馆设计工程，体现了他在改革开放政策之前，敏锐地感到世界建筑潮流的脉搏，探索着如何把国外现代建筑文化与中国传统的建筑文化以及岭南地方建筑文化相结合。

1983年，莫伯治主持珠海宾馆设计，担任工程总顾问，该工程获国家优秀设计奖。

1983年，莫伯治受霍英东之托，携手设计广东首家五星级宾馆——白天鹅宾馆。在他们的手下，现代主义高层建筑和岭南庭园美景再一次实现了完美的结合。

1987年，莫伯治主持设计广州西汉南越王墓博物馆，遵循现代主义原则，探索古今中外这类建筑体型风格的共性，巧妙地运用传统的重台叠阶，汉代石阙甚至埃及大庙的阙门，用现代手法表现其纪念性和传译两千多年前的历史文化，实为现代建筑的精品。该项目获1991年建设部优秀设计一等奖，1991年国家教委优秀设计一等奖，1991年国家优秀设计金质奖。

1989年，莫伯治主持设计岭南画派纪念馆，运用欧洲新艺术建筑风格词汇，说明岭南画派提倡对国画改革创新的运动。在纪念馆造型与风格的表现，运用新艺运动的建筑词汇。可见他的设计手法能在历史和地域很大的跨度内自由驰骋而游刃有余的功夫。该工程获 1993 年国家教委设计一等奖。

1991 年，我国有 37 座建筑物自解放以来首次被载入英国出版的世界《建筑史》，其中有广州白云宾馆、广州白天鹅宾馆、广州矿泉别墅。莫伯治是负责主持设计这三个项目的总建筑师。

莫伯治近年来主持的国外工程设计有：澳洲布里斯本市中国华侨城设计，澳大利亚中国大使馆设计，日本福冈市中国领使馆设计等等。这些工程均得到国外建筑界的好评。

跋

此书由中国作家协会会员、中国报告文学学会理事、中国散文学会理事、中华诗词学会理事、原解放军总后勤部享正军职工资待遇的东莞市麻涌籍国家一级作家咏慷执笔、统稿，东莞市麻涌镇文化单位的两位领导李华、南梅先生全程参与，历经多年艰辛创作而成。

每当一本新著付梓之际，作者通常要写点什么，前言或跋，介绍一下有关的情况。

相比其他文类，以记录杰出人物的一生事迹为己任的传记文学，具有得天独厚的优势。

它是通过对传主生平、生活、精神等领域进行系统描述、介绍的一种文学作品形式。作品要求"真、信、活"，以达到对人物特征和深层精神的表达和反映。

人物传记是人物或人物资料的有效记录形式，对历史和时代的变迁等方面的研究具有重要意义。

"人物传记"中所写的"人物"都是历史、文化等各个领域的名人（如政治家、历史学家、经济学家、建筑学家、文学家、艺术家等）。

科学家的一生与众不同，在生命生活外，还具有"科学人生"的历程。每位科学家又拥有三个世界，包括现实的生活世界、科学世界和精神世界。因此，科学家传记相比其他人物传记，在写作对象、主题立意和社会价值等方面具有鲜明的独特性。

人物传记中文学性较强的作品即是传记文学。传记文学的基本特征是：以历史上或现实生活中的人物为描写对象，所写的主要人物和事件必须符合史实，不允许虚构。在局部细节和次要人物上则可以运用想象或夸张，做一定的艺术加工，但这种加工也必须符合人物性格和生活的特定逻辑。在这一点上，它有别于以虚构为主的小说，所写的人物生平经历必须具有相当的完整性；有别于只写人物一事数事、突出性格某一方面的报告文学、人物特写等，它必须写出较鲜明的人物形象，较生动的情节和语言，具有一定的艺术感染力；同时，也有别于普通的人物传记，传记文学一般采用散文的形式和手法，有的和小说接近。

其实，这种文体在中国有悠久的传统。司马迁堪称第一位史传作家，他的《史记》中的"本纪""世家""列传"，几乎都是优秀的传记文学作品，一些历史人物传记具有强大的艺术魅力。司马迁开创的以人物描写为中心的"纪传体"，成为以后历代正史的标准文体。另外，班固的《汉书》，陈寿的《三国志》，范晔的《后汉书》，沈约的《宋书》，李延寿的《南史》《北史》，欧阳修的《新唐书》等，都包含一些较出色的史传文学篇章。杂体传记文学包括史传之外的一切具有传记性质的作品，如碑诔、传状、自传等。秦汉时期即已出现这类作品，但其发达兴盛，主要在唐以后，至明清尤盛。杂传作家有韩愈、柳宗元、欧阳修、王安石、宋濂、顾炎武、黄宗羲、戴名世、全祖望等。杂传作品往往能道正史所不能道，作家的感情和倾向也更鲜明强烈，有许多优秀篇章。专门成集的有《列女传》《圣贤高士传》《高僧传》《明儒学案》《国寿录》等，更多的作品则编入各家的文集中。

到了近代，正式的史书和个人的传记逐渐分家；"五四"以后，文学创作又从一般的文学作品中独立出来——史、传、文三者的关系发生明显的变化，传记文学也由传统的体裁向现代的文体演变。因为需要新的探索，也因为新文学作家中很少有人专门创作这种边缘性文体的作品，在一个时期里传记文学显得比较沉寂。由文史学者朱东润撰写的《张居正大传》，被公认为这个时期的代表作品，此外，像鲁迅的自叙性散文《朝花夕拾》、郭沫若的长篇自传《反正前后》《创造十年》《革命春秋》等，也可以看作是传记文学作品。新中国成立以后，随着回忆录和人物传记等文体的繁荣，这种情况有所改观，陆续产生了一些有影响的作品，传记文学出现兴盛的趋势；特别是一些英雄模范人物的传记文学作品，如吴运铎的《把一切献给党》，陈广生的《雷锋》等，成为流传很广的青年读物。

我们写《莫伯治传》时体会到，写传记应对人物有整体性的展示。一要真实，二要好看。

面对传主的特征，面对他的一堆史料，总要找到一个最适合表现他的叙述风格和方式，以及如何将那些众所周知的史料揉碎，然后按照自己的想法重新黏合。

一部传记成书后究竟如何，有待读者检验。一部没有读者的书，专家再叫好，也只能在小圈子里打转，很难走到读者的心里去。

写历史人物确实面临史料受限制、难出新意的问题。但我们不能因为有难度，就放弃突破困境的努力，更不能得出写历史人物不可操作的结论。否则，我们就很难解释司马迁的《史记》里为何有那么多优秀的历史人物传记，他写的人物都不是同时代的活人，都是逝者。

写活人似乎看起来要容易得多，比较容易通过采访当事人获取鲜活的第一手素材。但实际生活告诉我们，凡是容易获取的东西往往埋藏着意料不到的隐患。第一，人的记忆常常也不是十分可靠，素材的真实性和准确性仍然要通过多方考证才能接近真相；其二，最大的困境是，写作者很难多角度展示传主的真实形象。说好容易，说差难。尤其是某些成功人士、名人或高层政治人物，写他们的传记，几乎很难涉及他们光鲜背后的阴影，哪怕是一点点瑕疵。

因此，要说当下传记写作存在的问题，在世者的传记要比历史人物传记严重得多。最大的问题是虚假，难以经受时间的淘洗。大量传记停留在传主和写作者相互抚摸的层面。

历史人物传记，尤其在历史上那些丰碑式的人物，无论是政治的，思想的，还是文化的，都值得大写特写。其理由跟今天的主题有关，那就是"传承经典"，通过传记使得我们进一步对于那些创造了历史和经典的伟大传主获得丰富的认知，在经典的文本和创造者之间，在互为参照中，加深对经典内核的理解。这样的传主，即使被前人、他人写过，仍然可以再写。因为不同的作者，会从自己的感受出发写出本人个性化的理解；而不同时代的人，往往会用不同的眼光来审视历史人物，从而提供完全不同的认知视角。

写历史人物传记，最大的难度还不是史料的多寡。素材少，那就写得少一点，没有必要通过注水或想象来拉长，以示厚重。

最大的难度在哪里呢？当你面对的是一个传主时，对作者最大的挑战是，你能否用当代人的眼光和思想穿透那些史料，让我们对历史人物获得一种新的观照。当然，作者的思考必须建立在坚实的真实的史料基础上。思想从史料中生发，而思想又如同大鹏的羽翅，带动史料飞翔起来。这样的文字才能让读者感受到作者生命力的灌注。

人物传记的一个重要品质是客观、真实。作者要敢于秉公直书。对于历史人物，离我们越近往往忌讳越多。

鲁迅的传记，不知道出了多少部了。但哪一部才更接近鲁迅真实的精神世界呢？一部现代文学史在不断地被重写，因此，鲁迅被不断地重写也是必然的。

论文化气象，岭南一直在仰望北方。很多岭南人会觉得自己站在贫瘠的土地上，仿佛拿一把洛阳铲在北方随便铲铲都能挖出历史，但在南海边一铲子下去，大概只能挖出红头船。岭南很长时间被视为南蛮之地，韩愈来过潮州，苏东坡来过惠州，但都因为贬谪被迫南来。

其实，在漫长的历史岁月里，广州曾是"一口通商"政策之下的唯一一个呼吸口，南粤子民都是可以与大海交谈的人。不必说早在公元前两百年，南越王宫就已经出现曲水石渠构建的人工园林水景。我们只需将眼光往前回望到100年前，康有为、梁启超、孙中山等人都是从广东走出去，从而改变了中国的历史走向。

从经济上看，所谓"北上广深"4座大城市，广东已得其二；但从文化上来看，却常常有些尴尬。单就文学而论，若文有南北，则北是北京所代表的广阔北方，南则是上海与江浙所构成的大江南，仿佛没有广东什么事了。诚然，在文化层面，广州、深圳都显得太年轻了，从来没有在中原文化的版图之内。广大的新南方并没有被当成南方的必要补充，新南方勃勃生机的文化态势很容易被视而不见，只剩下钱多人傻的广东人形象。

回头看去，欧阳山《三家巷》、陈残云《香飘四季》和秦牧《花城》依然被奉为经典。几十年来，广东成为人口流入最多的省份，广东作家的队伍也不断壮大，加上电脑和网络的发展与普及，我们可以看到广东文学新的形态：一直培植无功的广东本土作家开始涌现，而移居多年的外来作家也深深在此扎根，已经比广东人更了解广东了。南海之滨虽无巨木，但眼下大树小树也已经郁郁葱葱了。

时隔多年，南海边又画了一个圈，一个叫"粤港澳大湾区"的圈。40年前画了一个小圈，便让深圳蝶变为大都市，也激活了整个广东。如今画了一个大圈，若能促进经济腾飞，无疑是民之福祉。大圈划定，发展可期，那么不妨静下心来，思考大湾区未来的文化气象。

既然画了一个圈，粤港澳大湾区又以粤语作为共同地方方言。有人便提出，在文化上应该也画一个圈，求同存异，形成更为统一的文化景观。这种思维模式乍听有理，细思却不太妥当。在我看来，发展求同，文化存异，异质性是创造力的基础。与求同相比，存异对于文化来说简直就是生命线。单以我熟悉的文学而言，百花齐放，便是桃花、梨花、李花、茉莉花皆可开放，所以也就有桃子、梨子、李子可以吃，还可以闻闻茉莉花香，多好的事。这样的道理说起来简明如常识，但却需要不断重申。

从更宏观的角度我们可以看到，随着粤港澳大湾区的经济发展，有别于厚重庄严的北方文化，有别于典雅优美的江南气息，以粤港澳大湾区为代表的新南方文化将会以更多元、更灵动、更科技的形式展现新魅力。在"求同更应存异"的新南方文化思维下，应该提供一个全新的空间给大湾区的文化人，使之以更开放的态度，以敢闯敢试的精神，去书写描绘大湾区的未来。

人物传记作为一种文体，无疑有着强大的生命力。因为历史是由一个个人书写的，一个民族的精神思想心灵史，是可以通过一部部传记来构建的。

我们认为写莫伯治院士，不能简单写成莫伯治几部主要作品的创作过程，或是单纯的几个生活片段，而是要将他的生活轨迹、思想轨迹、成长轨迹、创作轨迹、精神轨迹与时代轨迹糅合到一起，通过必要的文学艺术手段，塑造出一个鲜活的莫伯治来，映衬出他对精神世界的执着追求。

莫伯治是一个平凡的人，却有着并不平凡的一生。真实的莫伯治并非完全理想的莫伯治，有不够理想之处的莫伯治才是真实的莫伯治。

莫伯治的人生给人的启示是：建筑设计也是一种平凡的劳动，从事这种劳动要有坚定的人生信仰。一个真正的建筑设计师，必定热爱生他养他的土地，必定热爱他心之所系的人民！

莫伯治的人生让我们思考：建筑师从事设计的目的是什么？这恐怕不是每个建筑设计师都能坦诚面对的问题。莫伯治是坦诚的，他说自己最初从事建筑设计的动机还有功利性，但他很快就感悟到：建筑设计好比一双清澈的眼睛，容不得半点沙子。建筑设计犹如一颗圣洁的心灵，容不得丝毫的亵渎。只有抛弃一切杂念，像圣徒一样把建筑设计作为自己一生的精神伴侣，像种子依赖土地一样把自己深深地扎根于人民之中，才有可能在这条路上走得远一些、扎实一些。

莫伯治留给我们的不仅仅是几部人们耳熟能详的建筑设计作品，还有他那丰富的、也不乏一定曲折的人生，他那种坚守设计理想、人生信念、不随波逐流的风骨与精神。

我们期望自己写的能是一部成功的人物传记。

此书在写作过程中，曾经得到中国工程院的领导、专家及莫伯治院士家乡东莞市麻涌镇的领导、莫伯治院士的亲属莫京建筑师等的大力支持，在此谨致诚挚的谢意。

由于种种原因，这部传记难免存在不尽如人意之处，还希望各方面的专家、读者们不吝赐教。

    2019 年 6 月 10 日初稿于东莞市麻涌镇、北京市海淀区
    2020 年 7 月 13 日二稿于东莞市麻涌镇
    2020 年 11 月 30 日三稿于北京市海淀区
    2020 年 12 月 30 日四稿于东莞市麻涌镇
    2021 年 3 月 14 日五稿于北京市海淀区
    2022 年 10 月 8 日六稿于东莞市麻涌镇、北京市海淀区